# POLÍTICAS, JUVENTUD Y DROGAS EN COLOMBIA

Por:

**Noe Arley Arteaga Toro**

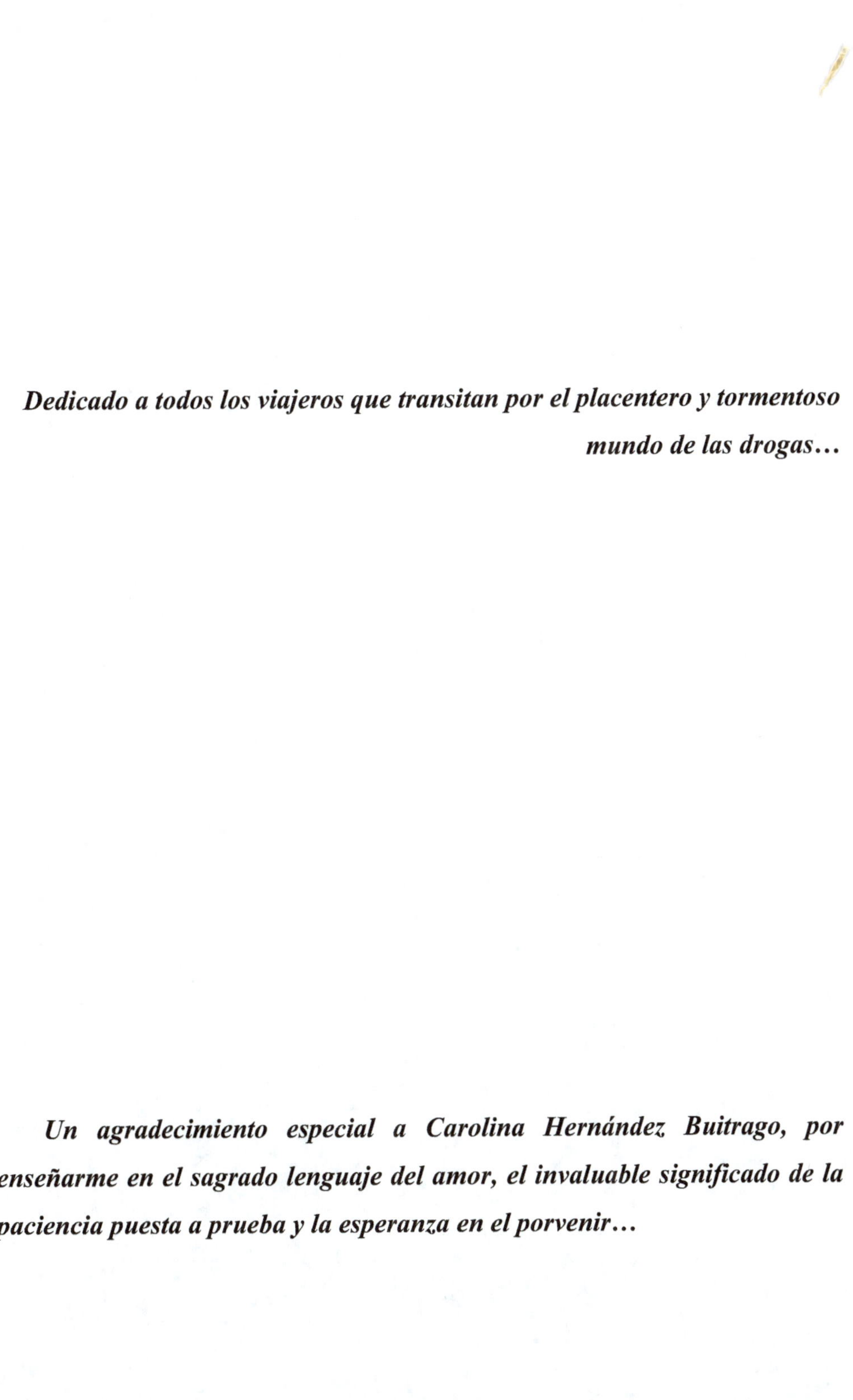


*Dedicado a todos los viajeros que transitan por el placentero y tormentoso mundo de las drogas…*

*Un agradecimiento especial a Carolina Hernández Buitrago, por enseñarme en el sagrado lenguaje del amor, el invaluable significado de la paciencia puesta a prueba y la esperanza en el porvenir…*

# CONTENIDO


**Introducción** ......... 9.

**Parte I. IDENTIFICACIÓN** ......... 13.

**1.1 ¿Cuál es el problema?** ......... 14.

**1.1.1** Las bebidas embriagantes ......... 20.

**1.1.2** El tabaco ......... 22.

**1.1.3** La marihuana ......... 25.

**1.1.4** Los derivados de la coca ......... 27.

**1.1.5** Los tranquilizantes y estimulantes farmacéuticos ......... 30.

**1.1.6** El éxtasis ......... 32.

**1.1.7** Los inhalantes ......... 35.

**1.1.8** Los *psicomiméticos*: el L.S.D.-25 ......... 39

**1.1.9** Otras sustancias emergentes ......... 41.

**1.1.10** Justificaciones para la investigación ......... 45.

**1.2 ¿El problema son las drogas?** ......... 48.

**1.2.1** Vulnerabilidad del ser humano a la adicción ......... 48.

**1.2.2** Los usos ancestrales de las drogas ......... 52.

**1.2.3** La inexorable necesidad de las drogas ......... 56.

**1.3 Precisiones sobre el método** ......... 62

**1.3.1** El método mixto y el diseño integrado en la investigación ......... **63.**

**1.3.2** Un modelo conceptual alternativo ......... **65.**

**Parte II. FORMULACIÓN** ......... **67.**

**2.1 ¿Qué son las políticas públicas?** ......... **68.**

**2.2 ¿Cómo hacer análisis de políticas públicas?** ......... **76.**

**2.3 Historia de las políticas de drogas** ......... **79.**

**2.3.1** Políticas para el control de drogas en Colombia ......... **87.**

**2.3.2** Vestigios judiciales sobre el prohibicionismo ......... **100.**

**2.4 Colombia en la incertidumbre** ......... **107.**

**2.4.1** Entre lo prohibido y lo aceptado ......... **114.**

**Parte III. IMPLEMENTACIÓN** ......... **117.**

**3.1 El despliegue de estrategias en el territorio nacional** ......... **118.**

**3.1.1** Estrategias para la prevención y el tratamiento ......... **121.**

**3.1.2** El caso de Manizales ......... **123.**

**3.2 Educación y política sobre drogas** ......... **129.**

**3.2.1** Puntos de vista desde el sistema educativo ......... **137.**

**3.2.2** Ruta a seguir para los estudiantes infractores ......... **147.**

**3.3 Los establecimientos para la atención especializada** ......... **149.**

**3.3.1** Fracturas de un sistema en crisis ......... **150.**

**3.3.2** La clínica de desintoxicación San Juan de Dios ......... **15**

**3.3.3** El Centro de Recepción de Menores (C.R.M.) ......... **153.**

**3.3.4** La intervención del I.C.B.F. en la ruta de atención local ......... **156.**

**3.3.5** Las instituciones penales para menores ......... **159.**

**3.3.6** El colapso institucional y la crisis farmacrática ......... **163.**

**Parte IV. EVALUACIÓN** ......... **167.**

**4.1 La política de drogas en la palestra pública** ......... **168.**

**4.1.1** Percepción social de la política sobre drogas en Colombia ......... **169.**

**4.2 Las voces de los drogados** ......... **174.**

**4.2.1** Entre los drogados: sin cruzar el umbral ......... **175.**

**4.2.2** Entre los drogados: en el umbral ......... **182.**

**4.2.3** Entre los drogados: más allá del umbral ......... **184.**

**4.2.4** Inmersos en una paradójica incertidumbre ......... **191.**

**4.3 Culturas clandestinas** ......... **194.**

**4.3.1** Colisiones mediáticas ......... **194.**

**4.3.2** El nacimiento de la clandestinidad ......... **197**

**4.3.3** La Marcha Mundial de la Marihuana (M.M.M.) ......... **200.**

**4.3.4** La cultura cannábica en Colombia ......... **203.**

**4.4 La urgencia de nuevas alternativas** ......... **211.**

**4.4.1** Hacia una gobernanza equilibrada ......... **214.**

**Conclusiones** ......... **221.**

**Bibliografía** ......... **227.**

**Lista de figuras** ......... **240.**

**Lista de siglas** ......... **242.**

# Introducción

A pesar de la estricta implementación de las políticas para el control de drogas en Colombia, durante la última década se han incrementado y diversificado los índices de consumo de drogas prohibidas, especialmente en la población menor de edad escolarizada en edades cada vez más tempranas. Esta situación crítica invita a cuestionarse sobre la efectividad de estas regulaciones oficiales implementadas en el territorio nacional. El enfoque prohibitivo colisiona con las culturas clandestinas que han sabido perpetuarse exitosamente en el espíritu nacional, al margen de la prohibición.

¿Qué políticas públicas se han formulado para tratar esta problemática? ¿Cómo se implementan en los contextos locales? ¿Qué resultados han generado? ¿Cómo se pueden evaluar? Para responder estos cuestionamientos es necesario preguntarse: ¿Qué son las políticas públicas? ¿Cuáles son sus componentes fundamentales? ¿Cómo se deciden e implementan? ¿De qué formas participa la sociedad civil? ¿Cuáles métodos son apropiados utilizar para su análisis y evaluación? ¿Qué alternativas se pueden proponer para no seguir haciendo lo mismo esperando que los resultados sean diferentes? Estas preguntas guiaron las indagaciones que le dan contenido a este libro.

En el territorio colombiano se presenta una incertidumbre jurídica, puesto que se permite consumir bajo el amparo de la dosis personal, lo que está prohibido producir y comerciar. Esta ambigüedad legislativa parece influir en el incremento de los índices de consumo a nivel nacional, especialmente en las generaciones más jóvenes. El usuario de drogas es definido por el Estado entre los márgenes de la delincuencia y la enfermedad. Son señalados con el estigma social de la adicción que los posiciona al margen de la legalidad, por el apoyo al comercio clandestino que les suministra sus dosis personales.

Las consecuencias colaterales por la implementación de estas políticas de drogas son tan perjudiciales como la problemática que buscan solucionar. El aumento de los usuarios que son doblemente victimizados, tanto por el Estado con sus políticas estigmatizantes y sancionatorias, como por las organizaciones que controlan el comercio clandestino con las adulteraciones de las sustancias y el alza de sus precios. Ha incentivado un incremento sustancial de las instituciones especializadas de carácter privativo, que son subcontratadas por el Estado colombiano para tratar el acrecentamiento y diversificación de este problema de salud pública.

Estos establecimientos se especializan en brindar los servicios de tratamiento terapéutico para menores de edad con dependencias crónicas a estas sustancias psicoactivas, o para cumplir con las medidas judiciales por responsabilidad penal para adolescentes infractores. Estas instituciones, caracterizadas por implementar la abstinencia impuesta con el enclaustramiento, evidencian la paradoja de la rehabilitación por la constante reincidencia de los supuestos rehabilitados, lo que pone en duda la efectividad de sus tratamientos.

En este libro se analizan los procedimientos que regulan la atención estatal para la población menor de edad, desde el enfoque educativo y de salud. El primero, para caracterizar los procedimientos que son legitimados con la finalidad de tratar a los estudiantes infractores por el porte, el consumo, o el expendio de drogas al interior de los planteles educativos, y el segundo, para analizar los procedimientos utilizados en las instituciones especializadas en su tratamiento clínico y terapéutico. Ambos desde un marco de responsabilidad social del Estado, para la prevención y el tratamiento de los menores de edad en riesgo de consumir y consumidores de estas sustancias prohibidas.

Se propone la construcción teórica de una política social a través de una gobernanza equilibrada que sea incluyente y pluralista, que permita involucrar de un modo horizontal y participativo a la sociedad civil involucrada, especialmente los cultivadores, expendedores y usuarios de drogas, en la toma de decisiones para la formulación e implementación de nuevas políticas sociales inclusivas. Un enfoque alternativo que no surja del choque conflictivo y paradigmático entre dos bandos opuestos que colisionan en su coexistencia, para destruirse mutuamente; sino de la participación activa, el diálogo y la concertación estratégica entre el Estado y la sociedad civil involucrada. Dar el viraje de las actuales colisiones *sindióticas* a nuevas condiciones simbióticas que beneficien integralmente a toda la sociedad colombiana y que posicione a la cultura nacional como la guía principal que debe orientar las decisiones políticas y no a la política estatal como la determinante que fija los límites de la cultura nacional. Este modelo teórico que raya en la utopía, se presenta como una alternativa plausible para no continuar haciendo lo mismo esperando resultados distintos.

El libro se divide en cuatro partes, cada una orientada hacia uno de los componentes fundamentales que permiten estructurar conceptualmente la construcción y el análisis de las políticas públicas. Según André-Noel Roth (2015), los principales componentes para el análisis y la construcción de una política pública son: la **identificación** de la problemática sociocultural a regular, la **formulación** a partir del agendamiento gubernamental y la toma de decisiones sobre un proyecto político, la **implementación** a través de acciones estratégicas por medio de programas y proyectos a desarrollar en todas las localidades del territorio nacional y por último, la **evaluación** de su efectividad para la solución de la problemática sociocultural identificada inicialmente.

En la primera parte se hace la identificación empírica del incremento en el consumo de drogas por parte de la población menor de edad escolarizada a nivel nacional, a partir de los estudios realizados por el Observatorio de Drogas de Colombia. En este estudio el departamento de Caldas se posiciona en el primer lugar. Estos datos despiertan la inquietud de saber si el problema son las drogas y la necesidad de sus usos desde épocas ancestrales, o la vulnerabilidad humana para caer presa de su consumo adictivo. Al final, se realizan algunas precisiones sobre el método mixto y el diseño integrado utilizado en la investigación.

La segunda parte se orienta a la formulación. Se explica en qué consiste y como se hacen las políticas públicas, a través de un análisis desde la ciencia política. Luego se abordan en un orden cronológico las diferentes normativas surgidas en la historia judicial colombiana, concernientes a la regulación para el control de drogas. Se busca contextualizar históricamente la respuesta estatal frente al consumo de drogas consideradas ilícitas por estas normativas, con el fin de generar un ordenamiento legal para tratar y definir estas conductas adictivas y las organizaciones que las producen y suministran, como una problemática sociocultural que necesita intervención estatal para su tratamiento y control. Se exponen los vestigios de la prohibición y la incertidumbre entre lo prohibido y lo aceptado.

La tercera parte se enfoca en la implementación local. Se presentan datos empíricos sobre el problema del consumo de drogas en la población menor de edad escolarizada de la ciudad de Manizales, capital del departamento de Caldas, a través de las versiones ofrecidas por los funcionarios encargados. Se explican los procedimientos normativos y tratamientos utilizados por las instituciones especializadas que se han establecido en la ciudad, con los menores de edad escolarizados con problemas de adicción. Posteriormente se trata sobre las estrategias legislativas de prevención y los procedimientos realizados en una muestra de planteles educativos locales, frente a los casos de estudiantes infractores de las políticas para el control de sustancias prohibidas.  Las rutas de atención que los conducen a las instituciones especializadas, como también el colapso y las fracturas de este sistema en crisis.

La cuarta parte se dedica a la evaluación.  Se recopilan y analizan valiosos testimonios de la población menor de edad escolarizada en riesgo de consumir y consumidores de drogas prohibidas, quienes han vivido en carne propia los procedimientos sancionatorios y los tratamientos implementados por las diferentes instituciones especializadas.  Por sus experiencias pueden expresar la realidad del problema sociocultural tratado y servir como evaluadores sobre la efectividad de los procedimientos estatales utilizados, a partir de los resultados obtenidos en sus propias experiencias vitales.  Estas apreciaciones permiten un acercamiento vivencial a la realidad de estos menores infractores.  A través de sus testimonios se realiza una evaluación sobre la efectividad de la intervención estatal.  Se dedica un espacio a los orígenes de la clandestinidad y las culturas clandestinas, a los movimientos cannábicos y a las colisiones mediáticas entre las políticas prohibitivas y la cultura del consumo.

Para finalizar, se hace un análisis crítico de las intervenciones estatales para regular el consumo de sustancias ilícitas en Colombia.  Su falta de efectividad invita a la crítica, como también a la reflexión teórica y a la imaginación utópica.  Se propone una nueva alternativa en la construcción de políticas sociales, para que se orienten a través de una gobernanza equilibrada que se geste a partir de una relación horizontal, inclusiva y participativa, entre la sociedad civil involucrada y el Estado colombiano, que le permita a la juventud en riesgo de consumir y a los consumidores, expendedores y productores de drogas, involucrarse en la toma de decisiones sobre las políticas a regir sobre sí mismos.

# Parte I

# IDENTIFICACIÓN

¿Qué problema sociocultural se ha identificado? ¿Requiere de una atención efectiva y urgente? ¿Cuál es el asunto fundamental que sustenta esta investigación? ¿Es realmente pertinente su análisis? ¿Cómo se puede justificar? ¿Hay un incremento del consumo de drogas en la población menor de edad y en edades cada vez más tempranas? ¿Cómo se puede evidenciar esta realidad?

# 1.1 ¿Cuál es el problema?

Comprender el impacto descomunal que tienen las drogas consideradas ilegales en las sociedades contemporáneas, es un reto loable para cualquier investigador que haya orientado sus intereses científicos en estudiar los efectos adictivos que generan estas sustancias, las relaciones históricas y ancestrales que han tenido en diversas culturas desde los orígenes más primitivos y que han estrechado los vínculos del ser humano con la embriaguez visionaria y enteogénica, su asimilación e incorporación en las nuevas culturas juveniles contemporáneas y las políticas públicas, tanto nacionales como internacionales, que se han formulado e implementado durante el último siglo para su control.

Esta realidad global no tiene fronteras y logra, con inusitada astucia, desprenderse de su generalidad para penetrar particularmente en los cuerpos de las nuevas generaciones del siglo XXI, quienes adaptan e incorporan con una facilidad asombrosa en sus nuevas identidades culturales, el consumo de las drogas tradicionales que son consideradas prohibidas y una lista indeterminada de nuevas sustancias psicoactivas que han surgido y que logran, por su rareza, saltar el margen de las determinaciones judiciales y distribuirse con una facilidad sorprendente, a través de los sigilosos y efectivos comercios clandestinos que logran distribuir sus productos entre los jóvenes menores de edad que los consumen.

Es necesario aclarar las controversias que se presentan con la distinción de las drogas en cuestión, ya que se muestra una clasificación tentativa entre las drogas consideradas ilegales y que están sometidas a fiscalización, cuyo uso puede generar un proceso judicial, como la marihuana, los derivados de la cocaína, los opiáceos, el éxtasis, entre otras sustancias y las drogas que son de uso legal, aunque también sean perjudiciales para la salud, como el tabaco, los licores, los energizantes, los estimulantes y tranquilizantes sin prescripción médica, o los pegantes y solventes de venta común. No obstante, ambas categorías de drogas son estrictamente prohibidas para los menores de edad.

Desde los primeros estudios nacionales realizados al respecto en la última década del siglo XX, como el propuesto por Rodríguez (1996); se ha evidenciado un aumento paulatino en el consumo de estas drogas, con una tendencia especialmente creciente entre la juventud menor de edad. Orlando Scoppeta en su estudio sobre las características y tendencias del consumo de drogas en Colombia, manifestó este aumento paulatino del consumo entre jóvenes escolarizados y universitarios, para la primera década del siglo XXI, con una distinción; en sus palabras: "Hay evidencia de que el consumo de sustancias legales estaría disminuyendo y el consumo de sustancias ilegales estaría aumentando". (2010, p. 54). Este autor concluye que los esfuerzos preventivos para el control de drogas a nivel nacional, se deben orientar especialmente a los departamentos que conforman el Eje Cafetero donde se evidencia el mayor consumo, en los colegios y en las universidades donde hacen falta cursos sobre prevención y sobre el consumo de marihuana, puesto que se trata de la sustancia ilegal más consumida. (Ibíd., p. 55).

Durante las últimas décadas en Colombia, se ha evidenciado un aumento progresivo y en edades cada vez más tempranas, del consumo de drogas en la población menor de edad escolarizada. Según los informes finales presentados por la O.D.C.,[1] la población menor de edad escolarizada que incursiona en el consumo de drogas, tanto legales como ilegales, presenta resultados fluctuantes y paradójicos que deben ser analizados minuciosamente y que invitan a la realización de nuevas investigaciones.

Entre las recomendaciones que se señalan en estos estudios, se encuentra: "la necesidad de afianzar los programas preventivos sobre drogas desde edades más tempranas o cursos inferiores". (2011, p. 158). De este modo, realizar nuevas

---

[1] El Cual se titula: "Estudio Nacional del consumo de sustancias psicoactivas en población escolar". Realizado por el Gobierno Nacional de Colombia, con el apoyo del M.E.N., el M.S.P.S., la U.N.O.D.C., la C.I.C.A.D., la O.E.A., (remitirse a la lista de siglas) y la Embajada de los Estados Unidos en Colombia. Tiene como finalidad avanzar en la construcción de datos que permitan conocer las tendencias en el consumo de drogas en esta población. Se han llevado hasta el momento tres estudios: el pionero realizado en el año 2004, el siguiente desarrollado en el año 2011 en el cual se perfeccionó la encuesta y se amplió la muestra de estudiantes encuestados y el último realizado en el año 2016, donde fueron anexadas a la encuesta el uso de nuevas sustancias emergentes. Una de las características de estos estudios es la estandarización de las encuestas utilizadas en la población escolar, ya que se han adaptado a la metodología propuesta por el S.I.D.U.C., implementada a su vez por el O.I.D. y que permiten la realización de análisis comparativos entre los mismos estudios, para determinar tendencias en la historia colombiana y con estudios realizados bajo los mismos estándares por otros países que lo implementen.

investigaciones en las escuelas de básica primaria, que complementen las realizadas en básica secundaria y media, como también las realizadas en población universitaria. Esta recomendación se reitera de un modo subrepticio media década después, cuando se recuerda el objetivo planteado por el Estado en relación a la edad de inicio en el consumo:

> Esta prórroga de edad no es significativa al comparar los estudios 2011 y 2016. Aún no se cumple con una de las metas que se plantea en el Plan Decenal de Salud Pública 2012–2021, de posponer el promedio de edad de inicio de consumo en adolescentes por encima de los 14 años, actualmente el promedio es de 13,1 años. (2016, pp. 181-182).

Este promedio general evidencia parcialmente la problemática del consumo de drogas en la población menor de edad escolarizada en Colombia. Datos que colapsan con el promedio frente a la percepción de riesgo a consumir cualquiera de estas sustancias prohibidas, el cual se ubica entre los 11 y los 12 años. Señalan que un porcentaje elevado de estudiantes con estas edades tempranas, consideran que están en el margen de riesgo a consumir, al percibir el consumo habitual en sus contextos cercanos, de familiares, parientes, vecinos o compañeros de clase y al advertir el despertar de su curiosidad por acercarse y conocer los efectos que producen estas sustancias prohibidas. Esta realidad no solamente augura la posibilidad que, en estudios posteriores, se evidencien promedios más bajos en las edades de inicio del consumo y un aumento en la población consumidora menor de edad; también manifiesta la infructuosa tarea que ha resultado la implementación de estrategias de prevención para cumplir con la meta nacional del Plan Decenal de Salud Pública.

Estos estudios realizados por el O.D.C. en población escolar a nivel nacional, se organizaron por zonas departamentales y según el sexo de los estudiantes, el tipo de planteles educativos, ya se trate de colegios públicos o privados, y por los grados del ascendente formativo en básica secundaria y media vocacional, de sexto a undécimo grado. Estas fueron las categorías analíticas que se utilizaron para organizar los datos recolectados en estos estudios y que permiten, a su vez, la realización de análisis comparativos entre las diferentes categorías analíticas en el transcurso de los años.

Se puede estimar a nivel general, sobre el uso de estas sustancias alguna vez en la vida por parte de esta población menor de edad escolarizada, un aumento importante entre el año 2011 al año 2016. En el caso de los niños, se presentó cierta estabilidad con tendencia a la baja, entre el año 2004 al año 2011, con un aumento paulatino no superior a los resultados del primer estudio para el año 2016. Sobre la prevalencia del consumo en el último año se presentó una disminución paulatina en los tres estudios;

sin embargo, sobre la prevalencia en el último mes, se mantuvo relativamente estable con una tendencia a la baja entre el año 2004 al año 2011, con una tendencia creciente para el año 2016 de 0.23%. En el caso de las niñas, se presentó un aumento importante en la prevalencia del consumo alguna vez en la vida, con un incremento de 0.54% entre el año 2004 al año 2011 y un significativo incremento del 3.87% entre el año 2011 al año 2016. Y en el último mes con un incremento de 0.45% entre el año 2004 al año 2011 y del 0.53% entre el año 2011 al año 2016.

**Figura 1.** *Prevalencia sobre el consumo de cualquier sustancia analizada en este estudio, según sexo.*

| Sexo | Prevalencia vida | | | Prevalencia último año | | | Prevalencia último mes | | |
|---|---|---|---|---|---|---|---|---|---|
| | 2004 | 2011 | 2016 | 2004 | 2011 | 2016 | 2004 | 2011 | 2016 |
| Hombres | 15,65 | 14,40 | 15,03 | 14,05 | 10,54 | 10,34 | 5,92 | 5,87 | 6,10 |
| Mujeres | 9,20 | 9,74 | 13,61 | 8,13 | 6,78 | 9,06 | 2,69 | 3,60 | 4,41 |
| Total | 12,28 | 11,97 | 14,29 | 10,96 | 8,58 | 9,67 | 4,24 | 4,69 | 5,22 |

**Fuente:** (O.D.C., 2016, p. 177).

Acerca de la distinción categorial entre los planteles educativos públicos y privados, sobre la prevalencia del consumo alguna vez en la vida, se puede inferir que, en los colegios públicos, entre el año 2004 y el año 2011 se presentó una tendencia a la baja que contrastó con un incremento considerable de 2.93% para el año 2016, por encima de los resultados del primer estudio; mientras que en los colegios privados se presentó una tendencia creciente de 0.92% entre el año 2004 al año 2011, que se mantuvo estable para el año 2016. Sobre la prevalencia del consumo en el último mes, se presentó un aumento paulatino en los colegios públicos de 0.41% entre el año 2004 al año 2011 y de 0.68% entre el año 2011 al año 2016; mientras que en los colegios privados se presentó un aumento de 0.60% entre el año 2004 al año 2011, que se estabilizó para el año 2016.

A partir de los datos presentados en la tabla anterior, se puede inferir que son las niñas escolarizadas las que han despertado en los últimos años un interés por el consumo de estas sustancias prohibidas, lo que ha generado un incremento considerable en los promedios generales para el año 2016. De igual modo, son los planteles educativos de carácter público los que presentaron los datos más altos. Según lo anterior, se puede aventurar una conjetura, la posible correlación entre ambas categorías analíticas. ¿Es posible considerar que sea la población femenina de los planteles educativos públicos, la que está incrementando el promedio nacional de consumo en la población escolarizada en Colombia?

**Figura 2.** *Prevalencia sobre el consumo de cualquier sustancia analizada en este estudio, según tipo de colegio.*

| Tipo colegio | Prevalencia vida | | | Prevalencia último año | | | Prevalencia último mes | | |
|---|---|---|---|---|---|---|---|---|---|
| | 2004 | 2011 | 2016 | 2004 | 2011 | 2016 | 2004 | 2011 | 2016 |
| Público | 12,40 | 11,76 | 14,69 | 11,10 | 8,45 | 9,92 | 4,33 | 4,74 | 5,42 |
| Privado | 11,84 | 12,76 | 12,80 | 10,44 | 9,08 | 8,75 | 3,90 | 4,50 | 4,47 |
| Total | 12,28 | 11,97 | 14,29 | 10,96 | 8,58 | 9,67 | 4,24 | 4,69 | 5,22 |

**Fuente:** (O.D.C., 2016, p. 178).

Hace falta analizar la distribución nacional de estos promedios generales, a partir de las discriminaciones porcentuales a nivel departamental. Sobre la prevalencia en el consumo alguna vez en la vida de cualquiera de las sustancias tratadas en el estudio, para el año 2011, el departamento de Caldas presentó el índice más alto a nivel nacional, con el 20.6%, seguido por Antioquia con un 19.5% y Risaralda con un 19.1%. Mientras que los departamentos que presentaron los menores índices fueron Magdalena, Bolívar y Chocó, con un porcentaje entre el 2.6% y el 3.5%. Por cada estudiante que declaró haber consumido en el Magdalena, 7.9 declararon haberlo hecho en el departamento de Caldas.

Para el año 2016 los departamentos que forman el Eje Cafetero se mantuvieron en los primeros lugares; Caldas, Antioquia y Risaralda. Mientras que los tres departamentos con los índices más bajos fueron el Chocó, la Guajira y Córdoba; sin embargo, evidencian un incremento general en comparación con los datos ofrecidos en el estudio anterior. Para este caso, por cada estudiante que declaró haber consumido en el Chocó, 4.7 estudiantes declararon haberlo hecho en el departamento de Caldas.

Estos datos permiten considerar que, entre el año 2011 y el año 2016, se presentó un aumento considerable en los departamentos con mayores y menores índices de consumo. El departamento de Caldas presentó un aumento de 7.3% en el transcurso de estos cinco años, Antioquia un incremento de 7.1% y Risaralda de 7%. De igual manera, los departamentos con los menores índices de consumo para el año 2011, presentaron incrementos importantes cinco años después; el departamento del Magdalena que presentó para el año 2011 un 2.6%, aumentó un 3.3% para el año 2016, el Bolívar aumentó un 4% y el Chocó un 3.5%.

**Figura 3.** *Prevalencia del consumo alguna vez en la vida de cualquier sustancia ilícita tratada en este estudio, según dominio departamental.*

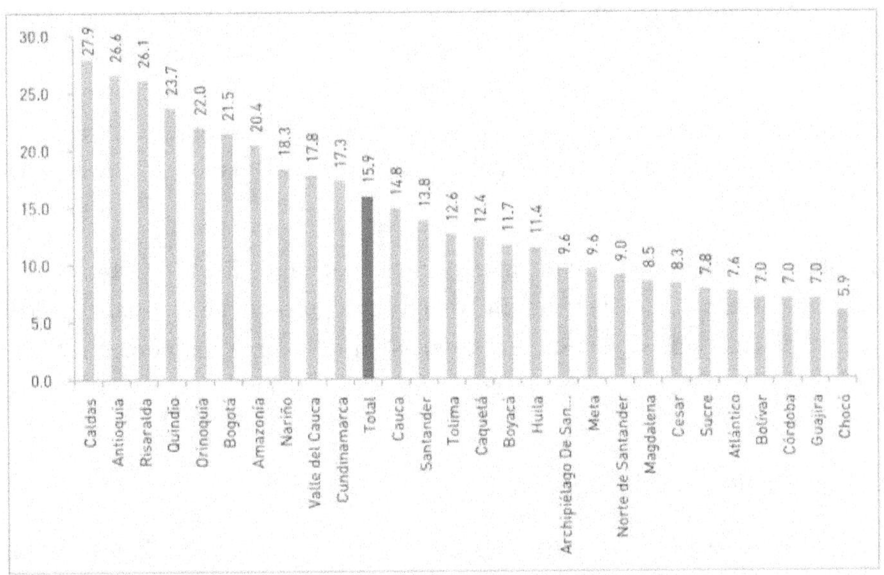



**Fuente:** (O.D.C., 2016, p. 88).

De acuerdo con el Ministerio de Salud y Protección Social (M.S.P.S.) y el Observatorio de Drogas del Eje Cafetero (O.D.E.C.), en un estudio regional realizado con poblaciones de los departamentos que conforman la zona centro occidental del país. Se evidenció un aumento en el consumo de sustancias psicoactivas, tanto legales como ilegales, especialmente en las poblaciones jóvenes del departamento de Caldas y Antioquia. Su uso registró un notable incremento en la última década. Según este informe:

> La prevalencia de casos nuevos en el último año estudiado muestra al departamento de Caldas por encima del consolidado nacional en el consumo de marihuana, medicamentos tranquilizantes, éxtasis, alucinógenos, solventes, popper y dick, las mayores prevalencias se observan en las sustancias legales alcohol, tabaco y energizantes, presentan iguales prevalencias nacionales y departamentales las sustancias psicoactivas cocaína, bazuco, medicamentos estimulantes y heroína. (SUISPA, 2013, p. 5).[2]

---

[2] Este informe del O.D.E.C. muestra los resultados que sirven de complemento en las acciones a desarrollar para construir el Sistema Único de Indicadores de Sustancias Psicoactivas (S.U.I.S.P.A.), con el fin de generar un sistema único de indicadores sobre el consumo de drogas en Colombia. (Ibíd.).

Esta situación es mucho más preocupante puesto que la mayor incidencia de este fenómeno se presenta en la población menor de edad, que tienden a experimentar con el uso de estas sustancias en edades cada vez más tempranas. Esto lleva a cuestionar seriamente la efectividad en la implementación de las políticas públicas frente al consumo de drogas consideradas prohibidas en las instituciones educativas oficiales, tanto públicas como privadas. Invita a cuestionarse sobre las estrategias de prevención que se están implementando para lograr los objetivos que se ha propuesto el Gobierno Nacional.

Hace falta especificar con mayor rigor y minuciosidad los datos presentados en estos estudios, para comprender la magnitud real de esta problemática. Realizar un análisis particular de cada una de las drogas tratadas en relación a los porcentajes sobre su consumo por parte de los estudiantes encuestados, según la distribución departamental.

## 1.1.1 Las bebidas embriagantes

El ser humano ha ingeniado diversos modos para conseguir brebajes fermentados alcohólicos, a través de diferentes fuentes vegetales azucaradas. Entre los frutos con pulpas más conocidos que han sido utilizados se encuentran el vino de uva y el vino de manzana. Estos se conocen especialmente como "brebajes fermentados leudados" y se distinguen de los "brebajes fermentados malteados", conseguidos especialmente con cereales como la cebada, donde entran las cervezas. Hay un tercer tipo conocido como "brebajes fermentados ensalivados". (Samorini, 2016, p. 95).

Los primeros registros que se tienen sobre el cultivo de caña para la destilación de aguardientes en el territorio colombiano, datan de finales del siglo XVI con las primeras siembras de caña de azúcar, traída desde Valladolid por uno de los primeros residentes de Cartagena y que se propagó por toda la costa Caribe durante las décadas siguientes. (Mejía, 1990, p. 112). A finales del siglo XVII operaban varios alambiques artesanales para hacer aguardientes de caña en el bajo Cauca. A mediados del siguiente siglo, Monpós solicitó el monopolio sobre los aguardientes; pero esta petición le fue negada por el virreinato de España, para favorecer los trapiches de la Gobernación de Santa Marta. (Julián, 1951, p. 334). Durante esos siglos se propagaron los cultivos de caña para la destilería de aguardientes por todo el territorio nacional. Paradójicamente, este auge cesó durante la decadencia colonial, cuando se liberaron las colonias españolas a los mercados extranjeros y a los ingenios azucareros de la Habana en el año 1789. (Tovar, 1980, p. 218).

Para las primeras décadas del siglo XIX, uno de los más notables empresarios británicos de nombre Willian Wills puso en funcionamiento: "el primer ingenio azucarero hidráulico del interior, (…), y con base en su productividad obtuvo del gobierno el monopolio para abastecer de aguardiente a la provincia de Bogotá". (Safford, 1977, p. 42). Durante las siguientes décadas su incidencia en la produccion de esta bebida embriagante fue importante, como también la puesta en marcha de un comercio abierto a la competencia de las diversas bebidas embriagantes y fermentadas, que fluctuaría durante todo ese siglo entre el proteccionismo y el librecambismo. (Ospina, 1979).    Hasta el año 1891 que se dio comienzo a la producción industrial de cerveza en la fábrica "Bavaria", gracias a un empresario alemán quien importó sofisticados equipos e implementó técnicas modernas y que se convirtió en la primera cervecería a escala apreciable en el país. (Ibíd., pp. 345-346).

Desde entonces y en la actualidad los licores y las bebidas embriagantes se encuentran en la categoría de las sustancias legales más consumidas.   Esta legalidad para embriagarse se ha vuelto una tradición en este país, donde parece vivirse una cultura de la embriaguez.   Para los festejos familiares y los encuentros fraternales, en todas las fiestas, carnavales y ferias populares, el comercio y el consumo de este tipo de bebidas alcohólicas es lo más característico. (Galvis, 2019).   Lo que permite entender que, para la última década del siglo XX, nueve de cada diez colombianos haya consumido cualquiera de los múltiples derivados de las bebidas alcohólicas que se encuentran a la venta, alguna vez en su vida. (Rodríguez, 1996).   No obstante, para la primera década del siglo XXI, se presenta una disminución en el consumo a nivel nacional.   Según los estudios comparativos realizados: "la disminución observada en el consumo de alcohol en la población general también se verifica en la población universitaria y en la población escolar". (Scoppeta, 2010, p. 21).   Datos que contrastan con los estudios más recientes.

A pesar de estar prohibida su comercialización a menores de edad, para el año 2011 el 63.4% de la población escolar encuestada en el estudio hecho por el O.D.C., había consumido alguna vez en su vida, de la cual el 40% lo hizo en el último mes.    Lo preocupante de estos datos es que el 19.5% de los estudiantes con una edad de 11 a 12 años, declararon haber consumo durante el último mes. (2011, p. 58).

Para el año 2016 el 69.2% de los estudiantes encuestados declararon haber ingerido una bebida alcohólica alguna vez en su vida, con una prevalencia en el último mes de un 37%. Esto permite inferir un aumento porcentual del 5.7% en el transcurso de esos cinco años. Se evidencia un aumento gradual en el caso de las jóvenes, quienes han generado un consumo mayor que los varones (O.D.C., 2016, p. 47). Entre las bebidas identificadas, según el grado de consumo de mayor a menor grado, se encuentran las diferentes marcas comerciales de cervezas, luego se encuentran los aguardientes, seguido de los rones y los vinos. En los últimos lugares se encuentra el whisky, el vodka, la ginebra y la chicha. (Ibíd., p. 50).

**Figura 4.** *Porcentajes estudiantiles sobre la prevalencia del consumo en el último mes de alcohol, según dominio departamental.*

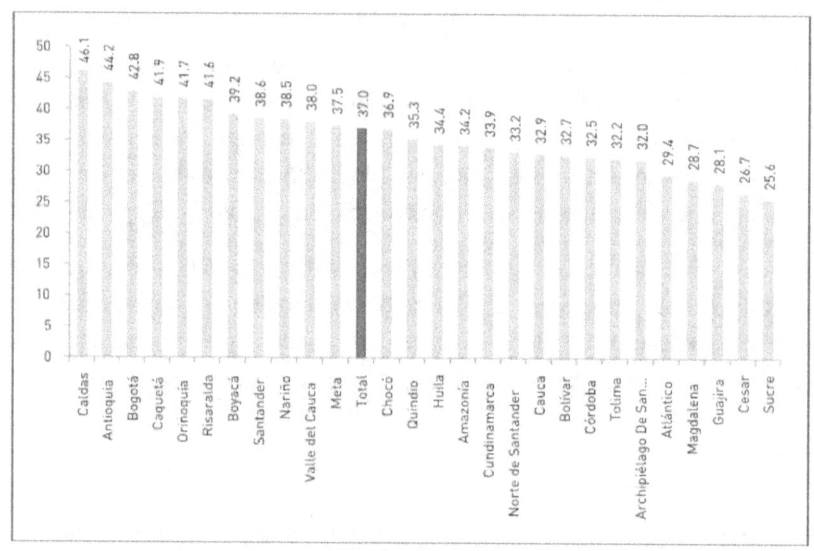


**Fuente:** (O.D.C., 2016, p. 49).

Se puede observar que once departamentos se encuentran sobre el promedio nacional, con Caldas en el primer lugar con el porcentaje más elevado; mientras que dieciséis se encuentran por debajo del promedio nacional con el departamento de Sucre en el primer lugar con el porcentaje más reducido. Vale considerar que, sobre la prevalencia del consumo en el último mes, para el año 2011, el departamento de Caldas también ocupó el primer lugar con un 48.5%. Presentó un descenso porcentual de 2.4%; sin perder por ello el primer lugar. Por otro lado, el departamento de Sucre también ocupó el primer lugar para el año 2011, con un 24.1%. Presentó un aumento porcentual de 1.5%.

## 1.1.2 El tabaco

Los registros arqueológicos demuestran una fuerte presencia en el territorio suramericano, del uso humano de varias especies de tabaco, especialmente la *nicotiana rustica* y la *nicotiana tabacum*. Se cuenta con evidencias directas de muestras extraídas a centenares de momias de distintas edades y diferentes contextos andinos prehispánicos, cuyo análisis arrojó la presencia de nicotina. (Cartmell, Springfield, & Weems, 2001). También se han encontrado residuos nicotínicos en pipas prehispánicas halladas en un sitio denominado La Granja en Chile central. Se trata de una de las primeras evidencias halladas sobre el consumo inhalado del tabaco. (Echeverría, Planella, & Niemeyer, 2014).

Los primeros registros importantes sobre el cultivo del tabaco en el territorio colombiano, se encuentran en el municipio de Ambalema, departamento del Tolima. Para Frank Safford: "El tabaco había sido cultivado en estas regiones por lo menos desde mediados del siglo XVIII". (1977, p. 66). A mediados del siglo XIX, su producción estuvo estrechamente relacionada con el éxito de la navegación a vapor sobre el río Magdalena. El empresario británico William Wills también jugó un papel central en el desarrollo que permitió vincular comercialmente el cultivo del tabaco para la exportación, con la navegación por este río. (Ibíd., p. 67). En el año 1854 el tabaco constituía el 28% de las exportaciones totales del país. Doce años después había aumentado al 51%. (Urrutia y Arrubla, 1970, p. 314).

Esta bonanza del tabaco no duró mucho, puesto que para el año 1877 era tan solo del 5% de las exportaciones totales (Ibíd.), dejándole su lugar al cultivo del café y la histórica bonanza que generó su exportación para el país en las décadas siguientes. (Urrutia, 1979; Safford, 1977; Llano, 1983). Sobre las razones que produjeron este dramático descenso, Mario Mejía indica entre las causas principales, el agotamiento de los suelos que fueron entregados a cultivos intensivos y al monopolio de los cercos privados, que llevó a una pérdida de la calidad y la cantidad de producción, sumado a la voraz competencia internacional que existía entonces. (1990, p. 153). Para Miguel Urrutia: "el auge del tabaco parece haber tenido un efecto perverso sobre la distribución del ingreso en la zona productora". (1979, p. 89). Especialmente debido a que las principales ganancias terminaban en los bolsillos de los intermediarios, los transportistas y los comerciantes internacionales.

En las primeras décadas del siglo XX se dio el salto de la producción artesanal de tabacos enrollados, a la industria de los cigarrillos. (Ospina, 1979). Se fusionaron las pequeñas tabacaleras regionales que suplían el mercado interno colombiano en la "Compañía Industrial Unida de Cigarrillos". Esta unión se consolidó en el año 1919 cuando se fundó la "Compañía Colombiana de Tabaco" (Coltabaco). Empresa agroindustrial que suplió el mercado nacional durante el resto del siglo XX. (Suárez, 2019). Esta compañía tabacalera, la única fábrica de cigarrillos que sobrevivía en Colombia, fue compraba por la *Philip Morris International* en el año 2005 y posteriormente cerrada. (Ibíd.). Esta fábrica nacional fue presa de una estrategia similar a la que utilizó para su consolidación, a través de la fusión con las fábricas regionales durante las primeras décadas del siglo XX, solo que en una escala mayor. Terminó fusionada y absorbida a este gran monopolio tabacalero internacional.

Esta monopolización del mercado tabacalero no ha cambiado la demanda nacional de cigarrillos. Ha cambiado solamente a quienes benefician sus millonarias ganancias. Esta demanda parece incrementarse con el paso de los años, especialmente por la aparición de nuevas poblaciones de jóvenes consumidores. Según Scoppeta, si se comparan los estudios realizados hasta el año 2008, se evidencia un incremento en el consumo general de cigarrillos, principalmente por la aparición de casos nuevos. Para este autor: "se observa que el consumo de cigarrillo en el último año, creció también, tanto en universitarios como en estudiantes de secundaria". (2010, p. 23).

**Figura 5.** *Porcentajes estudiantiles sobre la prevalencia del consumo en el último mes de tabaco/cigarrillos, según dominio departamental.*

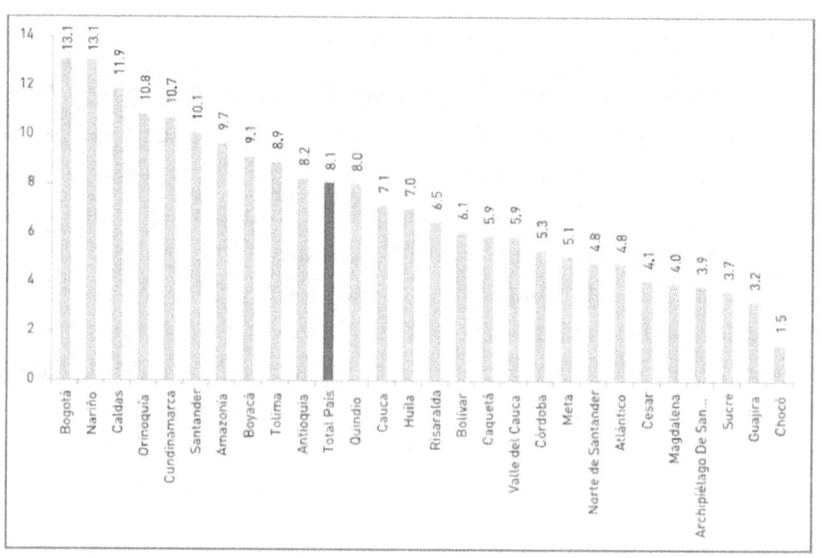


**Fuente:** (O.D.C., 2016, p. 46).

Este incremento por casos nuevos parece estabilizarse para la década siguiente. Sobre el consumo de tabaco en la población escolar a nivel nacional, el 24.3% de los estudiantes encuestados para el año 2011, declararon haber consumido cigarrillos alguna vez en la vida, con una prevalencia en el consumo durante el último mes de un 9.8%. (O.D.C., 2011, p. 54). Para el año 2016 un 24.1% de los estudiantes encuestados declararon haber consumo cigarrillos alguna vez en la vida, con una prevalencia en el último mes de un 8.1%. (O.D.C., 2016, p. 43). Se presenta una disminución poco significativa del 0.3%, que revela una estabilización del promedio de consumo.

Se observa que diez departamentos se encuentran sobre el promedio nacional, con Bogotá en el primer lugar con el porcentaje más alto; mientras que diecisiete se encuentran por debajo del promedio nacional, con el departamento del Chocó en el primer lugar con el índice porcentual más bajo. Sobre la prevalencia del consumo en el último mes, para el año 2011, Bogotá también ocupó el primero lugar con un 17.1%, lo que muestra un descenso en el consumo de un 4%. (O.D.C., p. 57). También el Chocó ocupó el primer lugar con una prevalencia en el consumo durante el último mes de 1.1%, lo que muestra un incremento. Se evidencia, como en el caso del alcohol, tendencias de variación y estabilización porcentual que parecen oscilar entre disminuciones del consumo en los índices más altos, con aumentos del consumo en los índices más bajos.

## 1.1.3 La marihuana

Sobre la taxonomía botánica de la marihuana, perteneciente a la pequeña familia de plantas con flores llamada *Cannabinaceas,* la cual incluye 170 especies agrupadas en once géneros en el que se encuentra la *cannabis Sativa,* la más conocida y expandida a nivel mundial. (Roa, s. f.). Pertecene a la clase de las *dicothiledoneas urticales*, ya que su semilla de divide en dos aquenios florecientes y entre sus especies se cuentan la *Sativa afghánica,* la *Sativa Chinencis,* la *Sativa Gigantea,* la *Sativa Indica,* por nombrar algunas entre muchas otras que engrosan la enorme variedad de semillas que se encuentran en el mercado. (Ibíd., p. 88). Esta primera categorización de variedades cultivables de *cannabis*, contrasta con las nuevas derivaciones en *cannabinoides* sintéticos, creados artificiosamente en los laboratorios farmacéuticos para fines médicos y científicos.

La marihuana está entre las plantas fiscalizadas más consumida y traficada en Colombia y en el mundo, con otras finalidades distintas a las estrictamente médicas o científicas. Para Adriana Campos y Jairo Téllez, quienes inician el primer capítulo del libro dedicado al *cannabis*, aprobado por el Ministerio de Justicia y del Derecho: "la marihuana es la droga ilícita de mayor consumo en casi todos los países donde se cuenta con información sobre este tema y Colombia no es la excepción". (Campos & Téllez, s. f., p. 36). Según estos investigadores, a nivel nacional se ha presentado un incremento significativo en el consumo de esta sustancia en la población general, con índices que varían según las zonas geográficas del país, con un predominio de la juventud.

Esto se evidencia en los datos ofrecidos por el O.D.C., sobre la prevalencia en el consumo de esta planta en la población menor de edad escolarizada, entre el año 2011 y el año 2016. El 7% de los estudiantes encuestados para el año 2011, consideraron haber consumido marihuana alguna vez en la vida, con una prevalencia de los hombres por sobre las mujeres y con un aumento considerable en el consumo de la población con una edad entre los 13 y los 15 años. (O.D.C., p. 64)  Para el año 2016 el 11.7% de los estudiantes encuestados declararon haber consumido marihuana alguna vez en su vida. (O.D.C., p. 56).  El incremento de un 4.7% en el trascurso de los cinco años es realmente significativo.

**Figura 6.** *Porcentajes estudiantiles sobre la prevalencia del consumo en el último año de marihuana, según dominio departamental.*

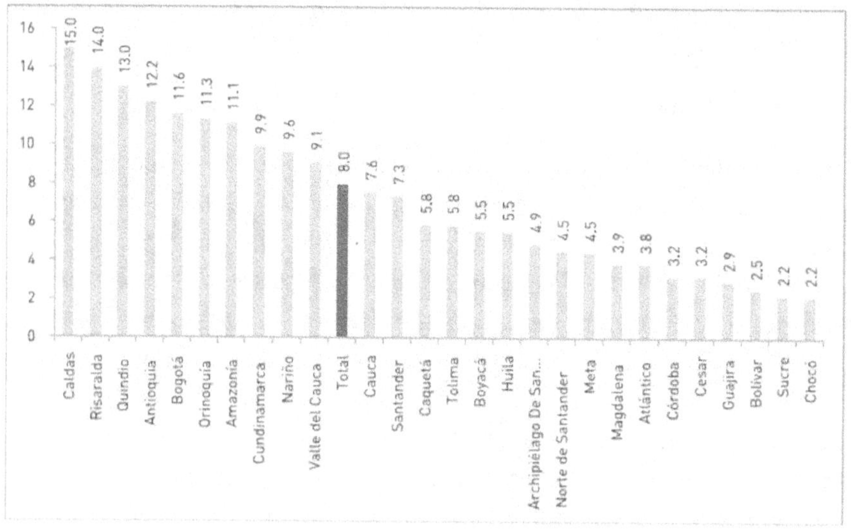


**Fuente:** (O.D.C., 2016, p. 58).

Sobre las distribuciones regionales, se observa que diez departamentos se encuentran por encima del promedio nacional, con el departamento de Caldas en el primer lugar con el índice porcentual más alto; mientras que diecisiete se encuentran por debajo de este promedio nacional, con el departamento del Chocó en el primer lugar con el índice porcentual más bajo.  Para ese año, por cada estudiante que declaró haber consumido en el Chocó, 6.8 declararon haber consumo en Caldas.  En el estudio del año 2011, sobre la prevalencia del consumo durante el último año, solamente siete departamentos estaban sobre el promedio nacional con Antioquia en el primer lugar con un 11%, mientras que veinte tenían sus porcentajes por debajo del promedio nacional, con el departamento de Bolívar en el primer lugar con un 0.7%.  Para ese año, por cada estudiante que declaró haber consumido en el Bolívar, 15.7 declararon haberlo hecho en Antioquia.

En el trascurso de estos cinco años, Antioquia pasó a ocupar el cuarto lugar al incrementar su índice porcentual tan solo en un 1.2%, mientras que el departamento de Caldas presentó un significativo incremento de 5.6% que lo catapultó al primer lugar para el año 2016, luego de estar en el tercer lugar entre los índices más altos para el año 2011, con un 9.4%. Por otro lado, el departamento del Chocó ocupó el tercer lugar entre los índices más bajos de consumo con un 1% para el año 2011, índice que logró duplicar cinco años después; mientras el departamento de Bolívar que presentó el primer lugar en esa fecha, aumentó en un 1.8%, triplicando el índice de consumo.

Estas variaciones en los índices porcentuales respecto a las distribuciones regionales, expresan un incremento realmente importante en el consumo de esta sustancia psicoactiva y por esta razón, cierta incorporación en las culturas juveniles y en la consolidación de comunidades conformadas por consumidores eventuales:

> Llama la atención que un 22% de los estudiantes del país consideran que el uso ocasional de marihuana conlleva un riesgo leve, o simplemente no tiene riesgo. Esto habla de una tolerancia social bastante alta respecto de esta droga en la población escolar del país. Esta cifra baja a la mitad, un poco menos incluso (9,7%), cuando la pregunta se refiere al uso frecuente de marihuana. (O.D.C., 2011, p. 117).

Estos datos también evidencian una siniestra efectividad en las estrategias utilizadas para el microtráfico y el narcomenudeo clandestino por parte de las organizaciones que trafican con esta planta, a pesar de los dispendiosos controles policivos y las estrategias de prevención que son implementadas en los planteles educativos.

## 1.1.4 Los derivados de la coca

Esta planta se denomina en el lenguaje botánico como *Erythroxylum coca*. (Hurtado, 1998). Según Jonathan Ott, existen mas de 200 especies de *Erythroxylum* de distribución subtropical: "de las cuales más de 50 entran en la etnomedicina en diversos países del mundo, aunque los alcaloides con base en ecgonina (…) ocurren solamente en las 19 especies cocaínicas suraméricanas". (Ott, 2005, pp. 51-52). El *clorhidrato* de cocaína es una derivación sintética de esta planta, a partir de la extracción del alcaloide por medio del uso de hidrocarburos como la gasolina y el cemento. Para su refinamiento y cristalización se utilizan el ácido *sulfúrico* y el ácido *clorhídrico*, entre otras sustacias químicas, las cuales se consideran fundamentales en el proceso de obtención de estos derivados: "El primero de ellos juega un papel importante en la extracción del alcaloide presente en la hoja de coca, mientras el segundo es utilizado para la conversión del alcaloide en clorhidrato de cocaína". (O.D.C., 2017, p. 104). Otra sustancia química fundamental en el proceso de purificacion de este derivado cocaínico es el permanganato de potasio como agente oxidante. (Ibíd., p. 105).

A pesar de las estrictas medidas para su control, la producción nacional de cocaína resulta escandalosa. Según este informe de drogas en Colombia, entre el año 2000 al año 2013 hubo una reducción gradual estimada que pasó de 163 mil hectareas cultivadas a 48 mil hectareas, aproximadamente. Para el año 2015 se presentó un aumento a 96 mil hectáreas cultivadas, con un potencial de produccion de 797 toneladas métricas de cocaína. Al año siguiente las estimaciones alcanzaron las 146 mil hectareas cultivadas con un potencial de produccion aproximada de 866 toneladas métridas. (Ibíd., p. 63). A pesar del desmantelamiento de las infraestructuras de producción con la destrucción gradual de los "cristalizaderos" y la erradicación forzosa de cultivos ilícitos, en los últimos años se ha evidenciado: "el aumento de los cultivos de hoja de coca, lo que directamente determina un incremento en la demanda de sustancias y productos químicos necesarios para llevar a cabo los procesos de extracción, refinamiento y conversión de los alcaloides". (Ibíd., p. 111).

Según el estudio de Scoppeta, entre finales del siglo pasado y principios de este siglo, se presentó un aumento en el consumo de los derivados sintéticos de esta planta en Colombia. Para este autor: "el crecimiento del consumo de esta droga en la población general entre 1996 y 2008 debe explicarse por el crecimiento del consumo en otro grupo". (2010, p. 20). Estas poblaciones emergentes que aumentan los índices de nuevos consumidores, se encuentran entre las juventudes universitarias y lo que resulta aún más problemático, entre la población menor de edad escolarizada.

Sobre el consumo específico de cocaína en población menor de edad, el 2.8% de los estudiantes encuestados para el año 2011, declararon haber consumido alguna vez en la vida, con un porcentaje mayor de hombres que de mujeres. (O.D.C., pág. 68). Para el año 2016 el 4.1% de los nuevos estudiantes encuestados, declararon haber consumido cocaína alguna vez en su vida. En el trascurso de esa media década se presenta un incremento porcentual del 1.3%. Este incremento, según el estudio, se debe especialmente al despertarse el interés de las jóvenes por consumir, puesto que el promedio de los hombres se mantuvo estable en ambos estudios, mientras el promedio porcentual de las mujeres aumentó considerablemente. También se caracterizó por el hecho que los planteles educativos privados tienen un índice porcentual por encima de los planteles educativos públicos, característica que se mantuvo en ambos estudios y que puede estar vinculado al hecho de tener los medios económicos para adquirir esta sustancia en los expendios clandestinos.

**Figura 7.** *Porcentajes estudiantiles sobre la prevalencia del consumo en el último año de cocaína, según dominio departamental.*

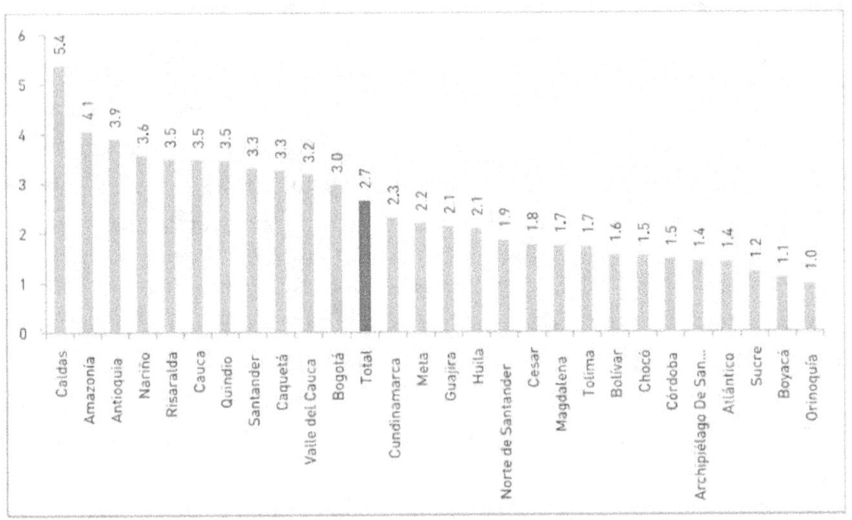


**Fuente:** (O.D.C., 2016, p. 64).

Se puede observar que once departamentos se encuentran por encima del promedio nacional, con el departamento de Caldas en primer lugar con el índice más alto; mientras que dieciséis se encuentran por debajo de este promedio, con la Orinoquia en el primer lugar por tener el porcentaje más bajo. Para el año 2011, sobre la prevalencia del consumo de cocaína en el último año, solamente siete departamentos estaban por encima del promedio nacional con Bogotá en el primer lugar por tener un porcentaje de 2.9%. Para ese año el departamento de Caldas ocupó el quinto lugar con un 2.2%. Mientras que Bogotá pudo estabilizar el consumo de esta sustancia, durante esa media década, Caldas presentó un importante aumento de 3.2%, el más alto de toda la muestra y que la catapultó al primer lugar, muy por encima del segundo puesto. Por otro lado, la Orinoquía ocupó el décimo puesto para el año 2011 con un 0.9%. Logró durante este tiempo estabilizar su índice porcentual de consumo.

Es necesario considerar que dentro de las derivaciones sintéticas de la coca que se comercia en el mercado clandestino nacional, se presenta una alarmante gama de derivaciones adulteradas. Para Jonathan Ott, quien realizó "Bioensayos psiconáuticos concienzudos" con más de 200 muestras callejeras de perico y bazuco de varias ciudades de Colombia –incluida Manizales–, indicó que: "muy de vez en cuanto se encuentra perico colombiano de relativa pureza, es mucho más común encontrar muestras mejor denominadas como POCAÍNA (rumbo a 10% hasta un máximo de 50% de cocaína) y, tristemente, NOCAÍNA (de cero hasta 10% de cocaína)". (2005, p. 56).

## 1.1.5 Los tranquilizantes y estimulantes farmacéuticos

Sobre los tranquilizantes y estimulantes sin prescripción médica, vale resaltar el riesgo que representan para la población menor de edad escolarizada, puesto que no están bajo los parámetros de las drogas consideradas judicialmente prohibidas y pueden adquirirse en cualquier farmacia. Logran evadir los controles policiacos, puesto que son legalmente utilizadas como medicamentos para tratar diversos trastornos.

Entre estas drogas farmacéuticas se encuentran los tranquilizantes que pertenecen al extenso grupo farmacológico de las *benzodiacepinas,* las cuales empezaron a ser sintetizadas desde el año 1956, gracias a los trabajos pioneros del científico Leo Sternbach en los laboratorios *Hoffmann-La Roche* en New Yersey, Estados Unidos. (López, 2019). La primera conocida fue el *Clorpromacina* con potentes efectos antipsicóticos. Luego salió al mercado el *Clordiacepóxido,* utilizado como antiepiléptico y antipánico. Luego de este se sintetizó el *Diacepan,* conocido también como Valium, –la más famosa de las *benzodiacepinas,* considerada un hito de la farmacología moderna, una de las drogas más vendidas en los Estados Unidos–; la cual se prescribe en un variado número de trastornos, como la depresión, la ansiedad, la esquizofrenia, e incluso para la abstinencia alcohólica. (Ibíd.). Luego se sintetizaron y comerciaron el *Oxacepan,* el *flunitrazepan,* el *Loracepan* y el *Clonazepan,* entre otras *benzodiacepinas,* aún más potentes que el *Diacepan.* Todavía se diseñan medicamentos que hacen más grande esta familia de drogas. (Ibíd.).

Entre los estimulantes se encuentran los psicoanalépticos como el *Metilfenidato,* conocido comercialmente como Ritalina, utilizada especialmente para tratar los Trastornos por Déficit Atencional e Hiperactividad (T.D.A.H.); el cual tiene una estructura molecular similar a la anfetamina y unos efectos neurobiológicos que son parecidos a los generados por sustancias como la cocaína. (Aboitiz, Ossandón, Zamorano, & Billeke, 2012).[3]  El Cidrin también entra en esta lista de

---

[3] Se han realizado críticas, como la del periodista Mauricio Becerra, sobre el aumento considerable de niños y niñas que han sido diagnosticados con T.D.A.H. en los planteles educativos de Chile y que son medicados con esta droga, especialmente por el aumento en

psicoanalépticos anfetamínicos que son prescritos para tratar el T.D.A.H., especialmente en la población menor de edad.

Son los psiquiatras quienes tienen el oficio de medicar los trastornos de este tipo con drogas como las anteriormente mencionadas y también con las nuevas sustancias que se fabrican en los laboratorios y que engrosan las interminables listas de los catálogos farmacológicos. El noble oficio que ejercen los acredita como los principales promotores de la farmacodependencia mundial.

A pesar de su inevitable propensión a medicar, los estudios manifiestan un incremento en el consumo de estas sustancias por parte de los estudiantes encuestados, sin una prescripción médica de un profesional acreditado. Lo que evidencia una comunidad emergente de locos autoproclamados, con la consciencia de sus padecimientos y de los medicamentos para tratarlos. Una comunidad de consumidores de drogas siquiátricas que no padecen de trastornos mentales y que lo hacen por los efectos placenteros que les generan.

En los estudios realizados por el O.D.C. en población escolar, para el año 2011 el 1.1% de los estudiantes encuestados declararon haber usado alguna vez en la vida una de estas sustancias estimulantes, o tranquilizantes, sin una prescripción médica; de los cuales el 0.4% declaró haberlo hecho en el último mes. Cinco años después el índice de consumo aumentó a 3%, de los cuales el 1% declaró haber consumido alguna de estas sustancias farmacológicas en el último mes. Estas representaciones porcentuales sirven como evidencia de la presencia y el aumento del consumo específico de estos medicamentos prescritos en la población estudiantil colombiana. En el transcurso de esa media década, por poco triplica su índice porcentual de consumo en esta población menor de edad.

Sobre las distribuciones regionales en la prevalencia de consumo en el último año, diez departamentos estuvieron por encima del promedio nacional, con el departamento de Caldas en el primer lugar con el índice porcentual más elevado; mientras que diecisiete departamentos estuvieron por debajo del promedio nacional, con la Orinoquia en primer lugar con el índice porcentual más bajo. Por cada estudiante que declaró haber consumido alguna de estas sustancias medicamentosas sin prescripción médica en la Orinoquia, 9.8 declararon haberlas consumido en Caldas.

---

las subvenciones escolares que esto trae consigo. Un diagnóstico que termina en muchas ocasiones dado solamente por el profesor. (Becerra, 2013).

Para el año 2011 fueron siete los departamentos que tuvieron un índice porcentual por encima del promedio nacional, mientras que veinte estuvieron por debajo de este promedio. Para ese año el departamento de Caldas también ocupó el primer lugar con un 1.6%. En el trascurso de esos cinco años se ha presentado un incremento de 3.3% en la prevalencia del consumo durante el último año en esta zona departamental caldense. Por otro lado, el departamento de la Orinoquia presentó para el año 2011 un índice porcentual del 0.4%, entre los más bajos para ese año, lo que evidencia cierta estabilidad con los datos presentados para el año 2016 en esta zona departamental.

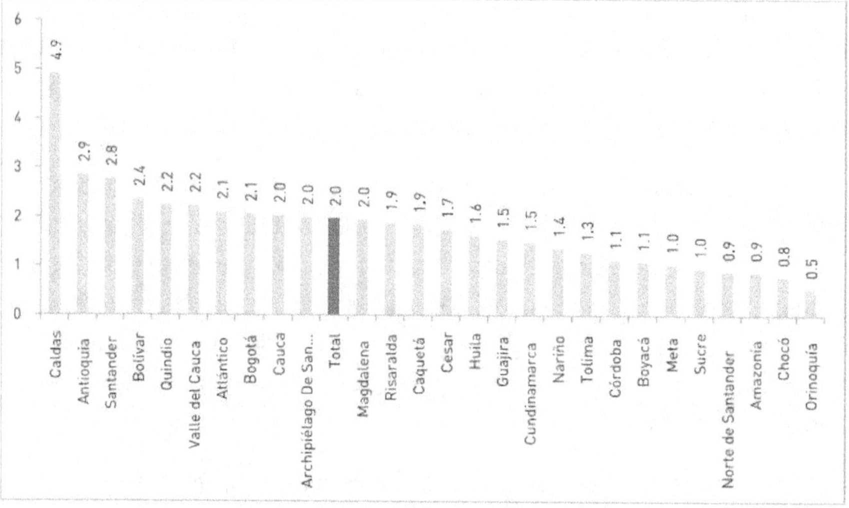

## 1.1.6 El éxtasis

Se trata de una sustancia de origen sintético que pertenece al grupo de las *feniletilaminas,* cuya estructura química es parecida a la *anfetamina.* Recibe la engorrosa denominación química de MDMA 3-4 *metilenodioximentanfetamina.* Especialmente conocida en el territorio nacional con el nombre de éxtasis, una de las muchas denominaciones que ha recibido en los países donde se ha propagado, entre las que se encuentran: Zen, M&M, Euforia, Doctor, Venus, Fido Dido, Love Dove, New Yorker, entre otras. (Sáiz, Paredes, Bobes, & Gonzalez, 2003, p. 36).

Fue diseñada en el año 1912 en los laboratorios de la compañía farmacéutica alemana *Merck.* Durante más de medio siglo pasó desapercibida, hasta finales de la década de los setenta y principios de los ochenta, donde adquirió popularidad en los Estados Unidos al propagarse como una droga sacramental del movimiento *New Age,* como la sustancia del amor y de los matrimonios felices, especialmente por el intenso efecto de empatía que genera. (Ibíd., p. 37).  Hasta el año 1985 cuando la D.E.A. la incluye en la lista de sustancias peligrosas: "quedando prohibido su consumo con fines terapéuticos o recreativos y su tráfico ilegal" (Ibíd., p. 39); a pesar de la fuerte resistencia de los grupos defensores de sus virtudes sagradas.

En el territorio nacional se empieza a conocer hasta la primera década de este siglo, luego de haberse incluido en la lista de drogas prohibidas.  Según Scoppeta, se trata de: "la droga sintética de mayor penetración en el mercado colombiano".  (2010, p. 29).  Para este autor, en los primeros estudios hechos en la última década del siglo pasado, no se presentó ningún registro sobre su consumo en Colombia; pero en la primera década del siglo XXI, comienza a aparecer en los índices porcentuales de consumo a nivel nacional.

Sobre el consumo de esta sustancia en la población menor de edad escolarizada en Colombia, se cuenta con un estudio pionero sobre juventud escolarizada y consumo de sustancias psicoactivas, donde se indica que el 2.2% de los estudiantes encuestados informó haber consumido éxtasis alguna vez en su vida y el 1.7% informó haberlo hecho en el último año. (Rumbos, 2001).  Esta presencia se vuelve a manifestar en el estudio comparativo entre datos de distintas naciones iberoamericanas, incluida Colombia, realizado por la *United Nations Office on Drugs and Crime* y que registra para el año 2005 el consumo alguna vez en la vida del 3.3%, con un 2.8% de prevalencia en el último año, en una muestra de estudiantes de secundaria encuestados a nivel nacional.  (U.N.O.D.C., 2006).

En los estudios sobre población escolar del O.D.C., para el año 2011 el 1.2% de los estudiantes encuestados declaró haber consumido esta sustancia alguna vez en la vida, con una prevalencia en el consumo durante el último mes de un 0.4%.  (O.D.C., 2011, p. 74).  Para ese año, sobre la prevalencia en el consumo durante el último año, siete departamentos presentaron un índice porcentual por encima del promedio nacional, con el Quindío en el primer lugar con un 1.7%; mientras que los otros veinte departamentos tuvieron un índice porcentual por debajo del promedio nacional, con Bolívar en el primer lugar con un 0.1%.  (Ibíd., p. 76).

Para el año 2016 esta droga presentó un aumento en el consumo alguna vez en la vida de un 0.9%., con una prevalencia de consumo durante el último mes de un 0.7%. (Ibíd., p. 68).  Este índice porcentual en el consumo se asocia con el hecho que los mismos estudiantes en ambos estudios la consideraron, junto a la heroína, con una percepción baja sobre la facilidad de su adquisición clandestina.  Para ese año, diez departamentos presentaron un índice porcentual por encima del promedio nacional, sobre la prevalencia en el consumo durante el último año, con el Caquetá en el primer lugar con el índice más alto; mientras que los otros diecisiete presentaron un índice porcentual inferior al promedio nacional, con el departamento de Sucre en el primer lugar con el índice porcentual más bajo.  (Ibíd., p. 70).

**Figura 9.** *Porcentajes estudiantiles sobre la prevalencia del consumo en el último año de éxtasis, según dominio departamental.*

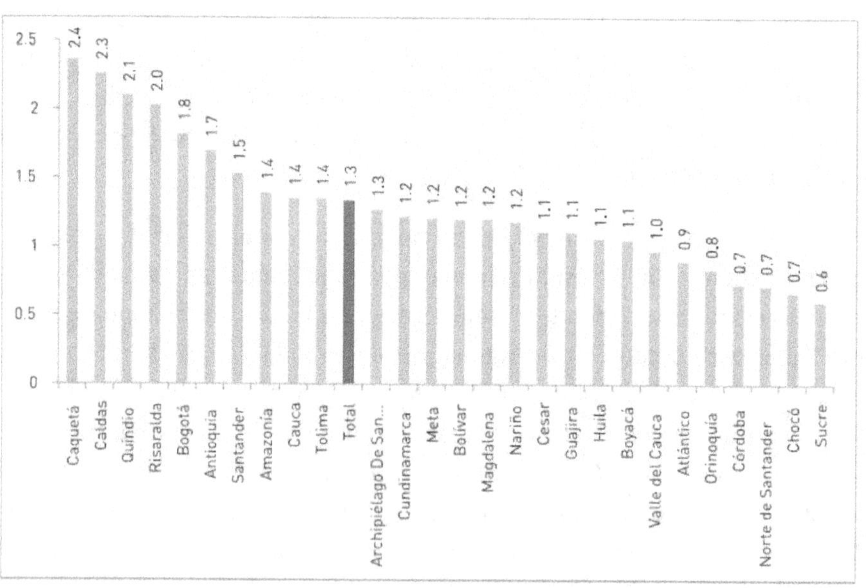


Fuente: (O.D.C., 2016, p. 70).

Cinco años atrás el departamento del Quindío ocupó el primer lugar con un 1.7% en la prevalencia del consumo durante el último año, mientras que Caquetá presentó un índice porcentual por debajo del promedio nacional con un 0.5%.  En el trascurso del ese tiempo tuvo un aumento muy considerable del 1.9% en la prevalencia del consumo durante el último año, mientras que el departamento del Quindío solo presentó un aumento del 0.3%, que le posicionó en el tercer lugar para el año 2016.  En el caso de Sucre, para el año 2011 presentó un índice de 0.5%, manteniéndose estable durante ese tiempo.  Mientras que el departamento de Bolívar presentó en ese año un índice de tan solo 0.1%, evidenciando un incremento considerable del 1.1% en el transcurso de esos cinco años.  En ambos estudios el departamento de Caldas se mantuvo en el segundo lugar entre los índices más altos.

## 1.1.7 Los inhalantes

En esta categoría analítica se encuentra una variada cantidad de sustancias, tantas que se ha hecho necesario subcategorizarlas. En un estudio sobre drogas emergentes en México, se realiza una clasificación tentativa en cuatro grupos: los solventes volátiles que se vaporizan al momento de exponerse a la intemperie, como la gasolina, los pegantes, los marcadores, los correctores líquidos; los gases como el propano, el cloroformo, el helio, el éter, entre otros; los *nitritos* como los compuestos hechos con ácido *nitroso*, el *nitrito* de sodio en combinación con ácido *sulfúrico* y alcoholes, como el *amil nitrito,* el *iso butil nitrito* y el *butil nitrito,* también conocidos vulgarmente como *popper* y los aerosoles líquidos y gaseosos que se descargan con fuerza a través de una válvula atomizadora, como desodorantes, lacas y pinturas. (Ortiz, Meza, & Martínez, 2014, p. 226).

Para el caso colombiano, Scoppeta considera que: "aparecen sustancias propias de la vida en situación de calle, como los pegantes industriales, hasta otras de mayor refinamiento y costo como el popper (…). Es una categoría que se alimenta con sustancias nuevas como el cloruro de metileno, cuyo consumo está creciendo según reportes regionales" (2010, p. 26), con denominaciones comerciales para el consumo psicoactivo como Dick, o Lady´s.

En los estudios del O.D.C. en población escolar, sobre el hecho de consumir inhalantes como pegantes y solventes, muestran que para el año 2011 el 3.1% de los estudiantes encuestados declararon haberlo hecho alguna vez en la vida, con una prevalencia en el último mes de un 0.9% (O.D.C., 2011, p. 77). Para ese año, ocho departamentos presentaron un índice porcentual por encima del promedio nacional, sobre la prevalencia en el último año, con Bogotá en el primer lugar con un 3%; mientras que los otros diecinueve tomados en la muestra presentaron un índice porcentual por debajo del promedio nacional, con el departamento de Boyacá en el primer lugar con un 0.5%. (Ibíd., p. 79).

Para el año 2016 el 4% de la población escolar encuestada declaró haber consumido inhalantes alguna vez en la vida, con una prevalencia en el último mes de un 1.2%. (O.D.C. 2016, p. 71). Para ese año, diez departamentos presentaron un índice porcentual por encima del promedio nacional, sobre la prevalencia en el último año, con el departamento de Caldas en el primer lugar al presentar el índice más alto con un 3.8%; mientras que los otros diecisiete presentaron un índice porcentual por debajo de la media nacional, con el Norte de Santander en el primer lugar al presentar el índice más bajo con un 1.1%. (Ibíd., p. 72). Cinco años atrás el departamento de

Caldas ocupó el tercer lugar entre los índices más elevados con un 2.5%. En el trascurso de esa media década incrementó el índice en un 1.3%; mientras que Bogotá se mantuvo en un 3% en la prevalencia de consumo durante el último año.

Para el año 2011 el promedio general presentó un índice más alto en el caso de los hombres, con un 3.3%, sobre las mujeres que tuvieron un 2.8%; pero en el año 2016 esta característica se invirtió, ya que los hombres presentaron un promedio de 3.8% y las mujeres de 4.1%. Este cambio evidencia el despertar del interés por inhalar estas sustancias psicoactivas por parte de las niñas y jóvenes escolarizadas.

Estos índices porcentuales representan una realidad sociocultural problemática que debe ser tratada con minuciosidad; el incremento del consumo psicoactivo de estas sustancias inhalables por parte de la población escolarizada. Este incremento encuentra entre sus causas que algunas de estas sustancias se pueden adquirir con mucha facilidad en el mercado. En ocasiones son utilizados para resolver problemas hogareños y esto hace que se vuelvan potencialmente accesibles a la población menor de edad, a pesar de las etiquetas para prevenir sobre este hecho. Según parece, para los estudiantes encuestados es claro que *sacolearse*[4] es mucho más fácil y hay mayor percepción de riesgo, que el hecho de utilizar drogas como el éxtasis, o la heroína, las cuales tienen un tráfico oculto y un mercado clandestino restringido, que se percibe de difícil acceso para esta población escolar.

Sobre el consumo específico del Popper en población escolar, para el año 2011 el 2.5% de los estudiantes encuestados declararon haber consumido esta sustancia alguna vez en su vida, con una prevalencia en el último mes de un 0.6%. (O.D.C., 2011, p. 83). Para el año 2016, el 5% de la población escolar encuestada declaró haber consumido esta sustancia alguna vez en su vida, con una prevalencia en el último mes de un 2%. Según estos datos, se ha duplicado su consumo en esa media década.

Este incremento tiene unas características inusitadas, si se analiza a partir de la distribución departamental. Sobre la prevalencia de este consumo durante el último año, solamente cinco de los departamentos tomados en la muestra tuvieron un índice porcentual por encima del promedio nacional, con Antioquia en el primer lugar con el índice más alto. Se caracterizan por tratarse de los departamentos que conforman la región del Eje Cafetero, donde parece concentrarse en mayor grado el consumo específico de esta sustancia. Sus datos contrastan bastante con los otros veintidós

---

[4] En la jerga utilizada por los jóvenes consumidores, se denomina así a la acción de inhalar pegantes, ya sea directamente en el frasco utilizado para su comercio, o echándolo al interior de bolsas plásticas que son utilizadas como respiradores artificiales.

departamentos de la muestra, que presentaron índices porcentuales por debajo del promedio nacional, donde es el Norte de Santander el que ocupa el primer lugar al tener el índice más bajo. (O.D.C., 2016, p. 79). Por cada estudiante consumidor de Popper que hubo en esta última zona departamental, hubo un promedio de 20 en Antioquia, 17 en Caldas, 13 en el Quindío, 12 en Risaralda y 6 en la capital del país.

**Figura 10.** *Porcentajes estudiantiles sobre la prevalencia del consumo en el último año de Popper, según dominio departamental.*

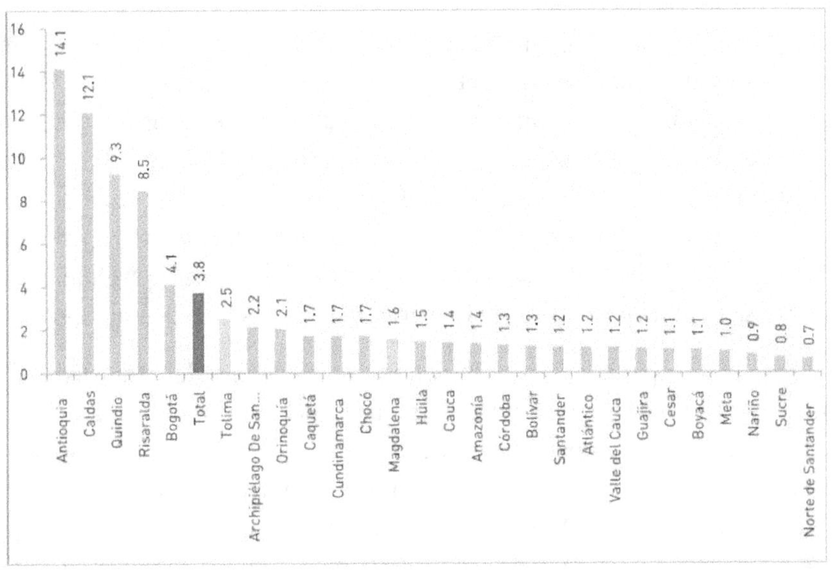


Fuente: (O.D.C., 2016, p. 79).

También se presentan casos en los que estas sustancias industriales que se adquieren con facilidad en el comercio, son mezcladas con aromas agradables y nuevamente empacadas en versiones más sofisticadas y personales, con el objetivo de suplir mercados clandestinos donde son comercializadas con exclusividad. Esto ocurre con la sustancia denominada como Lady´s, o Dick, o fragancia,[5] la cual ha presentado un índice porcentual considerable de consumo en las poblaciones estudiantiles encuestadas. Para el año 2011 el 4.1% de los estudiantes, declararon haber inhalado

---

[5] Se trata fundamentalmente de *cloruro* de *metileno* o *diclorometano*, que es utilizado como un agente volátil solvente para adelgazar pinturas y en aplicaciones industriales. Se ha documentado los efectos negativos que tiene para la salud, como la pérdida de la capacidad de la sangre para transportar oxígeno, irritación pulmonar, hemorragia gastrointestinal, pancreatitis y depresión del sistema nervioso. Se considera como una sustancia venenosa que no debe entrar en contacto con el cuerpo. (O.D.C., 2016, p. 73).

alguna vez en la vida esta sustancia, con una prevalencia en el último mes de un 1.3%. (O.D.C. 2011, p. 80).   Para ese año, sobre la prevalencia en el consumo de esta sustancia durante el último año, ocho departamentos presentaron un índice porcentual por encima del promedio nacional, con el Quindío en el primer lugar con un elevado índice de 8.5%; mientras que los restantes diecinueve departamentos tomados en la muestra, presentaron los índices porcentuales por debajo del promedio nacional, con San Andrés y Providencia en el primer lugar con el índice más bajo, casi insignificante de 0.05%.   (Ibíd., p. 82).

Para el año 2016 el 3.2% de los estudiantes encuestados declararon haber consumido alguna vez en su vida esta sustancia, con una prevalencia en el último mes de 0.9%. (O.D.C., 2016, p. 74).   Para ese año, sobre la prevalencia en el consumo durante el último año, seis departamentos presentaron los índices porcentuales por encima del promedio nacional, con Bogotá en el primer lugar al presentar el índice más elevado con un 4.4%; mientras que los restantes veintiún departamentos tomados en la muestra, presentaron índices porcentuales por debajo del promedio nacional, con el Norte de Santander en el primer lugar al tener el índice más bajo con un 0.4%.

Respecto al uso por parte de los estudiantes encuestados de esta sustancia en particular, el índice porcentual disminuyó en un 0.9% en el trascurso de estos cinco años.  Para el año 2016 el departamento del Quindío presentó un descenso sobre la prevalencia del consumo durante el último año, posicionándose cerca al promedio nacional con un 2.3%.  También Bogotá presentó un descenso; a pesar de ocupar el primer lugar con el índice más alto en el año 2016, para el año 2011 presentó un 5.8%, ubicándose en el cuarto lugar entre los más altos para ese año, lo que manifiesta una disminución de un 1.4%.   Estos datos contrastan con los presentados en otros departamentos, como en el caso de San Andrés y Providencia que ocupó para el año 2011 el primer lugar con el índice más bajo de consumo, casi insignificante, pero que cinco años después aumentó a 1.6%, ubicándose cerca del promedio nacional.

Se puede considerar que las campañas preventivas y de control que fueron implementadas en el territorio nacional especialmente para intervenir esta sustancia, han resultado efectivas para disminuir su consumo psicoactivo en las zonas geográficas del país donde se presentó los mayores índices de consumo en la población escolar para el año 2011; pero, al mismo ritmo que en estos departamentos decrecía el consumo, las organizaciones que trafican con este tipo de sustancia en particular, estratégicamente crearon nuevos mercados clandestinos en poblaciones escolares y lograron posicionarse en las otras zonas geográficas del país donde la presencia de esta sustancia era insignificante cinco años atrás, como pasó con el archipiélago de San Andrés y Providencia. Las organizaciones encargadas de su expendio clandestino lograron media década después, crear nuevos mercados en lugares donde aún no era conocida, despertando el interés de las poblaciones estudiantiles por consumirla. Evidencias del equilibrio estratégico que les permite coexistir en la colisión.

## 1.1.8 Los *psicomiméticos*: el L.S.D.-25

Esta sustancia fue descubierta por Albert Hofmann en el año 1938, cuando analizaba las posibles utilidades del cornezuelo de centeno, un hongo parasitario de esta *gramínea* parecida al trigo y utilizada también para hacer pan, que durante la edad media contaminó los cultivos y fue conocida como causa de envenenamientos masivos. (Hofmann, 1991). El interés de este científico por encontrar alguna utilidad farmacológica en el análisis de esta seta perjudicial, lo llevó a crear la sustancia entre los derivados sintéticos del ácido *lisérgico* y que denominó como L.S.D.-25. (Ibíd., p. 26). Descubrió sus fantásticos efectos al tener contacto con esta sustancia sintética cinco años después, una tarde del año 1943 en los laboratorios Sandoz en un rincón de Suiza a orillas del Rhín. (Cohen, 1972). Sobre los efectos que le produjo dejó anotado en su agenda:

> Caí en un estado de delirio, no del todo desagradable y que se caracterizaba por un intenso grado de fantasía. En una especie de trance (…) me vi sumergido en un continuo torbellino de visiones, acompañadas de un como juego caleidoscópico de intenso colorido. (Hofmann, 1991, p. 30).

Al realizar nuevas experiencias de autoensayo, dosificando la administración de esta sustancia sobre su propio organismo, notó que estos efectos se intensificaron hasta el punto de perder la coherencia verbal y la capacidad de concentración, generándole una risa incontrolable y deformaciones visuales de la realidad. Estos efectos fueron definidos por el mismo descubridor como *psicomiméticos,* generadores de un tipo de psicosis fingida (Hofmann, 2016); definición común en la literatura científica. (Cohen, 1972).

Sobre el consumo de esta sustancia en la población colombiana, vale considerar que se menciona en el estudio realizado por la Comunidad Andina en población universitaria, donde se incluye con otras sustancias sintéticas como la *metanfetamina* y la *ketamina*. En este estudio se indica que el 2.6% de los jóvenes encuestados las habían consumido alguna vez en la vida, con un 1.2% de prevalencia en el último año. (DROSICAN, 2009). Estos datos son ambiguos, puesto que se incluye en una lista amplia de drogas sintéticas, sin tomar en cuenta su particularidad. De un modo similar, en el estudio realizado por el O.D.C. para el año 2011 en población menor de edad escolarizada, se incluye con otras sustancias como el yagé, el cacao sabanero y los hongos, una clasificación distinta que tiene especialmente en cuenta su carácter alucinógeno.

Sin embargo, para el estudio del año 2016 se evidencia un interés analítico por particularizar esta sustancia, principalmente por evidenciar el incremento de su presencia en el comercio clandestino para esta población menor de edad escolarizada. Para ese año, el 2.1% de los escolares declararon haberla consumido alguna vez en la vida, con una proporción mayor en los jóvenes. La prevalencia del consumo en el último año fue de un 1.5%. (O.D.C., 2016, p. 80). Estos índices de consumo aumentan conforme a la edad de los escolares encuestados, desde un 1% en población con una edad entre los 12 a los 14 años, hasta un 2.5% en población con una edad entre los 17 a los 18 años. (Ibíd.).

**Figura 11.** *Porcentajes estudiantiles sobre la prevalencia del consumo en el último año de L.S.D., según dominio departamental.*

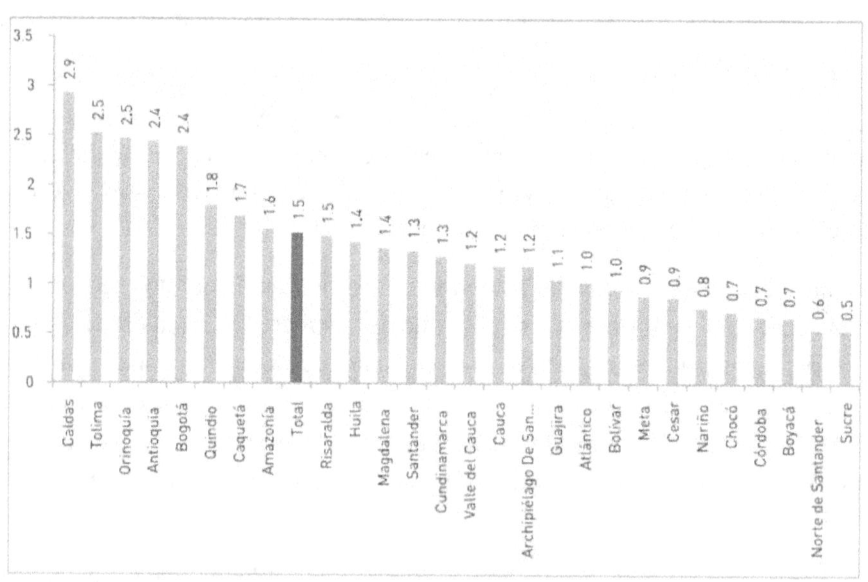


**Fuente:** (O.D.C., 2016, p. 81).

Para ese año se presentaron ocho departamentos de la muestra por encima del promedio nacional, con el departamento de Caldas en el primer lugar con el índice más alto; mientras que diecinueve estuvieron por debajo del promedio nacional, con el departamento de Sucre en el primer lugar con el índice porcentual más bajo. Por cada estudiante encuestado que declaró haber consumido esta sustancia en Sucre, un promedio de 5.8 estudiantes encuestados declararon haberla consumido en Caldas.

Sobre el tipo de instituciones educativas, se presentó un mayor índice porcentual de consumo en los estudiantes encuestados de los planteles educativos privados, sobre la población encuestada de las instituciones públicas. Estos datos parecen concordar con los elevados precios que tiene en los mercados clandestinos, puesto que no se han encontrado evidencias de ser producida en el territorio nacional. Su especializado diseño para la comercialización clandestina parece invertir los destinos del tráfico internacional. Entra en la lista de sustancias sintéticas ilegales que son diseñadas e importadas clandestinamente al país y que logran crear mercados emergentes en las nuevas generaciones, conservando los altos precios que generan los gastos adicionales del tráfico internacional.

## 1.1.9 Otras sustancias emergentes

Se han reunido en esta categoría analítica un conjunto de sustancias disímiles. Guardan entre sí diversas semejanzas y diferencias, tanto culturales como naturales. Su clasificación en apariencia inverosímil, responde a la presencia que tienen en la población menor de edad escolarizada en Colombia. (Ibíd., p. 82). Entre estas sustancias emergentes se encuentran los hongos alucinógenos, el *yagé* o la *ayahuasca* como es también conocida, el cacao sabanero y las bebidas energizantes. Algunas hacen parte de antiguas tradiciones nativas que se han modernizado en los contextos urbanos y otras fueron diseñadas y puestas al mercado como un producto más de la canasta familiar. Solamente son una muestra de algunas sustancias entre un inagotable número por descubrir que han comenzado a emerger y a posicionarse en los mercados legales y clandestinos.

Sobre los hongos alucinógenos, solamente se conocen dos clases: el pequeño grupo de los *isoxázolicos,* especialmente el género *Amanita* entre los que se encuentran los *Amanita Muscaria* y los *Amanita Pantherina* y el amplio grupo de los *psilocibínicos,* especialmente el género *Psilocybe* de los que se cuentan más de 200 especies difundidas por todo el mundo. (Samorini, 2016, pp. 102-103). Su comercialización clandestina en el mercado nacional es ambigua. Su presencia parece estar más relacionada al conocimiento de su morfología y a su búsqueda personal y grupal en las zonas silvestres donde se producen.

Esto parece ocurrir también con el cacao sabanero, el borrachero o floripondio, como se le denomina en el lenguaje coloquial al variado grupo de las *Brugmancias,* que se dan de una manera silvestre en todo el territorio colombiano y latinoamericano, especialmente la *Brugmancia candida Pers.* Se caracterizan y son: "conocidas mundialmente por la presencia de alcaloides tropánicos (…) especialmente escopolamina". (Álvarez, 2008, p. 87).[6]

Algo parecido ocurre con el *yagé,* también conocida como *ayahuasca,* una cocción tradicional que realizan los pueblos nativos del Amazonas con la combinación de la *Banisteriopsis caapi* con la *Diplopterys cabrerana,* o con la *Psychotria viridis,* según el caso. (Luna-Porras, 2018, p. 91). Este conjunto de tradiciones nativas que implica la cocción y la toma de este brebaje, se encuentra inmersa en un universo de ritualidad y mitogonías extraordinario. (Ronderos, Ritos y mitogonías indígenas en torno al yagé. Una reflexión sobre los orígenes de las conciencias humanas, 2005). Sin embargo, estas prácticas chamánicas se han desplazado desde las zonas indígenas donde son originarias y ancestrales, a los contextos urbanos en forma de nuevos chamanismos, de nuevas búsquedas espirituales y experiencias curativas y terapéuticas que parecen demandarse (Caicedo, 2014) y que incluyen especialmente al Eje Cafetero. (Ronderos, 2003).

**Figura 12.** *Porcentajes estudiantiles sobre la prevalencia del consumo en el último año de yagé, hongos y cacao sabanero, según dominio departamental.*

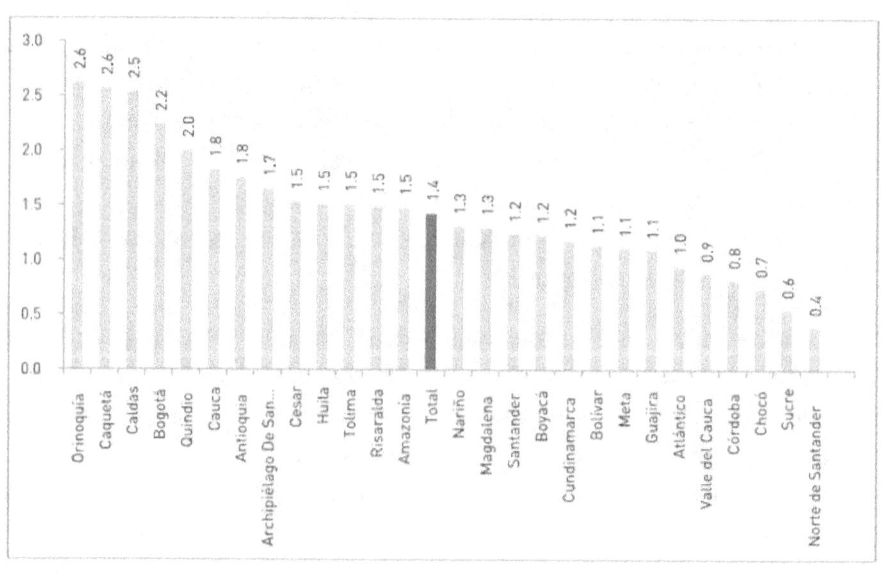

**Fuente:** (O.D.C., 2016, p. 84).

---

[6] Vale resaltar que álgunas organizaciones criminales suelen extraer este alcaloide en una mezcla conocida como "burundanga", para utilizarla con fines delictivos, especialmente por el efecto amnésico que genera después de su ingesta y durante su metabolización.

Estas sustancias fueron agrupadas por el O.D.C. en una misma categoría analítica, por su presencia en la población escolar. Para el año 2011, el 1.5% de los estudiantes encuestados declararon haber consumido alguna vez en la vida una de estas sustancias, con una prevalencia en el último año de un 1%. Para el año 2016, el 2.2% de la población escolar encuestada declaró haber consumido alguna vez en la vida una de estas sustancias, con una prevalencia en el último mes de un 0.8%.

Sobre la distribución departamental en la prevalencia de este consumo durante el último año, trece departamentos de los tomados como muestra, presentaron un índice porcentual por encima del promedio nacional, con la Orinoquía en el primer lugar con el índice más alto; mientras que los otros catorce departamentos presentaron un índice porcentual por debajo del promedio nacional, con el Norte de Santander en el primer lugar con el índice más bajo. (O.D.C., 2016, p. 84). Por cada estudiante que declaró haber consumido una de estas sustancias en este departamento, 6.5 declararon haberlo hecho en la Orinoquía.

Otra amplia categoría de sustancias emergentes que se han detectado en el territorio nacional son las bebidas energizantes, que se pueden denominar también como bebidas *cafeínicas*. Muchas contienen *cafeína* en cantidades muy significativas entre sus ingredientes, como también otra sustancia denominado *taurina* (Cote-Menéndez, et al., 2011, p. 258), la cual se extrae en cantidades muy concentradas de la bilis del buey. (Ibíd., p. 261). Estas bebidas se distinguen y se oponen a su vez de las bebidas hidratantes, principalmente por sus efectos diuréticos, otra categoría diferente de productos compuestos especialmente con *electrolitos* que tienen como finalidad prevenir la deshidratación. Estas bebidas hidratantes fueron creadas en un principio para mejorar el rendimiento atlético de los deportistas; mientras que las bebidas energizantes se diseñaron con la finalidad de generar efectos estimulantes, para mantener la vigilia, aumentar la energía, mejorar la concentración y el desempeño laboral. (Ibíd., pp. 255-256).

Desde las últimas décadas del siglo XX hasta el presente, ambos tipos de bebidas se confunden en el mercado mundial. Se han aceptado para la venta libre sin mayores restricciones como un comestible más de la canasta familiar, muy llamativas por sus coloridos envases enlatados y sus agresivas estrategias de *Marketing*. Lo que las ha catapultado en las últimas décadas como uno de los productos comestibles de venta legal más consumidos por la población juvenil. (Sánchez, et al., 2014).

A pesar de los efectos contraproducentes que se han documentado y que permiten inferir que sus componentes no son completamente inocuos cuando se ingieren con frecuencia. (Ibíd., pp. 85-86). Entre estos efectos se han reportado: "arritmias, infartos cardiacos, exacerbación de sintomatología psiquiátrica y presencia de crisis convulsivas asociadas a su consumo". (Cote-Menéndez, et al., 2011, p. 255). Sumado a estos efectos adversos, los especialistas en las ciencias médicas indican que su consumo crónico puede generar dependencia y no recomiendan: "su uso en pacientes con vulnerabilidad a la adicción y en menores de edad". (Ibíd., p. 263). No obstante, el incremento del consumo a nivel nacional se presenta especialmente en esta población.

**Figura 13.** *Porcentajes estudiantiles sobre la prevalencia del consumo alguna vez en la vida de cualquier bebida energizante, según dominio departamental.*

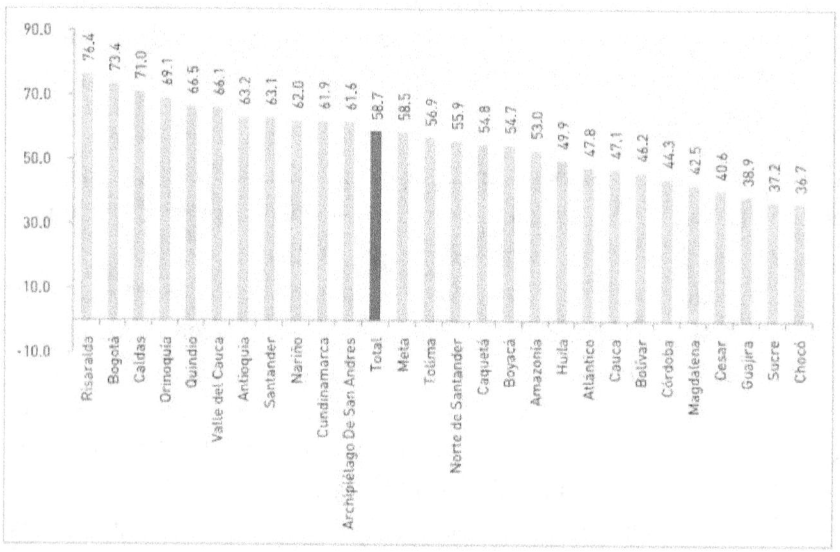


Fuente: (O.D.C., 2016, p. 86).

El consumo de estas bebidas se ha incrementado escandalosamente en la población menor de edad escolarizada a nivel nacional, durante la última década. Para el año 2011 el 25.7% de los estudiantes encuestados manifestaron haber ingerido cualquiera de estas bebidas alguna vez en su vida, con una prevalencia en el último año de un 19.9%. (O.D.C., 2011, p. 83). Sobre la discriminación por edad, el 9.5% fueron estudiantes de 11 a 12 años y el 20.8% de 13 a 15 años. Estos datos no son tan preocupantes, a pesar de la prohibición comercial para menores de 14 años que se deja estipulado en los envases. Lo son cuando se comparan con los datos arrojados cinco años después, puesto que el 58.7% de la población estudiantil encuestada declaró haber consumido bebidas energizantes alguna vez en su vida, con una discriminación por edad del 53.7% en estudiantes de 12 a 14 años y del 61.9% en estudiantes de 15 a 16 años. (O.D.C., 2016, p. 86).

Para ese año, once departamentos presentaron los índices porcentuales por encima del promedio nacional con Risaralda en el primer lugar al tener el índice más alto; mientras los otros dieciséis tomados en la muestra, presentaron un índice por debajo del promedio nacional con el departamento del Chocó en el primer lugar con el índice más bajo. (O.D.C., 2016, p. 85). Estos datos evidencian un incremento muy significativo en el consumo de estas bebidas energizantes por menores de edad a nivel nacional. Estos productos han encontrado un mercado creciente en la población escolarizada colombiana.

## 1.1.10 Justificaciones para la investigación

En esta turbulencia incansable y creciente de la oferta y la demanda, giran en un torbellino cada vez más grande y turbulento las nuevas generaciones de la sociedad colombiana. Se trata de un malestar sociocultural que comparten con las nuevas generaciones de las otras naciones del mundo. En este paradójico dilema resulta necesario crear nuevas clasificaciones tentativas que parecen insuficientes por el número cada vez más grande de sustancias psicoactivas que encuentran un lugar en los mercados, tanto legales como clandestinos, de las drogas controladas y por controlar. Según el documento oficial para los lineamientos de la política nacional de drogas:

> Se ha identificado a través del Sistema de Alertas Tempranas (S.A.T.) la presencia en el mercado colombiano de 28 Nuevas Sustancias Psicoactivas (N.P.S.) y drogas emergentes sin que a la fecha exista evidencia de la producción de estas en el país. (Ministerio de Justicia, 2017, p. 8).[7]

---

[7] El reto de identificación de nuevas drogas se lo ha propuesto el Observatorio Europeo de las Drogas y las Toxicomanías, a través de un Sistema de Alertas Tempranas de nuevas sustancias emergentes. Este sistema les permite identificar y responder a la aparición de nuevas drogas, que no existe en ningún otro lugar del mundo: "La lista de sustancias que aparecen en el mercado de drogas sigue creciendo, de modo que cada semana se notifica una nueva sustancia psicoactiva adicional en Europa". (E.M.C.D.D.A., 2018, p. 13). Lo que ha causado que la lista de sustancias por controlar se catapulte a más de 670 en el último año, especialmente en esa parte del mundo. (Ibíd., p. 32). A nivel nacional, entre las nuevas sustancias detectadas en el comercio clandestino, se encuentran una variada gama de *fenetilaminas, triptaminas, catinonas* sintéticas *y cannabinoides* sintéticos. (S.A.T., 2017).

Este insólito tráfico ilegal de nuevas drogas importadas al territorio nacional, parecen incrementar inexorablemente la interminable lista de sustancias prohibidas. Una dinámica que genera a su vez nuevos consumidores con características particulares y la necesidad de tratamientos especializados. Esta realidad se vincula con los datos presentados por el O.D.C, donde se evidencia un aumento progresivo en el consumo de estas sustancias por parte de la población menor de edad escolarizada en Colombia. El incremento general que se ha manifestado durante esta última década, tanto en la oferta como en la demanda nacional de drogas prohibidas, encuentra sus particularidades en esta población estudiantil.

Son las nuevas generaciones y los nuevos tipos de consumidores los que componen este incremento general a nivel nacional. Esto hace que las estadísticas nacionales sobre el consumo de drogas prohibidas en menores de edad, encuentren una variabilidad y una diversificación tan significativa en las diferencias porcentuales entre los departamentos que fueron tomados en la muestra. Se evidencia un aumento creciente en el consumo de estas drogas y en edades cada vez más tempranas, con una presencia progresiva de sustancias emergentes. La región del Eje Cafetero y especialmente el departamento de Caldas, se presenta como la zona geográfica con los mayores índices de consumo en escolares a nivel nacional; mientras que los departamentos de Sucre, Chocó y el Norte de Santander se caracterizan por tener los menores índices de consumo.

En estos estudios realizados por el O.D.C., se incluyeron en el cuestionario preguntas sobre la opinión de los estudiantes en relación al uso de drogas y la oferta de las mismas en el entorno escolar. En estas preguntas se evidencia un aumento porcentual en la percepción de su uso por parte de las muestras de estudiantes encuestados. A la pregunta: ¿Consideras que algunos estudiantes traen, prueban o pasan drogas entre ellos dentro del colegio? En el año 2011 el 30.9% de la población estudiantil encuestada contestó afirmativamente a esta pregunta, mientras que en el año 2016 lo hizo el 41.3%. A la pregunta: ¿Consideras que algunos estudiantes traen, prueban o pasan drogas entre ellos alrededor de colegio? Para el año 2011 contestaron afirmativamente el 42.4% de la población encuestada, mientras que en el año 2016 lo hizo el 48.3%. A la pregunta: ¿Has visto personalmente alguna vez a un alumno vendiendo o pasando drogas en el colegio o en los alrededores? En el año 2011 el 16.4% contestó afirmativamente, mientras que en el año 2016 lo hizo el 21.8%. Y a la pregunta: ¿Has visto personalmente alguna vez a un alumno u otra persona usando drogas en el colegio o en los alrededores? Para el año 2011 contestaron afirmativamente el 28.1%, mientras que cinco años después lo hizo el 35.8%. En todas se evidencia un incremento paulatino que concuerda con las evidencias presentadas.[8]

Este dramático dilema se circunscribe a la efectividad en las estrategias para el comercio clandestino de estas sustancias prohibidas, hasta lograr ingresar en los contextos locales y en la cotidianidad de las instituciones educativas. Una oferta cada vez más diversificada que genera, con una complicidad precoz, sus futuros usuarios. Se ha propagado un interés desenfrenado en la población menor de edad por experimentar los efectos generados al consumir estas sustancias, sin hacer consciencia del riesgo que resulta quedar presa de una adicción y por este camino, vinculado al comercio, tanto legal como clandestino, donde se distribuyen. Ambos modelos económicos han demostrado ser aterradoramente efectivos en conseguir sus propósitos. Esto hace que se descubran con inusitada frecuencia nuevas ofertas de sustancias que encuentran los medios para gestar nuevas demandas de consumidores. Una dinámica calculada con fría racionalidad, que se adapta y logra evadir exitosamente las regulaciones implementadas por las políticas para su control.

---

[8] Vale apuntar una crítica al modelo metodológico que puede poner en tela de juicio los resultados estadísticos presentados por el O.D.C. sobre población escolar. En ambos estudios hay diferencias significativas entre las muestras de estudiantes encuestados frente a las poblaciones estudiantiles representadas. En el estudio del año 2011, solamente Bogotá con un 20.2%, el departamento de Antioquia con un 13.3% y el Valle del Cauca con un 10.1%, tuvieron muestras por encima de una décima de la población estudiantil representada; mientras que San Andrés y Providencia con un 0.1%, la Orinoquia con un 0.4% y la Amazonia con un 0.5%, tuvieron las muestras más bajas. (O.D.C., p. 50). Para el estudio del año 2016, solamente la ciudad de Bogotá y el departamento de Antioquia, con un 14.9% y un 12.4% respectivamente, presentaron las muestras más altas; mientras San Andrés, la Amazonía y la Orinoquía mantuvieron los mismos porcentajes que cinco años atrás. (O.D.C., p. 40). De igual modo, para el año 2011 se encuestaron 92.929 estudiantes, como una muestra sobre una población total de 3.483.764 estudiantes inscritos a nivel nacional para ese año. Una muestra representativa del 2.6%. (O.D.C., 2011, p. 20). Para el año 2016 se realizaron 80.018 encuestas como una muestra sobre un total de 3.243,377 estudiantes inscritos a nivel nacional para ese año, lo que equivale a una muestra representativa del 2.4%. (O.D.C., 2016, p. 19). Estas muestras generales de estudiantes encuestados resultan apenas significativas respecto a los totales. Para hacer que estos datos sean más confiables, sería preciso acercar los porcentajes departamentales en las muestras de estudiantes encuestados con relación al total de la población estudiantil representada, para que los resultados se basen en muestras más significativas y equilibradas. Estos ajustes se pueden realizar en estudios posteriores para lograr un mayor grado de confiabilidad en los datos arrojados.

# 1.2 ¿El problema son las drogas?

El aumento en el consumo de drogas sometidas a fiscalización por la población escolar menor de edad y en edades cada vez más tempranas, como una problemática sociocultural que requiere de un oportuno y efectivo control estatal; no implica necesariamente que las drogas consideradas prohibidas sea el problema fundamental. Es necesario enfatizar que la problemática sociocultural identificada no son las drogas sometidas a fiscalización, por la naturaleza y las cualidades de las sustancias en sí mismas, puesto que su utilización con finalidades científicas y médicas son incuestionables.

El problema radica en las estrategias clandestinas de narcomenudeo y microtráfico de estas drogas en los contextos locales, puesto que logran transformar las instituciones educativas en nuevos mercados con usuarios potenciales. (Piedrahita, 2019). Esta situación parece la crítica proyección de un prematuro relevo generacional de los consumidores de drogas. La exitosa implementación de estrategias de comercialización clandestina, que están igualmente inmersas en la lógica económica de un sistema global regido por un capitalismo voraz.

El dramático dilema radica en la propensión cerebral a la adicción que lleva el consumo crónico de estas sustancias y que se hace más agudo en los años de la infancia y la juventud. (Volkow, Las drogas, el cerebro y el comportamiento: la ciencia de la adicción, 2014). El choque que estas drogas causan en la neuroplasticidad del cerebro humano en su desarrollo temprano, perjudica los centros placenteros ubicados en el sistema límbico y genera una propensión a caer presa del consumo compulsivo en las edades posteriores. (Ibíd.). Un tema que llega hasta las raíces de la especie.

## 1.2.1 Vulnerabilidad del ser humano a la adicción

¿Cuáles son los efectos nocivos que generan las drogas al ingresar en el organismo? ¿Qué diferencia hay cuando se inicia el consumo en edades más tempranas? ¿Qué se entiende por adicción? ¿Hay diferentes adicciones? ¿Todas las personas que consumen drogas están en riesgo de caer presa de la adicción? ¿Es asunto de las drogas o de las personas? ¿Cómo afectan al organismo humano? ¿Es un verdadero riesgo para la especie?

Cuando se iniciaron los primeros estudios sobre el abuso de drogas, se siguieron senderos equivocados para definir la naturaleza de la adicción. Se consideró en un principio como un fracaso moral y no como un problema de salud, donde las personas consumían por su propia voluntad y no por causa de un trastorno neurobiológico. Esto condujo a enfatizar el castigo y no la prevención y el tratamiento. Con el surgimiento de las neurociencias y sus innovadores descubrimientos sobre el funcionamiento del cerebro y el comportamiento humano, ha mejorado radicalmente el conocimiento sobre los trastornos generados por el consumo compulsivo de drogas. (Volkow, 2014).

Desde las neurociencias, la adicción a las drogas se entiende como un trastorno cerebral crónico que afecta la conducta, como una enfermedad neurobiológica que genera una necesidad compulsiva por consumir en el adicto, a pesar de las consecuencias peligrosas y destructivas que esto le pueda generar. (Méndez-Díaz, et al., 2017; Volkow, 2014). Sin embargo, aún se mantiene la cuestión sobre si el consumo abusivo de drogas es un comportamiento voluntario. Según Nora Volkow, generalmente la decisión inicial de consumir es voluntaria, pero con la habituación del consumo: "la capacidad de una persona para ejercer el autocontrol puede verse seriamente afectada. Este deterioro en el autocontrol es el sello distintivo de la adicción". (2014, p. 7).

Se puede considerar que hay tantos tipos de adicciones como sustancias psicoactivas hay en el mercado. Cada una con un variado margen de particularidades y sintomatologías susceptibles a la clasificación nosológica. Esto hace que los criterios para diagnosticar los trastornos adictivos parezcan interminables. En la guía de consulta de los criterios diagnósticos del DSM-5, se presenta un extenso capítulo sobre trastornos adictivos relacionados con sustancias, donde se abarcan diez clases diferentes de drogas. Se deja un lugar en la última parte a las sustancias desconocidas, que son poco definidas. Allí se indica que: "la magnitud y el abanico de trastornos que pueden inducir son inciertos". (DSM-5, 2013, p 314).[9] No hay duda de ello, como tampoco de la puerta abierta a los nuevos descubrimientos por clasificar y que se realizan cada semana en el Sistema de Alertas Tempranas implementado en la Unión Europea. (E.M.C.D.D.A., 2018).

También se presentan las afecciones o síntomas que se pueden identificar y clasificar como inducidos por el consumo crónico de sustancias, especialmente la intoxicación, el síndrome de abstinencia y una variedad de otros trastornos de carácter

---

[9] Esto recuerda el fragmento del cuento de Borges sobre "cierta enciclopedia china", que inspiró el libro de Michel Foucault "Las palabras y las cosas". (Foucault, 1968).

psicopatológico. En este manual para la clasificación y el diagnóstico de trastornos mentales, se especifica que:

Cualquier droga consumida en exceso provoca una activación directa del sistema de recompensa del cerebro que participa en el refuerzo de los comportamientos y la producción de recuerdos. Provocan una activación tan intensa del sistema de recompensa que se ignoran las actividades normales. (DSM-5, 2013, p. 253).

El consumo crónico de cualquier sustancia psicoactiva, genera un conjunto de efectos similares cuando se analizan desde las neurociencias. Todas parecen alterar un área en particular del cerebro, el sistema de motivación y recompensa, anatómicamente diseñado con neuronas dopaminérgicas agrupadas en el Área Tegmental Ventral. (Méndez-Díaz, et al., 2017, p. 8). Estas neuronas se ramifican y activan en su comunicación neuronal denominada sinapsis, la vía mesocortical hacia la corteza prefrontal y la vía mesolímbica hacia el Núcleo Accumbens y la Amigdala, donde ejerce su acción la dopamina, el neurotransmisor del placer. (Ibíd.). Su función radica en generar estados placenteros como recompensa por la realización satisfactoria de alguna urgencia biológica; algo que implica tanto la toma de decisiones para la realización de las acciones necesarias, por la vía mesocortical, como el placer adquirido en su realización a través de la vía mesolímbica. (Volkow, Las drogas, el cerebro y el comportamiento: la ciencia de la adicción, 2014).

Esta activación cerebral se lleva a cabo no solamente con los reforzadores biológicamente necesarios, como la necesidad de comer que lleva a la búsqueda de alimentos, o el deseo de tener sexo para la reproducción de la especie, que lleva a la búsqueda de pareja; sino también y de maneras mucho más abruptas y turbulentas, con los denominados como "reforzadores vacíos" que desestabilizan el equilibrio homeostático del cuerpo, donde entran primordialmente las drogas de abuso. (Méndez-Díaz, et al., 2017, p. 9). Estos "reforzadores vacíos" parecen encontrar sus raíces en un imperativo igualmente biológico. La necesidad humana por vivenciar estados alterados de consciencia, puesto que: "Somos la única especie animal que experimenta esta necesidad. Por alguna razón, nuestro grado normal de consciencia nos resulta insatisfactorio". (Cohen, 1972, p. 25).

Estas drogas activan intensamente el Área Tegmental Ventral, lo que genera una excesiva liberación de dopamina que desemboca a su vez en una sensación inexplicable de placer; como también una reducción drástica de su liberación al cesar el consumo, con la reacción anímica opuesta. (Adinnof, 2004). Reacción que afecta significativamente el ánimo del usuario y que le despierta el deseo incontrolable de consumir la sustancia. Una de las razones por las que son tan peligrosas, radica en esta doble y opuesta reacción neurobiológica, puesto que puede desembocar en una dependencia crónica.

Claro que la vulnerabilidad a desarrollar este tipo de dependencia a cualquier droga de abuso, no solamente radica en las cualidades intrínsecas de estas sustancias. También tiene algo que ver los rasgos de la personalidad individual que tiene el usuario: "La mayoría de personas predispuestas a la adicción tienen signos y síntomas definidos antes de empezar a consumir drogas". (Méndez-Díaz, et al., 2017, p. 9). Muchos de estos síntomas se encuentran en los manuales diagnósticos y nosológicos sobre trastornos mentales y de la conducta, donde se incluye en una gran cantidad de trastornos el rasgo a tener una proclividad al consumo crónico de sustancias, o a manifestar una personalidad adictiva. (Ibíd.). ¿Esto implica que únicamente los trastornados mentales son proclives a la adicción?[10]

La gran mayoría de personas no manifiestan esa proclividad. De hecho, dentro de los índices habituales de consumo, solamente un reducido margen es vulnerable a generar dependencia a cualquier droga de abuso. (Ibíd., p. 7). Claro que esto no implica que las personas mentalmente sanas estén exentas, puesto que se presentan factores de riesgo, tanto socioculturales como biológicos, que incrementan los riesgos de vulnerabilidad a la adicción. (Volkow, 2014, p. 8). Además, muchas de las nuevas drogas de abuso están diseñadas con la finalidad de doblegar la voluntad y generar estados alterados de consciencia similares a los síntomas de los peores trastornos mentales. (Cohen, 1972). Están ingeniosamente diseñadas para generar dependencia, para hacer perder el control sobre su consumo.

Entre estos rasgos de la personalidad que se presentan como un factor de riesgo se encuentra la impulsividad, el hecho de responder a un estímulo sin la adecuada reflexión y sin anticipar las consecuencias. Un comportamiento común entre los jóvenes menores de edad, especialmente por la neuroplasticidad en el desarrollo cerebral, puesto que las últimas vinculaciones por madurar son las de la corteza prefrontal, encargada de evaluar situaciones, tomar decisiones acertadas y mantener nuestras emociones y deseos bajo control, a través del sistema límbico donde están las emociones y los centros placenteros. Esta conexión se da en ambas direcciones; la primera que va del sistema límbico a la corteza prefrontal, genera emoción a nuestras actividades cognitivas y la segunda, del sistema prefrontal al sistema límbico,

---

[10] Solamente a partir de esta correlación se puede encontrar una explicación a los contenidos de los manuales diagnósticos sobre los trastornos por consumo compulsivo de sustancias como el DSM-5.

la última en formarse, permite controlar las emociones a través de procesos cognitivos. (Volkow, 2014). Algo que resulta particularmente problemático en los adolescentes. Esta explicación neurobiológica sirve para entender el incremento en el consumo de estas sustancias por la población menor de edad escolarizada en Colombia.

Por eso es mucho más riesgoso iniciar el consumo de estas sustancias de abuso en edades tempranas, puesto que: "el cerebro es especialmente vulnerable a las experiencias que ocurren durante la infancia y la adolescencia". (Méndez-Díaz, et al., 2017, p. 9). Especialmente por esta neuroplasticidad tardía en las vinculaciones entre el sistema prefrontal y el sistema límbico. (Volkow, 2014). Lo que acrecienta la proclividad a generar personalidades adictivas en etapas posteriores de la vida.

El surgimiento creciente de nuevas demandas que se gestan por todo el territorio nacional y que se fraguan por las fuerzas sociales que impulsan el sistema económico mundial. La curiosa impulsividad de los jóvenes que parecen propensos naturalmente a experimentar con lo prohibido, por los riesgos y el descubrimiento de las recompensas placenteras que parecen esperarles, sin un mayor juicio sobre estas acciones y las nuevas organizaciones regionales y locales que compiten para mantener el dominio territorial del comercio clandestino, a través del microtráfico y el narcomenudeo. Una oferta creciente que tiene pleno conocimiento en sus estudios de mercadeo, sobre esta vulnerabilidad neurobiológica en el desarrollo humano. Vale preguntarse: ¿Acaso está en riesgo la especie humana por esta situación problemática? ¿Realmente las drogas son las culpables?

## 1.2.2 Los usos ancestrales de las drogas

Una de las extraordinarias características evolutivas de la especie humana, radica en el aumento de la capacidad craneal. La evolución del ser humano se caracteriza por tener el índice más alto de encefalización que cualquier otra especie de la naturaleza. En este índice se compara la relación entre el tamaño del cerebro y del cuerpo, desde una perspectiva evolutiva, que ubica al ser humano en el primer lugar. (Zapata, 2009, p. 111).

En el primer acto de la arqueología de la mente, Mithen ubica a un mismo actor, al eslabón perdido y al antepasado común en un oscuro escenario más allá de los 4.5 millones de años. (1998, pp. 23-24). Para el segundo acto, durante los 2.5 millones de años siguientes, aparecen los *Australopithecus* con un cerebro de entre 400 a 500 cms$^3$ de tamaño (Ibíd., p. 31); con la particularidad de caminar erguidos sobre dos extremidades en un escenario lúgubre.

Darían lugar: "a un nuevo grupo de actores con cabezas más voluminosas (…) los primeros miembros del linaje *Homo* con un cerebro 1.5 veces mayor que el de los australopitecinos". (Ibíd., p. 25). Bípedos consumados con una columna vertebral vertical, gobernada en la cima por el más extraordinario producto de la evolución orgánica.

Esto supuso un mayor desarrollo sensorial y un refinamiento paulatino del intelecto, acompañado de la liberación de las manos, orientado hacia la abstracción del pensamiento. (Wood, et al., 1994). Algo indispensable para la creación cultural, lo que caracterizó a este linaje: "portador de útiles, artefactos de piedra que reciben el nombre de industria olduvayense o de Olduvai". (Mithen, 1998, p. 25). Por el lugar donde se han hallado valiosos registros arqueológicos de este tipo. También denominados como Arcántropos del paleolítico inferior, caracterizados por la industria lítica bifaz. (Beltran & Gonzalez, 1990).

Para el tercer acto que abarca los 2 millones de años siguientes, este linaje se extendió ampliamente por todo el viejo mundo, tanto los *homo habilis* en una primera escena, como su descendiente el *homo erectus,* el cual: "tenía un cerebro aún mayor y era más competente que su antepasado". (Edey, 1994, pp. 16-17). También denominados como paleántropos, caracterizados por la fabricación de elaboradas industrias líticas. (Beltran & Gonzalez, 1990). Para la última escena de este acto nacería un actor con el cráneo más redondeado y una frente prominente, el *homo sapiens arcaico*, el cual marca: "una vuelta a un periodo de gradual aumento del tamaño cerebral". (Mithen, 1998, p. 26). Este antepasado cercano tuvo un cerebro de entre 1.100 a 1.400 cms$^3$ de tamaño. (Ibíd., p.31).

Es en el cuarto acto, durante los últimos 100.000 años, que nace el último actor, el ser humano anatómicamente moderno, con un cerebro de entre los 1.500 y los 1.700 cms$^3$ de tamaño, los *homo sapiens sapiens* (Ibíd.). También denominados como neántropos. (Beltran & Gonzalez, 1990). Es en la última escena de este acto, durante los últimos 10.000 años, que se gestan sorprendentes cambios culturales. La transición del nomadismo al sedentarismo, con la domesticacion de animales y el cultivo de plantas, les permitió conservarse y crecer en los mismos lugares hasta crear extraordinarias civilizaciones agrícolas.

En estas circunstancias se gestaron los primeros saberes y las primeras catalogaciones surgidas con base en las experiencias con plantas psicoactivas. Hay razones para pensar, junto a Antonio Escohotado, que: "fue en esta época cuando comenzaron a acumularse conocimientos farmacológicos complejos, así como un catálogo de remedios botánicos eficaces para las dolencias". (1998, p. 40). Para este autor: "La agricultura modifica los valores del cazador paleolítico poniendo en lugar del mundo animal el vegetal, transformando la zoolatría en culto a la fecundidad". (Ibíd., p. 39).

Se han encontrado vestigios arqueológicos que atestiguan relaciones antiguas entre los primeros grupos humanos de mesoamerica y la planta de San Pedro, que datan de hace diez mil años aproximadamente, algo que permite atestiguar el uso más antiguo de una planta utilizada con fines embriagantes en sudamérica. (Samorini, 2014). También se han hecho hallazgos iconográficos más recientes que muestran esta relación, como la "estela del portador de San Pedro" descubierta en el sitio Chavín de Huántar y datada aproximadamente para el séptimo siglo antes Cristo. (Feldman Gracia, 2006).

Se han hecho hallazgos arqueológicos con evidencias directas del uso de la hoja de coca en contextos andinos, con una antigüedad aproximada superior a los ocho mil años antes del presente. El hallazgo más antiguo de hojas de coca se hizo en el valle de Nanchoc en el norte del Perú, con bolitas esferoidales de cal asociada a su consumo y datadas para esa época. (Samorini, 2014, p. 21). Se ha encontrado polvo de hoja de coca en la autopsia de una momia de la cultura Nazca, introducida en su tráquea y en los bronquios, lo que ha llevado a conjeturar la veracidad del uso de esta planta para sacrificar víctimas en rituales incas, a través del ahogamiento con polvo de esta hoja. (Lombardi, 1992).

Sobre la amapola, las evidencias arqueológicas ubican sus orígenes en algún sitio del mediterráneo. Se encuentran hallazgos directos entre siete mil y ocho mil años antes del presente. (Samorini, 2016). Los más antiguos fueron hallados en Italia en el sitio de la Marmota en Roma, los cuales evidencian dos formas botánicas diferentes, la especie silvestre conocida como *Papaver Setigerum* y una nueva especie creada por el cultivo de la primera, denominada *Papaver Somniferum*. (Rottoli, 2001). También se encontraron restos de amapola en la península española, en la cueva de los Murciélagos en Córdoba, con una datación aproximada de 5.300 años antes de Cristo. (González, et al., 2000). Lo que causa perplejidad con esta nueva especie de *Papaver,* fuente psicoactica de un número interminable de *opiaceos*, es que haya surgido de una derivacion etnobotánica antigua.

Sobre la marihuana, los datos arqueológicos más antiguos se encuentran en sitios localizados en Japón y China. En el sitio de la cultura Jomón de Okinoshima, se halló *Cannabis sativa* adherida a cerámica con una datación aproximada de ocho mil años antes de Cristo. (Kudo, et al. , 2009). Se considera como una de las plantas más antiguas: "cuyos primeros cultivos se han encontrado hace 12.000 años en China con hallazgos de semillas". (Puentes, Cepeda, & Téllez, s. f., p. 301). Se presume que comunidades nómadas las trasportaron a la India y a Mesopotamia, donde germinaron y de allí se extendió al continente africano y Europa. (Escohotado, 2009). Sobre los orígenes del uso cultural de la marihuana se puede considerar que es una de las sustancias más difundidas del planeta y la que tiene el mayor número de registros históricos. (Molina, 2008). El cáñamo indico era ya conocido por los Asirios y por el imperio mesopotámico en el siglo XV antes de Cristo, quienes, se presupe, la utilizaron como incienso en sus celebraciones religiosas. El primer registro sobre sus efectos psíquicos se encuentra en el *Atharvaveda* de los cantos védicos de la India, cuya recopilacion data del 2.000 al 1.400 antes de Cristo. En el libro santo de los persas, durante el siglo VI antes de Cristo, el *Avesta* describre los efectos sagrados que produce el incienso obtenido del cáñamo índico. (Ibíd., p. 98). En el libro *Zend Avesta* se denomina a la marihuana como "vicahia". También se destaca sus efectos eufóricos y especialmente su capacidad de producir risa. (Shultes & Hoffman, 2000). Según Granados, Martínez y Riaño:

> Para los hindúes, la planta estaba asociada al dios Shiva y era destacada por su centralidad en la vida espiritual de la comunidad. También es reconocida en los registros históricos de Herodoto, quien señala su uso por parte de los escitas en sus rituales funerarios. En la Roma del siglo II, Galeno establece que en los convites es común el uso del cannabis para promover un estado de júbilo entre las personas. (s. f., p. 46).

Estas son algunas de las fechas más antiguas de la relación humana con las drogas. En el registro arqueológico mundial se encuentran otras muchas dataciones de plantas con evidencias directas de usos culturales hace miles de años; hongos *psilocibínicos* en el Sahara hace 8.000 años antes del presente, *Mandrágora* en Egipto hace 3.500 años antes del presente, *Belladona* en Rumania con una datación superior a los 6.000 años antes del presente, entre otras muchas. (Samorini, 2016). Que manifiestan una relación ancestral y milenaria de las diversas culturas con las plantas ancestrales.

El hecho de rememorar estos usos antiguos, despierta el interés por comprender la vinculación que tienen estas sustancias psicoactivas, con las búsquedas primitivas de un camino hacia lo divino asociado con sus efectos. La mayoría de estos hallazgos y sus usos milenarios se han interpretado como parte de las actividades sagradas, lo que ha llevado a la creación de neologismos como ocurre con la palabra: "enteógeno". Este término fue acuñado con el fin de definir el estado trascendente y en comunión con las deidades, generado por el consumo de ciertas sustancias psicoactivas en determinados contextos rituales. La palabra es una composición etimológica: *en* (dentro) *theos* (Dios) *genos* (sustancia), donde *en-theos* se refiere a inspiración divina. (Wasson, 1980). Se ha interpretado de varias maneras, como un cambio de régimen sensorial que conduce hacia una hierofanía, entendida como un "éxtasis exógeno y exotérico" producto de la relación ritualizada con estas plantas sagradas. (Ramos-Gómez, 2016). Para Antonio Escohotado, se refiere al hecho de "engendrar dentro de sí al dios" o "generar lo divino", especialmente: "cuando estos fármacos intervienen en ceremonias dirigidas por chamanes, otros hechiceros y otros sacerdotes en sentido estricto constituyen sustancias con virtud «enteogénica»". (Escohotado, 1998, p. 32).

Un ejemplo de esto se observa en las ceremonias del *yagé* y la *ayahuasca*. Se trata de un conjunto variopinto de rituales difundidos entre las comunidades nativas amazónicas, que implica la cocción ritual de una mezcla de plantas, la *Banisteriopsis caapi* con *Diplopterys cabrerana* en el caso del *yagé*, o con *Psychotria viridis* en el caso de la *ayahuasca* (Luna-Porras, 2018, p. 91), hasta formar un brebaje terroso y amargo que se ingiere y que genera visiones "enteogénicas". Descubrimientos arqueológicos en la región amazónica demuestran una prolífica y compleja actividad humana. Un sofisticado manejo de los suelos y domesticación de plantas, hasta la creación de nuevas especies y subespecies etnobotánicas que se mezclaron con los cultivos naturales hasta naturalizarse a su vez, bajo el gobierno extraordinario del equilibrio armonioso entre las gentes nativas de la Amazonía y la selva amazónica. (Heckenberger & Góes Neves, 2009).

Estas prácticas ancestrales de la región amazónica que involucran las tomas de *yagé* y *ayahuasca,* han encontrado los medios para adaptarse a los nuevos contextos socioculturales. Se han consolidado en las últimas décadas en forma de neochamanismos urbanos, los cuales son ofertados en tomas colectivas como terapias: "constituyen formas rituales contemporáneas que han asimilado y resignificado prácticas médicas y creencias religiosas de sociedades tribales en razón de su eficacia en términos terapéuticos y/o espirituales, pero orientadas a (y frecuentemente dirigidas por) sujetos no-indígenas". (Rojas-León, 2014, p. 37). Estos nuevos escenarios contemporáneos que se relacionan con el consumo de sustancias enteogénicas, se legitiman para la comercialización por su ancestralidad.

### 1.2.3 La inexorable necesidad de las drogas

Lo que se evidencia con plena certeza en estas drogas sometidas a fiscalización, son sus potenciales usos en los campos de las ciencias médicas para el tratamiento de diversas enfermedades. ¿Acaso la naturaleza es la culpable por su facultad de creación de plantas con facultades extraordinarias para el uso humano? Su prodigiosa virtud natural es inocente de las catalogaciones. El problema no son las drogas y sus virtudes extraordinarias, antes que los juicios sociales sobre sus utilizaciones indiscriminadas. Algo que implica un comportamiento fundamentalmente humano que hunde sus raíces hasta los orígenes, entre los malestares necesarios y los placeres perjudiciales de la humanidad.

Entre las sustancias más consumidas del mundo se enuentra la marihuana, la cual se ha derivado en la actualidad en una proliferacion de nuevos cannabinoides sintéticos que han sido creados artificiosamente en los laboratorios famacéuticos, entre los que se encuentra el "Dronabinol", o "Marinol" como también se conoce, aprobado para la comercialización en los Estados Unidos y en Canada en el año 1985, con la finalidad de generar efectos antieméticos (evitar el vómito) y para aumentar el apetito en los pacientes con cáncer que estén bajo tratamiento quimioterapéutico. (Puentes, Cepeda & Téllez, s. f., p. 317). El "Nabilone", o "Cesamet", cannabinoide sintético que salió al mercado estadounidense en el año 2006, a pesar de haberse creado dos décadas antes como un antiemético para la quimioterapia; aprobado en México para el tratamiento de las neuropatías crónicas como la esclerosis múltiple y las fibromialgias. (Ibíd., p. 320).

Otro ejemplo se encuentra en el "Sativex", aprobado en España y el Reino Unido en el año 2010 para el tratamiento de la esclerosis múltiple, ya que inhibe los impulsos cerebrales que originan los espasmos musculares que caracteriza la sintomatología de los pacientes que presentan esta enfermedad. (Ibíd., p. 322). Fue desarrollado por el laboratorio *GW Pharmaceutical* del Reino Unido. Desde el año 2016 cuenta con registro sanitario en Colombia, lo que permite su importación y comercializacion en el territorio nacional, bajo la supervisión y control del Estado. (Procolombia, 2018, p. 12).

Entre los estudios consultados, se evidencia la importancia que han tenido las derivaciones sintéticas de la marihuana en el tratamiento de múltples enfermedades, especialmente la sintomatología derivada de los tratamientos contra el cáncer. Es evidente que: "Los cannabinoides (…), ejercen diversos efectos paliativos en pacientes de cáncer, como la atenuación de las náuseas y los vómitos provocados por la quimioterapia, la estimulación del apetito y la disminución del dolor". (Ibíd., p. 330). Estos autores publicaron otro capítulo compilado en la misma edición, sobre los "Cannabinoides y el Cáncer", donde están de acuerdo en afirmar que: "Los efectos antiproliferativos y apoptóticos producidos por algunas de estas sondas farmacológicas revelan que el sistema endocannabinoide es una nueva diana prometedora para el desarrollo de nuevos agentes quimioterapéuticos para tratar el cáncer". (Puentes, Cepeda & Téllez, s. f., p. 201). Entre las sustancias diseñadas y puestas bajo experimentación, se nombra el "Dexanabinol" como un medicamento anticancerígeno. Lo que se busca a través de estos medicamentos es la apoptosis, o muerte celular programada de las células dañinas: "El objetivo de esta nueva serie de fármacos es promover la muerte de las células cancerosas en forma más específica, reducir los efectos secundarios y procurar ocasionar un menor daño de las células normales". (Ibíd., p. 204).

Se considera que los cannabinoides sintéticos no solamente sirven para los tratamientos relacionados con el cáncer, sino que también se están utilizando para los tratamientos de las enfermedades que se caracterizan por presentar daños cerebrales. En uno de los estudios consultados, los autores enfatizan que: "Los cannabinoides se consolidan como una alternativa factible y realista para la prevención o reducción del daño cerebral". (Puentes, Cepeda & Téllez, s. f., p. 324). Esto permite pensar su potencial uso para tratar la enfermedad del Parkinson, ya que estos compuestos pueden actuar con eficacia para disminuir el curso degenerativo de esta enfermedad, puesto que detiene la muerte neuronal y ejerce, de esta manera, una acción neuroprotectora del cerebro. (Fernández & Ramos, 2009). También se han hecho experimentos clínicos para tratar la enfermedad de Huntington, caracterizada por tratarse de un trastorno neurodegenerativo hereditario. Para la enfermedad del Alzheimer, los síntomas comunes de agitación nocturna son aminorados por el uso de estos cannabinoides sintéticos, como el Dronabinol, lo cual genera un efecto beneficioso en las personas que padecen esta enfermedad.

Se tienen evidencias médicas recopiladas sobre estudios experimentales en animales[11] y ensayos clínicos en humanos, para determinar los potenciales usos medicinales y terapéuticos de los cannabinoides sintéticos en el tratamiento de diferentes patologías y sintomatologías. (Téllez, Puentes & Cepeda, s. f., p. 190). Para el Anzheimer, la esclerosis múltiple, el Parkinson, la enfermedad de Huntington, la enfermedad cerebrovascular, el dolor crónico y neuropático, la epilepcia, la anorexia, la bulimia, el asma bronqueal, las nauseas y el vómito, como también para el uso crónico de otras

---

[11] Sobre el hecho de utilizar ratones para experimentos en laboratorios, vale anotar la crueldad que resulta su valioso aporte para las ciencias médicas, puesto que se les suministra, ya sea por vía intravenosa, intraperitoneal, intragástrica, las dosis de estas sustancias experimentales hasta lograr los grados de letalidad, para analizar posteriormente los estados post-mórtem de los animales. (Forney, 1971).

drogas más fuertes y perjudiciales. (Ibíd., pp. 191-192). Estos autores consideran el uso de los cannabinoides sintéticos como medicamentos: "algunos estudios que se realizan en la actualidad están considerando la utilización de cannabinoides para el tratamiento de otros trastornos, como el glaucoma, el asma, las alteraciones del movimiento como la epilepsia y como agentes antitumorales". (Puentes, Cepeda & Téllez, s. f., p.332).

Todo esto evidencia los potenciales usos médicos y terapéuticos de los cannabinoides sintéticos. Algo que pone en tela de juicio el estigma sobre la nocividad del consumo habituado de marihuana, aparentemente alarmante. Vuelve la cuestión sobre si el verdadero problema son las drogas sometidas a fiscalización. Claro que su consumo crónico sin una finalidad médica, puede generar estados psicóticos y esquizofrénicos que requieran la atención de especialistas en el campo de la medicina psiquiátrica. Sin embargo, resulta paradójico que las recomendaciones para atenuar, o erradicar el uso crónico de marihuana, se reduzcan a la necesidad de utilizar otras sustancias sintéticas que también pueden generar estados de adicción. Así se tiene que:

> En el manejo de las emergencias psiquiátricas desencadenadas por el uso de *cannabis*, se recomienda, para los casos agudos de pánico, síndromes maníacos y depresivos durante el evento agudo, manejar con benzodiacepinas como lorazepan, diazepan o midazolan, ya que les atenúa los síntomas agudos de insonmio, ansiedad, agitación psicomotora e ideas suicidas. (Lastra & Quevedo, s. f., p. 238).

Estos medicamentos también se encuentran en las listas de sustancias psicotrópicas sometidas a fiscalización internacional. Mientras el cannabis, sus resinas y extractos, se encuentran en los numerales 26 y 27 de la "Lista Amarilla", conformada por 120 sustancias, la cual fue aprobada en la Convención Única de Estupefacientes en el año 1961 y que fue enmendada por el protocolo de las Naciones Unidas en el año 1972, donde se fundamentó el régimen global de control y fiscalización de drogas. (Campos & Téllez, s. f., p. 19). El Lorazepan, el diazepan y el midazolan se encuentran en los numerales 73, 38 y 89, respectivamente, de la "Lista Verde", compuesta por 121 nuevas sustancias, la cual fue aprobada una década después de la primera, por la Junta Internacional de Fiscalización de Estupefacientes (J.I.F.E.), una rama de las Naciones Unidas que se encarga de controlar el tráfico y el comercio global de estas drogas. (Ibíd., p. 23).

Lo que resulta inaudito es aconsejar, para el tratamiento de una adicción crónica al uso de *cannabis*, otro conjunto de sustancias que están igualmente sometidas a fiscalización internacional porque pueden generar efectos farmacodependientes, bajo el amparo de una certificación médica. Una paradoja que choca con los estudios donde se recomienda el uso de la marihuana para tratar terapéuticamente a los pacientes con abstinencia a otras drogas más fuertes, como la heroína y la cocaína, e incluso los casos crónicos de adicción al alcohol. (Téllez, Puentes, & Cepeda, s. f.). Paradójicas contradicciones que evidencian la inexorable necesidad de las drogas.

Se comprende que los casos crónicos de abuso continuado de una sustancia como el *cannabis*, lleve a considerar para su tratamiento el uso de otras sustancias, con el fin de atenuar los desajustes de todo tipo provocados en el cuerpo sometido al uso crónico. La abstinencia total puede resultar perjudicial e incluso mortal en una adicción. En el caso de la marihuana, los efectos clínicos agudos por el uso crónico, no solo se reducen a posibles cuadros psicóticos alucinatorios. Se han presentado casos específicos relacionados con infartos cerebrales y cuadros convulsivos. (Lastra & Quevedo, s. f., p. 248). En usuarios fumadores, se han presentado afecciones respiratorias, reducción de la densidad pulmonar, quistes pulmonares y bronquitis agudas. (Reece, 2009). No obstante, sobre las similitudes sintomatológicas en los efectos causados con los fumadores crónicos de tabaco/cigarrillos, se considera que: "no es el caso y que el cannabis tiene efectos muy diferentes en la función pulmonar". (Lastra & Quevedo, s. f., p. 254). Se han presentado casos con cuadros de arteritis y efectos relacionados con la espasticidad en la vascularización del corazón, que predisponen a cuadros de infarto agudo del miocardio. (Ibíd.). También se ha considerado, en el caso de los fumadores crónicos, la disminución de la secreción de testosterona, una reducción del conteo de espermatozoides con posible afectación de la fertilidad y disfunción eréctil. En el caso del uso crónico en mujeres, se ha asociado a irregularidades en el ciclo menstrual. (Habayeb, Bell, & Konje, 2002).

Otro ejemplo se presenta con las primeras derivaciones de la coca y su comercialización como una droga legal. La cocaína fue fabricada comercialmente por primera vez por la farmacéutica alemana *Merck*, con coca importada de Bolivia; la cual empezó a comercializarla por toda Europa de una manera legal desde las últimas décadas del siglo XIX, hasta las primeras décadas del siglo XX, cuando entró en la lista de sustancias prohibidas. (Hurtado-Gumucio, 2018).

Gracias al invento de una técnica sencilla y barata para la extracción de los componentes picoactivos de la coca en lo que se denominó como cocaína cruda, pasta base, o sulfato de cocaína; un procedimiento químico que permitió transportarla con más facilidad y en mayor cantidad al compactarla, desde los cultivos en los valles andinos a los laboratorios farmacéuticos en Europa, donde se convertía en *clorhidrato* de cocaína de alta pureza, a través de la cristalizacion por ácido *clorhídrico*. (Ott, 2005; Gootemberg, 2015).

La farmacéutica *Merck* pasó de 300 kilos en el año 1885 a 5 toneladas para el año 1910; paradójicamente, la demanda por esta droga considerada milagrosa tampoco se abasteció con esa cantidad. (Hurtado-Gumucio, 2018). Abrieron sucursales en los Estados Unidos, donde este medicamento tuvo tanta acogida que se convirtieron en el primer consumidor del mundo y poco tiempo después en el tercer productor, después de Alemania y Holanda. (Ibíd.). Pronto surgieron farmacéuticas norteamericanas, como *McKesson and Robbins, Parke-Davis, Squibb, Maywood chemical Works, Mallinckrodt*, entre otras; las cuales también entraron a participar del extraordinaria negocio de este fármaco milagroso que había transformado la medicina tradicional. (Ibíd., p. 53).[12] Otras farmacéuticas alemanas, inglesas y francesas, decidieron entrar al negocio de la cocaína legal, la cual fue utilizada en un primer momento como anestésico en los rústicos procedimientos quirúrgicos de finales del siglo XIX. Se usaba para cualquier tipo de dolencia, se le consideraba una verdadera panacea para calmar el malestar. (Ibíd.).

A finales del siglo XIX y principios del siglo XX, se consideraba a Nueva York la capital mundial de la coca, puesto que estaba inundada por jarabes, pastillas, vinos, pomadas, entre otros derivados de esta planta. Durante ese tiempo John Pemberton produjo la bebida más famosa del mundo, cuando buscaba una manera de lucrarse con un vino producido con un extracto de esta planta y que bautizó como Coca Cola. Según Jorge Hurtado, aún se utilizan los mejores cultivos peruanos de esta planta para su producción. (Ibíd., p. 55).

Hubo un proceso de transición gradual durante la imposicion de las políticas internacionales para el control de drogas, especialmente en la sintetización de la hoja de coca en *clohidrato* de cocaína. Pasó de producirse legalmente en los emporios farmacéuticos norteamericanos y europeos, a realizarse de manera ilegal en laboratorios clandestinos ubicados en algunos países de Latinoamérica.

Vuelve de nuevo la cuestión sobre si el problema son realmente las drogas, o lo que hacemos con ellas. Sobre el tráfico internacional de drogas se debe culpar al

---

[12] Desde el momento que la farmacéutica alemana *Merk* sintetizó el *clorhidrato* de cocaina en las últimas décadas del siglo XIX: "La cocaína demostró ser el único anestésico local, convirtiéndose en la estrella de la farmacología; dando el paso de la prehistoria de la medicina a una medicina científica que tenía la capacidad de controlar el dolor sin dormir o desmayar al paciente". (Ibíd., p. 51).

capitalismo voraz, puesto que su devastadora lógica económica convierte en negocio todo lo que genere placer, aunque tenga que utilizar medios ilegales para lograr sus fines de lucro. El verdadero problema radica en el incremento de los mercados clandestinos con nuevas sustancias prohibidas y la gestación de una demanda precoz entre la población menor de edad escolarizada. Esto no le resta importancia a la relación del ser humano con las drogas, puesto que va más allá del tráfico ilegal y de las políticas prohibicionistas de fiscalización de drogas. Se incrusta en nuestras raíces hasta los orígenes de la humanidad.

## 1.3 Precisiones sobre el método

Para la indagación sobre los aspectos problemáticos de la realidad contemporánea, como ocurre cuando se investiga sobre el consumo de drogas por parte de la población menor de edad escolarizada en Colombia. Se recurre a los procedimientos del método científico, puesto que es el camino más idóneo para llegar a un conocimiento certero de la verdad. Según Morris Cohen y Ernest Nagel:

> La principal virtud social del método científico es la búsqueda de la verdad suficientemente sólida como para hacer frente a las poderosas fuerzas que nos llevan, por una parte, a aferrarnos con tenacidad a viejas ideas, y por la otra a abrazar cualquier novedad solo porque representa un cambio. (2001, p. 244).

El método científico permite un grado mayor de confiabilidad en el acercamiento a la realidad empírica de los hechos investigados. Evita caer en prejuicios sin fundamento fáctico, puesto que su punto de partida está en la indagación metódica de estos hechos con la finalidad de hacerlos empíricamente verificables. En esto radica la solidez objetiva del conocimiento que se genera a través del método científico. Para Carlos Sabino: "puede concebirse como un modelo general de acercamiento a la realidad, una especie de pauta o matriz (…), dentro de la cual caben los procedimientos y técnicas más específicos que se emplean en las investigaciones". (1978, p. 32).

El método científico permite validar o invalidar hipótesis, a partir de la articulación metódica de las diferentes estrategias para la recolección de los datos empíricos, que permiten la constatación en el proceso de descubrimiento y construcción del conocimiento científico. Permite tener el rigor objetivo para la puesta a prueba de las hipotesis tentativas con estos hechos empíricos.

Esto no implica que exista una pauta general que guíe todas las investigaciones en las distintas ramas de la ciencia y que garantice como resultado un conocimiento científico, especialmente en los casos de investigaciones sociales. En estos casos, las pruebas empíricas se generan no solamente por el control experimental en un laboratorio, como ocurre con una parte de la arqueología o la antropología forense; son fundamentalmente el resultado constructivo de un conjunto de experiencias vividas por el investigador, gobernadas por las espontáneas contingencias de los contextos socioculturales investigados. Este inusitado reto que propone la realidad sociocultural, posiciona al investigador en una encrucijada creativa que invalida cualquier pauta general o guía para la investigación, puesto que tiene el reto de adaptar sus estrategias investigativas a los contextos locales investigados.

Sobre este reto para la investigación sociocultural y educativa, Jairo García Nagles propone una nueva concepción táctica denominada como metódica. Sobre este concepto indica que: "Por metódica vamos a entender al conjunto de procedimientos particulares que permiten utilizar uno u otro método en una esfera específica de la realidad". (2004, p. 135). Esto implica el despliegue táctico y metódico de un conjunto de estrategias investigativas integradas, que concuerden con los cuestionamientos e incertidumbres del investigador y que se ajusten a las contingencias inexorables que se presentan en los diferentes contextos socioculturales. Un modelo integral de investigación que permita un conocimiento objetivo de la realidad, que sea útil para entender problemas y plantear alternativas.

## 1.3.1 El método mixto y el diseño integrado en la investigación

Para la construcción de un modelo integral de investigación, que sirva para entender la intrincada problemática del uso de drogas en Colombia y que permita plantear alternativas que ayuden a encontrar una solución equilibrada a las incertidumbres que genera este insólito conflicto global. Se propone la utilización estratégica de un método mixto de investigación, que se caracteriza por tratarse de un diseño integrado, puesto que: "en un diseño integrado, el investigador utiliza un tipo de datos en un papel de apoyo al otro tipo de método". (Montaño & Carvajal, 2012, p. 254).

En esta primera parte se hace uso de unos datos estadísticos sobre el consumo indebido de sustancias ilegales por parte de la población menor de edad escolarizada a nivel nacional. Este tipo de indagación tiene un enfoque fundamentalmente cuantitativo, como resultado de la comparación entre una determinada variedad de casos. (Echevarría, 1990). A través de este método comparativo, se examinan sus semejanzas y diferencias. Se trata del método más adecuado para ocuparse de los patrones de diversidad. (Ragin, 2007).

Estos datos fueron extraídos de los antecedentes documentales, para identificar y justificar esta problemática a nivel nacional. El análisis documental sobre los antecedentes, concuerda con la indagación de un tipo particular de conocimiento sobre determinados hechos históricos. Al respecto, vale considerar que: "el método científico, en historia, se dirige al descubrimiento y la descripción de lo que realmente sucedió". (Cohen & Nagel, 2001, p. 187). Una búsqueda de la verdad que se apoya inexorablemente en los documentos históricos conservados hasta el presente. Para estos autores:

> A partir de un cuidadoso examen de materiales actuales, interpretados como depósitos del pasado, se obtienen las premisas de inferencias concernientes al pasado. El valor de este material como elemento de juicio se determina sobre la base de principios de interpretación o de hipótesis que deben ser verificados, a su vez, por los sucesos actuales. (Ibíd., p. 155).

Para corroborar los antecedentes históricos indagados sobre las sustancias psicoactivas, tanto legales como prohibidas, con los hechos empíricos sobre los usos indebidos por menores de edad en contextos escolares, como una problemática creciente y contemporánea que se proyecta hacia el futuro de la sociedad colombiana. Se utilizan las entrevistas con informantes clave, técnica que tiene un enfoque fundamentalmente cualitativo, aunque su versatilidad permite el análisis comparativo, como herramienta para la recolección de datos vivenciales de los involucrados en la implementación de las políticas para el control de drogas en Colombia. El hecho de aprender a escuchar las voces de los implementadores y las voces de los drogados.

Sobre la utilización estratégica de entrevistas a informantes clave, se utiliza una derivación de la técnica utilizada por Daniel Bertaux, denominada como relatos de vida. Según este autor: "A pesar de las dificultades metodológicas en la recogida y el análisis, los relatos de vida constituyen un instrumento incomparable de acceso a la vivencia subjetiva. La riqueza de sus contenidos es una fuente de hipótesis inagotable". (1993, p. 150).

Esto hace parte del diseño integrado en el método mixto de investigación. La proyección de una estrategia metódica que se ajuste a las erráticas contingencias de los contextos locales, a través de la utilización articulada de diferentes técnicas dentro del mismo marco investigativo, que sean útiles para ir tras los vestigios de la verdad que se indaga.

## 1.3.2 Un modelo conceptual alternativo

La sociedad nacional vive en la incertidumbre que se ha gestado por el interminable conflicto contra las drogas en Colombia. La más inusitada problemática que comparte con las demás naciones del mundo y que se caracteriza por la implementación de una política prohibicionista internacional, cada vez más estricta e infructuosa, que no tiene eficacia frente a las crecientes y diferenciadas comunidades de usuarios de drogas prohibidas y las ingeniosas estrategias del comercio clandestino.

En este conflicto sin tregua, cada uno de los bandos tiene el interés de erradicar a su contrario, sin lograrlo definitivamente. Los encargados de la implementación de las políticas de drogas, buscan acabar con las mafias que controlan el tráfico ilegal y curar a los usuarios crónicos de estas drogas prohibidas; mientras que las organizaciones encargadas de este comercio clandestino y las comunidades de usuarios, buscan acabar con las políticas prohibicionistas. Ambos bandos coexisten en las colisiones que generan y cada uno es la razón que valida la existencia de su contrario.

Con la finalidad de explicar e ingeniar alternativas viables para solucionar este conflicto sociocultural que parece no tener final. Se propone el concepto neológico de *sindiosis,* entendido como la cara opuesta de la simbiosis, definida como la coexistencia asociativa que se instaura entre diferentes especies para sacar provecho de la vida en común (R.A.E., 2019). La *sindiosis* se presenta como un neologismo contrario a esta natural definición de simbiosis, un nuevo concepto propuesto para explicar los intrincados conflictos que se gestan en las relaciones humanas. La necesidad de vivir inmersos en problemáticas coexistencias que colisionan inexorablemente.

Esta derivación de la simbiosis en la *sindiosis,* permite considerar la construcción conceptual de una dinámica que fluctúe en el tránsito de estas colisiones *sindióticas* a condiciones simbióticas; puesto que la inexorabilidad de la colisión está determinada por la capacidad de modificación de las circunstancias que colisionan en la situación indagada por el investigador. Es necesario ingeniar modelos aplicables que sirvan para modificar las colisiones *sindióticas* y hacerlas transitar hacia condiciones simbióticas.

Es plausible explicar este insólito conflicto sin tregua contra el tráfico ilegal de drogas en Colombia, a través de este modelo conceptual alternativo. Se define como un histórico entramado de colisiones *sindióticas* entre los implementadores de las políticas de drogas, contra las comunidades de usuarios y comerciantes clandestinos, que requiere con urgencia transitar hacia condiciones simbióticas. No es posible considerar que la solución está en erradicar hasta el exterminio uno de los bandos que colisionan. Se trata de hallar un acuerdo consensuado entre ambos, que confluya en una gobernanza equilibrada. Este modelo conceptual busca crear un rumbo alternativo e incluyente, puesto que es inaudito continuar haciendo lo mismo, esperando que los resultados sean diferentes.

**Figura 14.** *Caricaturas.*

**Fuente:** (Iracheta, 2011, p. 16).

# Parte II

# FORMULACIÓN

¿Qué es la ciencia política? ¿Cómo se define una política pública? ¿Cuáles son sus componentes fundamentales? ¿Quiénes las formulan? ¿Qué políticas se han formulado para controlar los usos de drogas? ¿Se presenta una incertidumbre legislativa en Colombia?

# 2.1 ¿Qué son las políticas públicas?

Para definir qué son las políticas públicas es importante analizar en un primer momento los principios que fundamentan la ciencia política. La pregunta que se realiza Héctor Zamitiz Gamboa resulta orientadora: "¿Cómo ha sido el proceso histórico en el estudio de la política, para lograr su status como ciencia?". (Zamitiz, 1999, p. 86). La finalidad de comprender el proceso de formación histórica de la ciencia política, radica en la importancia que tiene este conocimiento cuando se piensa la construcción de un método científico, que sirva para el análisis histórico y contemporáneo de las políticas públicas formuladas para regular el consumo de drogas en la población menor de edad en Colombia.

La gestación de esta ciencia que tiene como objeto el estudio sistemático y ordenado del Estado en su accionar político, encuentra sus orígenes en la cultura griega. Uno de sus primeros exponentes fue Aristóteles, quien estableció una organización de las ciencias a partir de tres operaciones del espíritu: el saber, representado por las ciencias teóricas, el hacer, represado por las ciencias prácticas y el crear, representado por la retórica y la poética. (Prélot, 1964). Este antiguo pensador ubicó la política entre las ciencias prácticas:

> La ciencia de la constitución y de la conducta de la ciudad-Estado (…). La política ocupaba –según Aristóteles– la cúspide de la jerarquía, porque su objeto: la ciudad-Estado englobaba toda la organización social, pero, sobre todo, porque dominaba teóricamente a las otras ciencias, es decir, regulaba todas las actividades humanas. (Zamitiz, 1999, p. 88).

Debe reconocerse en el genio de este filósofo griego, el interés por categorizar el cocimiento de las ciencias en los pliegues del espíritu humano. También hay que darle el crédito de ser el creador de una ciencia política con un fundamento empírico, que se cimentó en el estudio de la conservación del orden social en el resplandor cultural de su época. (Mounin, 1962). El fundamento de las polis griegas, el alma de la cultura helénica y de la sociedad que se conservó a sí misma en el gobierno de sus ciudadanos.

Sin embargo, expertos en el tema están de acuerdo en considerar que la ciencia política moderna tiene como fundador a Maquiavelo, quien a principios del siglo XVI logró gestar en su obra un método para definir los principios que establecen la "Razón de Estado", para gobernar y para imponer sus decisiones por sobre las decisiones particulares de sus ciudadanos, quienes están en el deber patriótico de apoyar las decisiones estatales, aunque esto implique ir contra los valores personales. (Gramsci, 1986; Zamitiz, 1999).    Es posible considerarlo un continuador de las ideas aristotélicas sobre el estudio empírico del Estado en un nuevo contexto renacentista, el cual consideró los principios fundamentales que tienen los diferentes estados para imponer sus razones sobre las sociedades que gobiernan, para concretarse como el espíritu de las sociedades que buscan gobernarse del modo más racional y que legitiman las leyes sociales que deben regir sobre sí mismas.

Por tal razón, desde las polis en la antigüedad griega, hasta las primeras ciudades que se gestaron en el renacimiento, algunos ilustres pensadores han volcado sus intereses en comprender los intrincados mecanismos de las acciones estratégicas de los estados, para resolver los problemas sociales que se gestaron en sus contextos históricos. Este interés se ha mantenido despierto por los siglos y aún logra despertar el interés de nuevos investigadores dispuestos a conocer la mecánica del poder que los estados ejercen sobre las sociedades que gobiernan.   Esto ha permitido la consolidación histórica de una ciencia política, cuyo objetivo se orienta a la utilización del método científico como la herramienta primordial para el análisis objetivo de los estados en el desarrollo de sus funciones, lo que hace de la burocratización estatal y el despliegue de acciones gubernamentales, un objeto de estudio científico. (Sartori, 1992).

La ciencia política encuentra sus orígenes en el interés por estudiar metódicamente las acciones que ejercen los estados para legitimarse a sí mismos en el gobierno de sus ciudadanos.   El concepto de Estado ha adquirido un valor absolutamente significativo en la historia de la ciencia política, al reconocerle su importancia como la entidad institucional destinada a mantener la organización y legitimación de la sociedad, la institución que materializa el espíritu colectivo de una nación, la encarnación del alma impersonal de la superestructura que gobierna sobre las personas que comparten un mismo territorio nacional.   El Estado, especialmente en el modelo democrático, se presenta como la estrategia selectiva por excelencia de las sociedades modernas, para conservar el orden y legitimar su existencia, a partir del principio de igualdad legal de derechos para todos los ciudadanos.

Los estados democráticos se caracterizan por tratarse de colectividades que comparten una misma nacionalidad y que se organizan de un modo funcional bajo una misma estructura jurídica constitucional, un órgano de gobierno compuesto por funcionarios públicos sujetos a una periodicidad y elegibilidad democrática de sus cargos y un territorio concreto donde ejercer sus funciones como representantes del interés general. (Garza, 2002). El Estado es definido como: "la macroinstitución social encargada de administrar el desarrollo, de concentrar y distribuir el poder político y de orientar la toma de decisiones sociales". (Ortegon, 2008, p. 19). El objetivo primordial de cualquier Estado democrático es la conservación de la sociedad sobre la que ejerce su gobierno constitucional, con el ideal de servir como agente cohesionador de los intereses personales en el bienestar común.

La formación histórica de los estados y el interés por crear una ciencia que estudie su accionar político, se ha visto ligada desde un principio a las interacciones inexorables entre los estados en sus relaciones internacionales. Por tal razón, cada Estado instaura un sistema simbólico a través del cual ejerce sus funciones y que le permite legitimar la identidad nacional de los ciudadanos que gobierna al interior de su territorio y distinguirles de los ciudadanos de otros estados. Es posible considerar que los estados, como sistemas simbólicos, engendran igualmente: "el sentido y el consenso sobre el sentido por la lógica de la inclusión y exclusión, ellos están predispuestos por su estructura misma a servir, simultáneamente, a funciones de inclusión y exclusión, de asociación y de disociación, de integración y de distinción". (Bourdieu, 2006, p. 33).

El Estado colombiano encuentra su lugar en esta lógica global, que le permite consolidar su identidad nacional en las relaciones de distinción y alteridad con las demás identidades nacionales, en los encuentros y las interacciones internacionales que son el fundamento del nuevo paradigma contemporáneo de apertura global. A partir de esta lógica se puede entender el hecho que, simultáneamente, los estados soberanos se consoliden hacia el interior y hacia el exterior de sus fronteras territoriales.

El Estado también es considerado como aquella institución que se encarga de formalizar las "reglas de juego" en los ámbitos sociales que pretende regular, a través de la legitimación y promulgación de tratados políticos, con el fin de crear redes de interacción que sirvan de enlace entre las organizaciones estatales encargadas de aplicar dichos tratados y las comunidades para quienes van dirigidas estas reglamentaciones. (Roth, 2015).

Para lograr esta finalidad cuenta con las políticas públicas, una valiosa herramienta de mediación y control: "El elemento fundamental es que las políticas públicas son esenciales en el cumplimiento por parte del Estado de sus funciones. Pero van más allá de un simple instrumento, dado que son un canal por el que se dan interacciones entre el Estado y la sociedad". (Torres & Santander, 2013, p. 24).

Las políticas públicas cumplen un papel muy importante en la consolidación de los estados, puesto que median entre estos y las sociedades que gobiernan. Son la manifestación de una política aplicada al campo de las problemáticas sociales. Esto hace que la política, como instrumento del Estado, nazca de las relaciones e interacciones entre los seres humanos. La política surge entre y se establece como una relación. (Arendt, 1997). Como un acuerdo entre personas que llegan a un consenso y toman una decisión que involucra a toda la sociedad y que adquiere, por este mismo sentido, una importancia estatal que se legitima burocráticamente y que va más allá de las fronteras nacionales. Vale resaltar que estas decisiones políticas que se gestan en las relaciones entre el Estado y la sociedad, crean el lugar propicio para las interacciones internacionales entre los estados en su dinámica de conservación de sus sistemas simbólicos en la constante vorágine de la aldea global.

Esto invita a pensar, igual que David Miller, en la posibilidad de una "teoría política aplicada" especialmente al campo de las políticas públicas, a partir del uso teórico como una herramienta conceptual para el análisis y la construcción de modelos posibles, con el fin de solucionar problemas sociales identificados. (Miller, 1997). Las políticas públicas cumplen la función ideal de mediar entre las intenciones que la sociedad tiene sobre sí misma y la instrumentalización gubernamental del Estado para concretar estas intenciones:

> Entre los retos que plantea el estudio de la acción pública se encuentra entender cómo se materializan los fines del Estado, es decir, cómo aquellos objetivos que una sociedad se ha planteado logran concretarse a través de la intervención gubernamental y la participación de múltiples actores sociales y políticos. Las políticas públicas son fundamentales para entender esta dinámica. (Torres & Santander, 2013, p. 23).

El lugar que ocupan es fundamental al legitimar el entramado de acciones que el Estado establece frente a una problemática sociocultural. En estas decisiones gubernamentales el Estado proyecta las acciones frente a ciertas situaciones consideradas riesgosas para la salud pública de la sociedad, como en este caso, el hecho de identificar dinámicas de comercialización clandestina y el consumo de sustancias consideradas prohibidas por el Estado, especialmente en la población menor de edad escolarizada. Detectar las estrategias de los expendedores de drogas al interior de las instituciones educativas y universidades, incursionando en el comercio clandestino de nuevas sustancias emergentes, que logran despertar el interés entre los jóvenes estudiantes con un incremento perceptible y en edades cada vez más tempranas. (O.D.C., 2016).[13]

Según Jean Pierre Nioche, las políticas públicas se caracterizan por tratarse de una: "secuencia de acciones que conllevan a la producción de una respuesta más o menos institucionalizada, respecto a una investigación juzgada como problemática". (Nioche, 1996, p. 19). Para este autor, quien comprende la relación entre la identificación de un problema de afectación pública y la necesidad estatal en la formulación de un plan para mitigarlo, la respuesta institucionalizada encuentra su lugar entre las funciones gubernamentales del Estado; sin embargo, no aclara la importancia de los actores sociales para quienes van dirigidas estas acciones y quienes son investigados y problematizados. Sin embargo, enfatiza sobre la principal función a cumplir en la formulación de una política pública:

> Es importante entender que las actividades de formulación de política se tornan relevantes en la medida que permiten concretar la respuesta del Estado con respecto a una situación problemática. Es decir, la formulación es la conclusión del ejercicio analítico sobre el problema y las opciones de política disponibles y aceptables para atenderlo. (Torres & Santander, 2013, p. 93).

En el ejercicio de formulación, los representantes gubernamentales del Estado deciden la alternativa más viable para modificar una situación problemática, que altera algún aspecto del orden público y que afecta por este hecho a toda la sociedad. Para Jean Claude Thoening, la política pública: "se presenta bajo la forma de un programa de acción, propio de una o varias autoridades públicas o gubernamentales". (Thoening, 1986, p. 24). Claro que esta concisa definición no aclara las situaciones socioculturales por las cuales se gestan estos programas de acción gubernamental y las intrincadas relaciones entre las autoridades gubernamentales encargadas de formular los planes a seguir y las autoridades locales destinadas a implementarlos en los casos concretos donde se requiere su aplicación. Tampoco aclara la relación entre los funcionarios gubernamentales encargados de formular e implementar los planes

---

[13] Se presume que estas sofisticadas sustancias emergentes se producen fuera de Colombia, como lo evidencia el informe presentado por el Observatorio Europeo de las Drogas y las Toxicomanías, donde se manifiesta la producción y comercialización de estas sustancias sintéticas entre los países de la Unión Europea. (E.M.C.D.D.A., 2018, p. 33). Esto implica nuevas rutas del tráfico ilegal de drogas que son importadas al país desde Europa y que encuentran mercados clandestinos emergentes entre la juventud nacional.

que se concretan en el proyecto político y la sociedad civil involucrada para quienes van dirigidos estos procedimientos estatales.

Una definición que resulta precisa de lo que son las políticas públicas, la ofrece André-Noel Roth quien las define: "Como un conjunto de elementos y procesos que se articulan racionalmente entre sí (…) para lograr el mantenimiento o la modificación de algún aspecto del orden social". (2015, p. 36). Para este autor, las políticas públicas surgen por la toma de decisiones de los funcionarios gubernamentales que representan al Estado, frente a la publicitación de una problemática identificada que afecta el orden social. Ratifica el carácter simbólico a través del cual se legitiman las decisiones políticas y que hace de la política un elemento aglutinante que nace del entre y de la relación (Arendt, 1997), de la consolidación de los intereses particulares en la búsqueda de un bienestar común:

> Un actor específico, llámese parlamento, alcalde, gobernador, ministro o presidente, toma la decisión. Lo hace por medio de un acto ritual como un voto o una firma. Este acto, cargado de simbolismo, constituye un acto de legitimación que atribuye a la nueva decisión una fuerza particular. Desde este momento, lo que no era más que una opción posible, se transforma en una norma oficial revestida de toda la autoridad y la fuerza reales y simbólicas, del Estado. (Roth, 2015, p. 145).

Esta definición resulta aclaradora al explicar las políticas públicas como acciones concretas del Estado, para mantener o modificar el orden social. Estas acciones se estructuran a partir de una articulación entre los planes políticos aprobados por el Estado y los programas y proyectos destinados para su aplicación concreta en los contextos locales. Para André-Noel, los programas hacen parte del plan político, solo que un tanto más precisos: "para permitir luego la implementación mediante los proyectos que producen efectos concretos". (Ibíd., p. 45). De este modo, los proyectos políticos se concretan en los programas que se implementan a nivel local. Las políticas públicas se pueden comparar con las muñecas rusas llamadas *Matrioshkas* que, en sus diferentes tamaños, entran unas en otras hasta quedar la más grande a la vista, mientras las otras se encuentran contenidas en esta. Según Roth: "podemos, en forma convencional, llamar a la muñeca más grande política, a la subsiguiente programa y a la última proyecto". (2015, p. 45). Las políticas públicas planeadas y decididas por los representantes gubernamentales del Estado a nivel nacional, son implementadas por otros funcionarios públicos (psicorientadores, maestros, profesionales de la salud, oficiales de policía, etc.) en los departamentos y municipios a través de programas y proyectos locales, sin dejar de ser la misma política pública nacional.

Estas acciones son las respuestas concretas del Estado, a través de sus instituciones y funcionarios gubernamentales, para responder a las problemáticas que afectan el interés público. Según Torres y Santander: "Toda opción de política debe responder a los fines esenciales del Estado. (…) La política pública es el Estado en acción". (2013, p. 112). En este mismo sentido, Roth reconoce la función central de la burocratización gubernamental en el modelo paradigmático de formulación política. Para este autor:

> Bajo esta óptica monopolizadora del Estado, las políticas públicas corresponden a las acciones decididas, llevadas a cabo y autorizadas por el Estado, representado por el gobierno, de cara a proteger o promover un bien considerado como de interés público. (2006, p. 60).

Las políticas públicas son construcciones gubernamentales propias de los estados democráticos, como el colombiano, el cual decide y autoriza los proyectos políticos que regulan las acciones a llevar a cabo, para dar solución a las situaciones que vulneran los Derechos Humanos (Ibíd.), o que atentan contra la Salud Pública, como la propagación de nuevas sustancias psicoactivas de difícil detección en la población menores de edad. Sin embargo, esta dinámica gubernamental parece olvidar la verdadera importancia de conocer las percepciones de los colectivos sociales para quienes van dirigidas estas políticas públicas. Las versiones estadocéntricas sobre su formulación se han consolidado simbólicamente hasta legitimar un paradigma en el campo de la ciencia política, que recoge bajo su autoridad legitimadora la representatividad de la sociedad en general, sin recurrir a esta para resolver las cuestiones sobre su fundamento, el método y su aplicabilidad.

Esto permite distinguir entre los funcionarios que forman el cuerpo gubernamental que representa al Estado, quienes tienen durante el tiempo establecido para sus mandatos una plena autoridad gubernamental; de los colectivos humanos para quienes son creadas y proyectadas las estrategias de acción de las políticas públicas. Para este caso, el acercamiento hace colisionar las estrategias gubernamentales de fiscalización de drogas no autorizadas que se despliegan con rigurosidad en el territorio nacional, con las comunidades de jóvenes que incursionan en el consumo de las mismas y que promocionan el comercio clandestino. Es fundamental involucrar en la formulación política a la sociedad objetivo de la problematización. Según Torres y Santander:

Las políticas públicas son una construcción social donde el gobierno, como el orientador de la acción colectiva, interactúa con múltiples y diversos actores sociales y políticos. Por ende, a diferencia de algunos enfoques que ven la interacción con la sociedad como regresiva para la toma de decisiones, resulta que esta no es solo deseable sino condición necesaria para el éxito de los procesos de políticas públicas. (2013, p. 16).

La perspectiva de análisis en esta investigación, se enfoca en darle valor a las apreciaciones de los colectivos humanos para quienes van dirigidas las acciones políticas. Para este caso, las percepciones y apreciaciones de los jóvenes en riesgo de consumir y consumidores de sustancias fiscalizadas y que son el colectivo social para quienes van dirigidas estas políticas públicas. Están forzados inevitablemente a seguir los planes, programas y proyectos políticos impuestos por las entidades gubernamentales, que se han caracterizado por instaurar un enfoque prohibitivo, entre punitivo y terapéutico, de cero tolerancia al consumo.

Para los fines de esta investigación y como la finalidad ideal del Estado, es de fundamental importancia conocer e involucrar participativamente a la sociedad civil hacia la cual van dirigidas las acciones decididas y proyectadas en las políticas públicas, tanto en su formulación como en las proyecciones de implementación sobre sí misma. Las poblaciones de productores, expendedores y consumidores que han habituado el uso de estas sustancias fiscalizadas y quienes se encuentran en riesgo de hacerlo, como la juventud universitaria y la población menor de edad escolarizada.

Es necesario construir un marco conceptual que sirva para el análisis objetivo y metódico de las políticas públicas que han sido formuladas con la finalidad de regular el consumo de sustancias consideradas ilegales en la población menor de edad. El interés se centra en comprender las intrincadas relaciones que se tejen en la toma de decisiones para la formulación política de los planes a seguir, para tratar el problema sociocultural del consumo de drogas en la población estudiantil colombiana.

Se presenta una paradigmática colisión *sindiótica* que se manifiesta en las interacciones conflictivas entre los funcionarios gubernamentales representantes del Estado, los encargados de formular y legitimar políticamente los planes y proyectos para el control de drogas que se despliegan a nivel local; con las sociedades de usuarios hacia las que van dirigidas y sobre las que se implementan estas políticas de drogas en Colombia.

## 2.2 ¿Cómo hacer análisis de políticas públicas?

A partir del consejo propuesto por David Miller (1997), para la realización de una "ciencia política aplicada", se plantea en esta investigación la utilización del marco teórico propuesto por André Noel-Roth, ya que permite organizar metódicamente el conjunto de tareas investigativas con el fin de dar un orden a los diferentes pasos de la investigación, dentro de una estructura conceptual operativa que sirve a su vez para organizar las partes de este libro. Este marco teórico consta de cuatro momentos: la "identificación" de la problemática sociocultural a controlar, la "formulación" de las decisiones políticas con esa finalidad, su "implementación" concreta en los contextos locales y la "evaluación" para determinar su efectividad en los resultados obtenidos y el cumplimiento de los objetivos propuestos en un principio. Cada uno de estos momentos se encuentra ligado a los otros en una constante retroalimentación en el caso ideal. Este marco estratégico sirve para el análisis y para la construcción de nuevas políticas públicas.

**Figura. 15.** *Esquema basado en el modelo teórico propuesto por André-Noel Roth.*

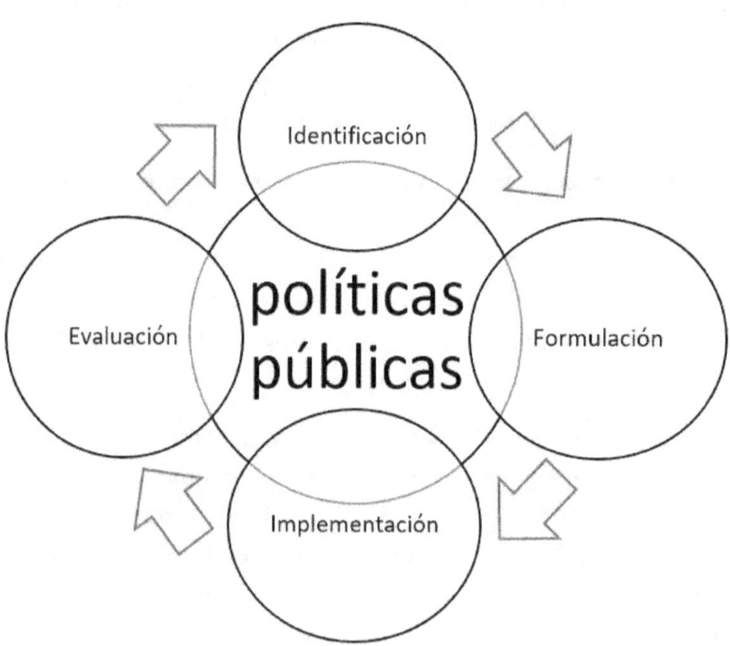


**Fuente:** hecho por el autor.

Resulta pertinente tratar cada uno de estos momentos, para dar una idea precisa de sus funciones dentro del análisis o la construcción de una política pública, que sirva a su vez como dispositivo para tratar un caso específico como el expuesto en esta investigación.   Sobre la identificación, vale agregar:

> El papel importante de los medios de comunicación, de las redes sociales, de los círculos académicos y científicos, de los actores sociales y políticos y sus organizaciones, y en particular de la burocracia estatal, para la realización de la labor de definición de problemas mediante el etiquetaje y la invención de categorías. (…). Se facilita así la legitimación y difusión de los problemas sociales en el espacio público, así como su tratamiento. (Ibíd., p. 121).

En este primer momento, asociado a la primera parte de este libro, se valora la importancia de hacer público el resultado de investigaciones metódicas de la realidad sociocultural, con el propósito de cumplir con los requerimientos que son necesarios, como la categorización a partir del método científico, para ajustarse a las agendas de gobierno.  Esto implica la rigurosidad explicativa y la pertinencia en la búsqueda del orden social.  Por eso se resalta la importancia de las editoriales académicas que permiten estas publicaciones científicas, puesto que logran llegar a la sociedad en general y a las comunidades especializadas para quienes estas problemáticas son relevantes.

En el segundo momento, asociado a esta parte del libro, se explican los procesos de gestión y desarrollo de las dinámicas que conducen a las decisiones gubernamentales con el fin de establecer los controles e intervenciones para modificar positivamente la problemática identificada.  Generar una formulación planificada para su efectiva solución en el caso ideal y que lleva a la instauración social de las políticas públicas. Según torres y Santander:

> Es importante entender que las actividades de formulación de política se tornan relevantes en la medida que permiten concretar la respuesta del Estado con respecto a una situación problemática.  Es decir, la formulación es la conclusión del ejercicio analítico sobre el problema y las opciones de política disponibles y aceptables para atenderlo. (2013, p. 93).

La formulación permite definir la respuesta del Estado, a través de un ejercicio analítico de la situación sociocultural problemática, con la finalidad de concretar, entre las opciones disponibles, la que resulte más viable para modificar esta situación. Este procedimiento gubernamental se legitima a través de la historia por medio de las políticas públicas, las cuales dejan huellas en los vestigios judiciales, los verdaderos registros que permiten un acercamiento a los resultados de su implementación.

Se llega al tercer momento, asociado a la tercera parte de este libro, donde se requiere de la gobernabilidad estamental. En otros términos, implica la movilización entre el accionar del Estado y la sociedad en general, para generar las relaciones de integración y articulación de los agentes gubernamentales y los otros actores sociales, junto a las acciones y los recursos desplegados en el escenario territorial, hacia la consolidación de los propósitos que resulten pertinentes, viables y eficientes en el cumplimiento de lo formulado en la política pública. Para Torres y Santander:

> Uno de los elementos más relevantes a tener en cuenta dentro del proceso de implementación es reconocer que las políticas públicas se ejecutan dentro de un sistema de gobierno en el cual hay múltiples niveles de actuación, distintos niveles de poder y donde se dan infinidad de formas y momentos de interacción al momento de llevar a cabo la política pública. (Ibíd., p. 124).

Por último, se tiene el cuarto momento, asociado a la cuarta parte de este libro. La evaluación es uno de los componentes menos tratado y el más importante del análisis propuesto, ya que permite conocer los resultados obtenidos en la formulación e implementación de las políticas públicas. Este momento permite generar la dinámica de retroalimentación del sistema. A pesar de considerarse en último lugar, la evaluación en un modelo ideal se debe realizar desde los procesos de identificación, formulación e implementación. Según André-Noel:

> Aunque la evaluación aparece como la fase final del ciclo de una política pública, es preciso señalar que, en realidad, esta es un proceso continuo que hacen, implícita o explícitamente, los actores involucrados. Estas evaluaciones permiten introducir ajustes en el proceso de formación e implementación de la política o informar a los ciudadanos sobre la misma. (Roth, 2006, p. 165).

Vale advertir la necesidad de evaluar los procesos de evaluación de las políticas públicas. Para este autor, los actores involucrados, especialmente los funcionarios gubernamentales representantes del Estado, realizan sus propias evaluaciones a partir de sus criterios de desempeño. Asegura que en Colombia: "Los gobiernos nacionales se han interesado particularmente por el desarrollo de la evaluación de las políticas". (2015, p. 67). Estas evaluaciones investigativas han sido lideradas por el Departamento Nacional de Planeación (D.N.P.), quienes han dispuesto: "los recursos necesarios para el fomento de la investigación evaluativa de los principales programas y políticas del país". (Ibíd.). Sin embargo, se evidencia una carencia evaluativa y una ambigüedad sobre la efectividad de los resultados obtenidos con la implementación en los contextos locales de los programas y proyectos políticos sobre el consumo de sustancias psicoactivas ilícitas por parte de los menores de edad en Colombia, a excepción de los estudios presentados en la primera parte.

Estos parámetros evaluativos requieren ser también evaluados por otros actores, especialmente de la sociedad usuaria para quienes van dirigidas estas políticas públicas. Estos últimos son quienes pueden evaluar realmente su efectividad. De nuevo Torres y Santander exhortan al respecto:

> Aunque no hay un consenso sobre el tema, ni sobre la correcta formulación, implementación o evaluación de políticas públicas en este sentido, sí lo hay en lo que respecta a la necesidad de una mayor participación ciudadana. Aquellos individuos que serán afectados por las políticas diseñadas e implementadas deben preocuparse por participar en el proceso de su creación y vigilar que estas favorezcan no solo su individualidad sino también la sociedad. (2013, p. 165).

A partir de estos cuatro momentos se hace posible organizar el análisis y la construcción de este ejercicio investigativo, sobre las políticas públicas que se han formulado e implementado para regular el consumo de drogas sometidas a fiscalización a nivel nacional. Tanto por su falta de eficacia, si se aprecian objetivamente los índices estadísticos que manifiestan el incremento del consumo de drogas en la población escolar en edades cada vez más tempranas; como por los alcances teóricos y operacionales que permite, si la finalidad es construir nuevas alternativas para afrontar el desafío local y mundial sobre los usos socioculturales de las drogas.

## 2.3 Historia de las políticas de drogas

Los precedentes históricos de la nueva cruzada contra las drogas que caracteriza el siglo XXI, se encuentran en las hogueras de la Inquisición que purificaron al viejo mundo durante el periodo posmedieval hasta el renacimiento y que lograron viajar en los barcos de la conquista al nuevo mundo. A través de esta institución religiosa fueron ajusticiados por crímenes contra los fundamentos de la iglesia los primeros herbolarios, curanderos y chamanes, conocedores de los efectos visionarios y medicinales de diversas plantas consideradas sagradas, quienes conservaban saberes antiguos y ancestrales sobre recetas y pócimas con sustancias psicoactivas para tratar diferentes malestares y que terminaron igualmente purificados por el fuego, bajo el nefasto apelativo de brujos y hechiceros. (Escohotado, 1998). El hecho de adorar estas plantas y sus poderes extraordinarios, asemejándose a los cultos fitolátricos y enteogénicos de sus antepasados, les llevaron irremediablemente a la hoguera inquisitorial.

Paradójicamente, durante este tiempo también se consolidó una ciencia médica influenciada por las corrientes clásicas y los aportes otorgados por ilustres personajes helénicos como Asclepio, Hipócrates o Galeno; quienes formaron las primeras escuelas orientadas a establecer los principios de esta disciplina del conocimiento. (Ibíd.).    Fue Paracelso a principios del siglo XVI, quien forjó los primeros fundamentos en la química farmacéutica, al ser el creador de espléndidos remedios con plantas psicoactivas.   Se dice que, entre estos extraordinarios remedios, el láudano no tuvo comparación.   Según Antonio Escohotado: "todas sus preparaciones ninguna poseía virtudes como remedio heroico comparables al láudano, una tintura de opio inventada por él".   (Ibíd., p. 248).   Para este autor, el aporte de Paracelso contribuyó a la fundación del primer Colegio Oficial de Médicos en Londres en el año 1518, facultados por la corona inglesa para tratar a todo tipo de enfermos, puesto que: "los facultativos con diploma universitario demuestran al cliente su superioridad profesional recetando compuestos opiados, de infalible efecto para variados síntomas". (Ibíd., p. 249).

Desde el siglo XVII el cultivo masivo de esta planta y la comercialización internacional de sus derivados se había convertido en una fuente de rentas para las naciones colonizadoras.   La amapola fue cultivada extensamente en la India bajo el imperio inglés y también en Indonesia bajo la administración colonial de Francia. (Salazar, Vizcaíno & Tirado, 2015).   De esta adormidera inductora del sueño se derivó el opio y a partir de este un indefinido conjunto de brebajes y pócimas preparadas con sus componentes.

Luego de la conquista del nuevo mundo, con las invaluables riquezas nativas y botánicas, se importó a Europa el hábito de fumar tabaco como lo hacían los indígenas precolombinos.   Este hábito de fumar se utilizó con el opio, solo que con esta sustancia, a diferencia del tabaco enrollado en su propia hoja, se gestó la costumbre de hacerlo en pipas, retomando una antigua costumbre céltica.[14]   Esta práctica se importaría y difundiría masivamente en China hasta convertirse en su ruina. (Madridejos, 1986).

---

[14] Esta costumbre céltica de fumar por medio de pipas, está asociada especialmente al uso de *cannabis* con finalidades enteogénicas. (Escohotado, 1998).

Estas primeras derivaciones de la amapola fueron ampliamente consumidas en todo el mundo y las principales promotoras, al servir como medicamentos eficaces por sus efectos anestésicos y sedantes en el tratamiento de cualquier dolor, de los primeros avances en las ciencias médicas y farmacéuticas durante los siglos posteriores.

Ambas realidades históricas se contrastan y complementan, puesto que se ajustan cada una en relación con la otra, a través de estas insólitas colisiones *sindióticas*. Mientras los usuarios y primeros herbolarios practicantes de las antiguas costumbres helénicas relacionadas al cultivo y uso de plantas psicoactivas para la automedicación por medio de recetas y pócimas, eran quemados en la hoguera inquisitorial acusados de brujería y herejía por sus dogmas fitolátricos; los primeros médicos diplomados en Londres recetaban remedios milagrosos derivados de la amapola. Medicamentos que encontraron un mercado sin límites en la economía durante los siglos posteriores y que desencadenaron las primeras epidemias de adicción y el primer conflicto mundial de drogas.

Durante el trascurso del siglo XIX, a partir de los históricos ejemplos de Paracelso, Hipócrates y Galeno, se estudiaron y extrajeron cada uno de los alcaloides puros de la *papaver somniferum*. En las primeras décadas de ese siglo un ingenioso aprendiz de boticario redujo el opio a una solución pura que llamó *principium somniferum opii*, y que posteriormente sería más conocida como: *morphiun*. La morfina abriría el nuevo mercado de las drogas medicamentosas:

> Desde 1827 se fabrica al por mayor, siempre a partir del opio, gracias al procedimiento inventado por E. Merck; este procedimiento es el que emplea desde 1832 la Rosengarten & Co. de Filadelfia, origen de la multinacional hoy conocida como Merck, Sharp & Dohme. (Ibíd., p. 313).

Esta purificación del opio con la extracción de sus alcaloides psicoactivos, encontraría un medio más eficaz para suministrarse al cuerpo con la invención de la aguja hipodérmica. Las posibilidades de explotación industrial gestaron la primera fábrica de agujas en Estados Unidos en el año 1856. (Ibíd.). Su inventor también descubrió los extraordinarios efectos anestésicos de la morfina, a través de la inyección intravenosa, cuando la aplicó a su esposa enferma: "esta dama será el primer adicto de aguja y la primera persona fallecida de sobredosis por semejante medio". (Ibíd.).

Con ambas creaciones entrecruzadas, se desencadenó la primera epidemia mundial de "morfinómanos", bajo el amparo de la legalidad. Tanto así que durante la guerra civil americana en la sexta década del siglo XIX: "fue el primer experimento de empleo masivo para el fármaco, que convirtió en silenciosos recintos a hospitales de campaña antes poblados por aullidos y llantos". (Ibíd., p. 314). Batallones de heridos y mutilados formaron las primeras filas de adictos a los alcaloides inyectados, fenómeno que fue nombrado como: *"army disease",* la "dependencia artificial". (Ibíd.).

Por esta razón en las últimas décadas de ese siglo la farmacéutica Bayer, como muchas otras, experimentaría con derivaciones del opio en búsqueda de nuevos alcaloides puros, lo que llevaría a la creación de la *"heroisch",* fármaco que entraría en el mercado con el nombre de heroína. Según el farmacólogo inventor H. Dreser, quien por medio del mismo proceso de etilización descubriría el ácido acetilsalicílico: "es una sustancia libre de propiedades formadoras de hábito (…), la única capaz de curar en poco tiempo a los morfinómanos". (Brau, 1973, p. 116). Paradójicamente, los subrepticios interéses comerciales prevalecieron y la heroína inyectada fue utilizada para tratar a los morfinómanos, a pesar de ser un alcaloide opiado aún más adictivo que la morfina.

Para esa época, las derivaciones inyectables de la amapola parecían gobernar al mundo, con la diferencia que en el Lejano Oriente lo fumaban. El opio se volvió la ruina de China, puesto que un tercio de la población era adicta a esta sustancia psicoactiva. Se volvieron comunes los fumaderos de opio en este país oriental, la gran mayoría procedente de plantaciones británicas en la India. (Fournier, 2002). Lo que fue la miseria de china resultó un lucrativo negocio para la gran Bretaña. Esta situación llevó a la guerra del opio entre ambas naciones a mediados del siglo XIX, especialmente por las primeras prohibiciones que se gestaron en el país oriental, con el fin de erradicar este vicio de su población y el interés de Inglaterra por continuar con su rentable negocio. Inglaterra ganó el conflicto y el comercio del opio continuó en China durante el resto de ese siglo e inicios del siguiente, hasta las sanguinarias medidas llevadas a cabo por los gobiernos comunistas después de la segunda guerra mundial. (Madridejos, 1986).

No resulta extraño que al iniciar el siglo XX, los iniciadores de la nueva cruzada planetaria contra las drogas fueran los mismos promotores de las antiguas cruzadas inquisitoriales, solo que ahora con la aclaración legitimadora de sus usos medicinales:

> Nada más ortodoxo que la propuesta del obispo C.H. Brent, cuando desde su diócesis de Manila hizo en 1909 el primer llamamiento a una cruzada planetaria contra las drogas: «Todo empleo no médico es inmoral». Brent hizo la salvedad del uso clínico cuando el estamento terapéutico constituía ya un poder comparable o superior al eclesiástico. (Escohotado, 1998, p. 171).

A inicios del siglo XX surgieron las primeras declaraciones internacionales para el control de una planta con características psicoactivas y la comercialización de sus productos derivados. En un primer momento se fiscalizó la Amapola por medio del "Convenio Internacional del Opio, firmado en la Haya el 23 de enero de 1912". (Salazar, Vizcaíno & Tirado, 2015, p. 11). Esta primera política de drogas de carácter internacional, surgió como resultado del conflicto entre Inglaterra y China por la comercialización internacional del opio. Una consecuencia legislativa de la realidad sociocultural que se manifestó en las primeras décadas de ese siglo, la explosión de un consumo masivo y sin fronteras nacionales de los derivados opiaceos y otras drogas psicoactivas, ingestadas en brebajes, esnifadas, fumadas e inyectadas directamente al torrente sanguíneo por medio de jeringas.

Esta situacion llevó a que 13 años después se promulgara un: "Acuerdo concerniente a la fabricación, el comercio interior y el uso del opio preparado, firmado en Ginebra el 11 de febrero de 1925". (Ibíd.). En ese encuentro se concretaron algunos cambios legislativos para el control sobre el cultivo y la producción de los opiaceos derivados de la planta, también sobre el control al comercio clandestino al interior de los estados nacionales y la necesidad de construir instrumentos estadísticos fiables para conocer el indeterminado número de consumidores de todas las nacionalidades, edades y clases sociales que se gestaban sin ningún control por todo el mundo.

El Lejano Oriente decidió acabar con la problemática que había sucitado en los siglos pasados el comercio del opio al interior de sus fronteras. Se llegó al: "Acuerdo para la supreción del hábito de fumar Opio en el Lejano Oriente firmado en Bangkok el 27 de noviembre de 1931". (Salazar, Vizcaíno & Tirado, 2015). Fue tal el estado de represión para erradicar el hábito de la adicción al opio en esta población oriental, durante las décadas siguientes, que se realizaron ejecuciones públicas por el ejército comunista de corte maoista, semejantes a las primeras medidas prohibicionistas decretadas por el emperador Manchú Yung-Cheng, quien sostuvo penas de estrangulamiento por el hecho de fumar opio durante el siglo XVIII. (Madridejos, 1986; Escohotado, 1998).

En ese mismo año se inició una nueva terminología legislativa para definir al conjunto de sustancias psicoactivas que debían ser controladas internacionalmente, a partir de la: "Convención para limitar la fabricación y reglamentar la distribución de estupefacientes", firmada en Ginebra el 13 de julio del año 1931. (Salazar, Vizcaíno & Tirado, 2015). En este convenio se consideraron otras drogas que debían sumarse a los opiaceos derivados de la amapola, especialmente la marihuana y los derivados sintéticos de la coca. Sin embargo, esta reglamentación internacional manifestó la ambigüedad inicial para catalogar todas estas sustancias consideradas prohibidas, bajo un solo término: estupefacientes, palabra derivada del francés *estupéfiants,* una traducción de la palabra inglesa *narcotics* (Escohotado, 1998); a pesar de hallarse en estas primeras listas muchos tipos de drogas con efectos variados, generadoras de narcolepsia, sedación, euforia, estupefacción, o diferentes sintomatologías asociadas a la locura.

Se vuelve un reto internacional llegar a un acuerdo general entre todas las naciones afectadas, que permita englobar en un término genérico todas las afectaciones fisiológicas y psíquicas del consumo, que tenga presente la composición y distinción de cada sustancia psicoactiva, como la caracterización de las diferencias individuales de los usuarios en relación a sus culturas particulares, dentro de un mismo término jurídicamente aplicable.

Se inició entonces el infructuoso conflicto por controlar el cultivo, la producción, el comercio y el consumo de estas drogas consideradas prohibidas, las cuales pasaron a ser sometidas a un proceso internacional de fiscalización y por las que se iniciaron los primeros sumarios judiciales en juzgados nacionales. La incidencia en el uso de nuevas sustancias y la necesidad de una catalogación más amplia, llevó a la realización del: "Protocolo firmado en París el 19 de noviembre de 1948, que somete a fiscalización internacional ciertas drogas no comprendidas en la Convención del 13 de julio de 1931 para limitar la fabricación y reglamentar la distribución de estupefacientes". (Ibíd., p. 12).

Estas primeras reglamentaciones internacionales para controlar y fiscalizar el tráfico de drogas, se consolidaron con la Convención Única de Estupefacientes firmada en Nueva York el 30 de marzo del año 1961. Por medio de este convenio se estableció un modelo mundial para la fiscalización del cultivo, la fabricación de derivados sintéticos, el tráfico internacional y el comercio clandestino local de estas sustancias psicoactivas. Diez años después se realizó la Convención de Viena sobre Sustancias Psicotrópicas el 21 de febrero del año 1971. En esta convención se catalogaron un centenar de nuevas sustancias, las cuales se organizaron en cuatro listas y se implementaron nuevas medidas encaminadas a impedir el uso de sustancias legales con fines ilícitos. (Ibíd.).

Resulta interesante descifrar analíticamente los criterios de catalogación utilizados en estos convenios internacionales: en la lista I se clasificaron las drogas tradicionales y algunas de sus derivaciones sintéticas, como el opio, la morfina, la heroína, la cocaina, la marihuana, entre otras; mientras que en la lista II, se sumaron nuevas derivaciones sintéticas  y alcaloides puros aislados y diseñados en laboratorios farmacéuticos para el consumo.  (García & Espada, 2006, p. 61).  En la lista III se catalogaron las sustancias que no eran utilizadas indebidamente para el tráfico internacional, puesto que su ingesta no generaban efectos psicoactivos y por eso no entraban en el mercado prohibitivo.  Esta lista, a pesar de parecer ambigua por catalogar estas sustancias, parece responder a la lógica de clasificación a partir de pares de oposición. (Lévi-Strauss, 1994).  Este criterio de clasificación por medio de una dialéctiva de opuestos interrelacionados es un fundamento atávico que, al parecer, sirvió de principio rector a los promotores y formuladores de esta política internacional de drogas, para inferir los principio científicos de esta moderna catalogación prohibicionista. Por último, en la lista IV se clasificaron todos los compuestos que contuvieran una de las sustancias pertenecientes a las dos primeras listas.  (García & Espada, 2006).

En el año 1988 se suscribió en esta misma ciudad la "Convención sobre Tráfico Ilícito de Drogas Narcóticas y Sustancias Psicotrópicas", con el interés de sumar otras medidas para combatir el tráfico de sustancias prohibidas.  Se puso en consideración el uso frecuenta de sustancias legales y precursores químicos en la fabricación de drogas ilícitas, como ocurre en Colombia con el uso del *cloruro demetileno*, el cual se vende sin mayor prescripción en las tiendas de productos químicos y que es utilizado en la fabricación de una sustancia inhalante que se encuentra en el mercado clandestino de drogas prohibidas.  La Convención de Viena contempló los acuerdos de cooperación legal mutua entre los estados miembros e incrementó el nivel de exigencia de las obligaciones contraídas por los diferentes países en la implementacion de sanciones punitivas para combatir a los productores y traficantes de las drogas sometidas a fiscalización. (Jelsma & Metaal, 2004).

Estas nuevas estipulaciones ratificaron la imposición internacional de un modelo prohibicionista, que busca erradicar con la criminalización la cadena de relaciones sociales que se tejen en el tráfico internacional de drogas prohibidas.  Esto se evidencia en las obligaciones que tienen los estados firmantes, especialmente sobre el hecho de administrar la gestión de las instituciones a cargo de la aplicación de los controles establecidos. (Leroy, 2003). También sobre el deber estatal de prevenir y establecer los criterios procedimentales para el tratamiento y la rehabilitación de los consumidores adictos a estas drogas no autorizadas.  En este sentido, penalizar con sanciones severas el tráfico de drogas y las conductas punibles relacionadas, como el cultivo, la fabricación,  el expendio al menudeo y la posesión indevida con fines comerciales y para el consumo no medicado.  Como alternativa a la judicialización sancionatoria, los estados miembros están de acuerdo en ofrecer la rehabilitación a los consumidores crónicos de estas sustancias, por considerarlo un problema de salud pública. (Ibíd.).

Vale resaltar que desde las primeras décadas del siglo XX los mecanismos internacionales para el control de drogas, han buscado tener un inventario sobre la producción y el comercio legal de medicamentos elaborados con estas plantas psicoactivas, como el opio, la coca o la marihuana y sus derivados, con la finalidad de monitorear los sistemas de certificación para la producción y el comercio con fines legales dentro de los parámetros establecidos para uso medicinal y científico. (Salazar, Vizcaíno & Tirado, 2015). En la actualidad es la Junta Internacional de Fiscalización de Estupefacientes (J.I.F.E.) la encargada de monitorear la aplicación de los acuerdos internacionales que fueron aprobados en las convenciones por los países firmantes. También se encarga de la administración del sistema de control de estimativos y estadísticas que son sometidas periódicamente a su consideración por parte de los países signatarios. Esta junta:

> fiscaliza la oferta legal de drogas controladas requeridas para uso científico y médico en los países suscriptores de la Convención Única por medio de un sistema de licenciamiento diseñado para evitar que la producción de fuentes lícitas se "filtre" hacia el tráfico ilícito. (Ibíd., p. 19).

Otra de las instituciones internacionales que se consolidaron con la finalidad de generar un control global de estas sustancias, fue el Programa de las Naciones Unidas de Fiscalización Internacional de Drogas. (P.N.U.F.I.D.). Su principal objetivo se centró en afianzar los programas nacionales para la reducción de la demanda, el fortalecimiento de estrategias policiales contra el tráfico y la judicialización con el fin de disminuir la oferta. Estos objetivos se concretaron con el entrenamiento de los funcionarios públicos de las entidades encargadas de las funciones policiacas y judiciales. Esta entidad quedó subordinada bajo la dependencia de la Oficina de las Naciones Unidas Contra las Drogas y el Delito. (O.N.U.D.D.). Su principal objetivo es: "apoyar a los países en el diseño, implementación y promoción de políticas sobre el problema mundial de las drogas y del delito transnacional organizado". (Ibíd., p. 21). Bajo los parámetros de una "responsabilidad compartida" y con el principio del respeto a la soberanía e integridad territorial que tiene cada Estado signatario: "reconociendo que la acción contra este problema mundial es una responsabilidad común y compartida". (Ibíd., p. 26).

Bajo estas disposiciones se ha invitado a todos los estados miembros a compartir una política de fiscalización internacional de drogas, que invita a cuestionarse sobre la importancia real de la guerra mundial contra las drogas, consideradas prohibidas por estas mismas disposiciones compartidas por las naciones firmantes, dipuestas de igual modo a compartir las responsabilidades por las acciones requeridas para su ejecución en los distintos territorios nacionales. Una necesidad común de evidenciar abiertamente la efectividad o subrepticiamente el fracaso que han tenido en la implementación de las estrategias de erradicación y control de los cultivos, la producción y el comercio ilegal de estas drogas prohibidas, sin olvidar la prevención y el tratamiento para los aspirantes a formar parte de la sociedad usuaria de drogas ilegales.

Entre los estados sirgnatarios se encuentra Colombia. Desde un principio el Estado colombiano ha sabido estar de acuerdo con las políticas internacionales sobre fiscalización de drogas, que se han formulado por medio de estas entidades y sus convenios internacionales. Cumple al interior del territorio nacional con los paradigmáticos y estrictos parámetros establecidos para la fiscalización internacional de drogas.

La implementacion mundial de este paradígma prohibicionista para el control de drogas, no ha tenido contundencia en la búsqueda de sus fines mundiales a nivel nacional. Luego de un constante conflicto policivo y sancionatorio que se ha implementado durante un siglo en el territorio colombiano, el incremento y la diversificación en el consumo de drogas durante las últimas décadas, especialmente en la población escolar en edades cada vez más tempranas es una problemática que evidencia su contundente fracaso. De acuerdo con el S.I.M.C.I. (O.D.C., 2017), a pesar de las políticas para la erradicación de cultivos ilícitos, el cultivo nacional de coca y la producción de sus derivados se ha incrementado en los últimos años y han ingresado al territorio nacional nuevas sustancias sintéticas que no se producen en el país, a través de insólitas rutas internacionales de tráfico ilícito desde los países de producción hasta su destino, propagándose entre la juventud colombiana.

## 2.3.1 Políticas para el control de drogas en Colombia

La primera política pública que se formuló para el control de drogas en Colombia, fue la Ley 11 del año 1920, denominada también como la: "Ley sobre importación y venta de drogas que formen hábito pernicioso". Esta es la primera política de fiscalización de drogas a nivel nacional, a través de la cual se buscó regular la entrada al país y el comercio interno de estos medicamentos farmacéuticos con efectos psicoactivos y sus formulaciones médicas. Su interés se fundamentó en controlar la propagación de recetas fraudulentas para usos indebidos, evitar el fomento de conductas viciosas y perniciosas, puesto que eran comercializadas con estos fines en las droguerías del país de manera legal hasta ese año. Con su establecimiento se produjo una colisión histórica entre las costumbres ahora demonizadas como perniciosas y la nueva prohibición de lo que había sido hasta ese momento legal, la medicina tradicional para cualquier tipo de malestar y dolencia, el milagro dosificado de la medicina moderna.

Como sanción a su infracción se impusieron en un primer momento multas pecuniarias y se realizó la primera tipología con aplicación nacional de las drogas sometidas a fiscalización. Esto se puede evidenciar en algunos de sus artículos:

> **Artículo 1.** No podrán venderse las siguientes sustancias por mayor ni al de tal, ni en recetas o prescripciones, sino por orden o receta escrita de un médico o licenciado en medicina, dentista o veterinario graduados en Facultades aceptadas por el Gobierno: cocaína o sus sales, eucaína, alfa o beta, sean solas o combinadas con otras sustancias, y sea cual fuere el nombre con que se las distinga; opio o preparaciones oficiales de este, como láudano, opio concentrado, bálsamo anodino, etc., codeína y morfina o las sales de estas o sus derivados; heroína, belladona, atropina o sus sales; cánnabis índica y las demás sustancias de esta misma clase.

> **Artículo 2.** Las especialidades farmacéuticas, llamadas de patentes o específicos, sean nacionales o extranjeras, que contengan en cualquier dosis alguna o algunas de las sustancias de que trata el artículo anterior, no podrán venderse sino en farmacias o boticas establecidas con las formalidades legales y únicamente con orden escrita de un médico graduado o licenciado en medicina, orden que no valdrá sino para una vez y debe quedar en poder del vendedor. En ella debe constar el nombre del comprador.[15]

Estas disposiciones legales se impusieron especialmente para tener un control de las ventas de estas sustancias por medio de las formulaciones médicas. Por esta razón, los primeros multados fueron los profesionales titulados en medicina, farmaceutas, odontólogos y veterinarios, quienes hicieran un uso fraudulento y reincidente de su criterio para proferir formulaciones, por incitar el hábito pernicioso del consumo con tendencias adictivas y el comercio inapropiado de estas sustancias psicoactivas, desde ese momento fiscalizadas en el territorio colombiano. No obstante, también se declara su importancia médica y científica, puesto que se establece un procedimiento médico adecuado para su adquisición legal.

---

[15] Ley 11 de 1920 Sobre importación y venta de drogas que formen hábito pernicioso. Esta versión virtual está disponible en: http://www.mamacoca.org/docs_de_base/Legislacion_tematica/Ley_11_de_1920.htm

En esta primera política prohibicionista no se presenta una penalidad manifiesta para el cultivo o la tenencia de plantas como la coca, la marihuana o la amapola; pero sí sobre las derivaciones sintéticas de sus componentes activos, como el *clorhidrato* de cocaína, la codeína,  la morfina o la heroína, entre otros alcaloides, los cuales requieren un conocimiento especializado y laboratorios farmacéuticos adecuados para su extracción y diseño, como también droguerías legalizadas para su venta y fórmulas certificadas por médicos acreditados para su adquisición legal.

Tan solo ocho años después de formulada esta primera política pública de fiscalización de drogas, se aprobó la Ley 118 del año 1928, donde se sumaron nuevas disposiciones con el fin de incrementar las medidas de control.  Entre estas nuevas reglamentaciones estatales, se amplió la lista de drogas generadoras de hábitos perniciosos y se hicieron más severas las penalizaciones por su comercialización. Según Fernando Cárdenas, a través de esta política, el Congreso de la República:

> aumentó los controles sobre el comercio ilegal de estas drogas, así como la cantidad de las mismas al agregar, según lo reglamentó la entonces denominada Dirección Nacional de Higiene, nuevas sustancias a la lista de "drogas que forman hábitos perniciosos" y sancionó además, con multas, decomisos de mercancía y prisión, a quienes protagonizaran estos ilícitos.  Es decir que, quienes hicieran uso indebido de las drogas relacionadas en la Ley 11 de 1920, serían castigados con prisión (art. 5) y con reclusión en casa de salud, en un hospital o en algún otro asilo durante el tiempo que señalara la autoridad sanitaria y bajo tratamiento conveniente (art. 6). (Cárdenas, 2011, p. 150).

Dos años después surgió el Decreto 1377, a través del cual el gobierno nacional prohibió la importación comercial al territorio nacional de cualquier: "forma de preparación conocida con el nombre de MARIHUANA". (Hincapié, 1989, p. 23).  En ese mismo momento, con la Ley 68 del año 1930, el Estado colombiano pactó su posición internacional frente a la guerra contra las drogas, aceptando su adhesión a la segunda conferencia del Opio realizada en Ginebra en el año 1925. (Cárdenas, 2011). Esta postura nacional se ratificó con la Ley 12 del año 1943, donde se:

> Aprobó la Convención Internacional de 1936 para la represión del tráfico ilícito de drogas peligrosas, con el objetivo de reforzar las medidas de represión que resultaron de la Convención Internacional del Opio en 1912, Ginebra 1925 y 1931, limitando aún más, la fabricación y distribución de narcóticos al interior del país. (Ibíd., p. 151).

Luego se formuló la Ley 45 del año 1946.  La penalización adquiere otro carácter, puesto que se suma a la multa un periodo de reclusión en la cárcel.  Por tal razón, se realizaron subrogaciones y adiciones al Código Penal con la finalidad de estipular los delitos y las condenas. Se penalizó la producción y distribución de sustancias psicoactivas surgidas a partir de derivaciones sintéticas y el cultivo de las plantas utilizadas para extraer estas derivaciones. Esto se evidencia en el artículo primero:

> Al que, de modo clandestino o fraudulento, elabore, distribuya, venda o suministre, aun cuando sea gratuitamente, drogas estupefacientes, o las mantenga en su poder con los mismos fines, se le impondrá prisión de seis meses a cinco años y multa de cincuenta a mil pesos.

> En la misma sanción incurrirá quien, de modo clandestino o fraudulento, o sin permiso de las autoridades nacionales de Higiene, cultive y conserve plantas de las cuales puedan extraerse dichas sustancias.

> La sanción se aumentará en una tercera parte, si tales drogas se suministran o enajenan, a cualquier título, a menores de edad o a personas que habitualmente usaren de ellas.[16]

Otra de las características relevantes de esta reglamentación, radica en la importancia que se le dio al hecho de sancionar penalmente a quienes promulguen el consumo de estas drogas no autorizadas en la población menor de edad. En ese momento, la solución estaba orientada a la penalización de los adultos responsables de comerciar y promover el consumo y no, como ocurre en el contexto contemporáneo, a los tratamientos clínicos y terapéuticos contra la adicción con la necesaria reintegración social de los menores consumidores y la prevención educativa de la población escolar en riesgo de incursionar en el expendio y el consumo de estas sustancias sometidas a fiscalización. Desde entonces se dejó clara la postura prohibicionista y sancionatoria del Estado colombiano frente al cultivo, la producción y el expendio de estas sustancias en el territorio nacional.

Con el Decreto 1699 del año 1964, denominado como el: "Estatuto de las Conductas Antisociales", se estipularon nuevas disposiciones al respecto. Entre estas se tuvo especial cuidado en penalizar con mayor severidad a quienes promovieran la embriaguez de menores de edad. Cualquier persona que suministrara licores embriagantes o cualquier otra: "sustancia tóxica o estimulara la embriaguez o

---

[16] Ley 45 de 1946, por la cual se subrogan algunas disposiciones del Código Penal y el Procedimiento Penal y se adicionan otras normativas estipuladas en la Ley 167 del año 1941. Esta versión virtual está disponible en: http://www.mamacoca.org/docs_de_base/Legislacion_tematica/Ley_45_de_1946_disposici ones_penales_venta.htm

intoxicación de menores de dieciocho años". (Cárdenas, 2011, p. 152). Lo interesante en la formulación de este Decreto es la catalogación sancionatoria y estigmatizadora con que se define a toda persona que tenga alguna relación con el comercio ilegal de drogas:

> A quien almacenara, elaborara, distribuyera, vendiera o de otro modo suministrara, cualquier droga o sustancia estupefaciente o alucinógena (art. 26); o a quien portara sustancia estupefaciente o alucinógena sin acreditar su tenencia legítima en lugar público o abierto al público (art. 27); o a quien auspiciara el uso de sustancia estupefaciente o alucinógena en casa, local o establecimiento (art. 28); y a quien sin permiso, cultivara o conservara planta de la que pueda extraerse sustancia estupefaciente o alucinógena (art. 29). (Ibíd, p. 153).

Con su instauración el Estado colombiano estableció la estigmatización contra estas conductas y las personas que las realizan clandestinamente, puesto que entran en las listas negras de los indeseables y antisociales que requieren de un enjuiciamiento sancionatorio y penal, por infectar con sus conductas viciosas y perniciosas la salud pública de la nación. En esta catalogación estigmatizadora y sancionatoria entran todos los involucrados que se relacionen con el cultivo, la producción, el comercio y el consumo de estas sustancias psicoactivas sometidas a fiscalización.

Fue con el Decreto 1188 del año 1974, que se conoció el primer "Estatuto de Estupefacientes", a través del cual se integraron todas las disposiciones nacionales que se habían hecho sobre las drogas sometidas a control internacional, desde la Ley 11 del año 1920 hasta esa fecha, a través del cual el Estado colombiano ratificó su posición prohibicionista (Ibíd., p. 155); aunque no su contundencia. También buscó precisar los términos que comenzaron a ser utilizados en estas políticas, como fármaco, dependencia, sustancias que producen dependencia y dosis personal. (Ibíd.).

Otra de las políticas públicas que afianzó los nexos internacionales fue la Ley 13 de ese mismo año, con la cual el Estado aprobó la Convención Única de Estupefacientes de las Naciones Unidas, realizada el 30 de marzo del año 1961 en Nueva York. Con esta Ley se dejó presente el gran dilema que afronta Colombia, respecto a la implementación de las políticas de fiscalización de drogas internacionales en el territorio nacional, a pesar de saber que su uso médico es indispensable. También se caracteriza por exponer este problema desde una visión global, que requiere de soluciones y cooperaciones internacionales:

> Las partes, preocupadas por la salud física y moral de la humanidad, reconociendo que el uso médico de los estupefacientes continuará siendo indispensable para mitigar el dolor y que deben adoptarse las medidas

necesarias para garantizar la disponibilidad de estupefacientes con tal fin. Reconociendo que la toxicomanía constituye un mal grave para el individuo y entraña un peligro social y económico para la humanidad. Conscientes de su obligación de prevenir y combatir ese mal, considerando que para ser eficaces las medidas contra el uso indebido de estupefacientes se hace necesaria una acción concertada y universal. Estimando que esa acción universal exige una cooperación internacional orientada por principios idénticos y objetivos comunes, reconociendo que las Naciones Unidas tienen competencia en materia de fiscalización de estupefacientes y deseando que los órganos internacionales competentes pertenezcan a esa Organización.[17]

No sería la última de las políticas públicas en cumplir la finalidad de sumar al Estado colombiano en la lista internacional de países en guerra contra las drogas. Luego se formuló la Ley 43 del año 1980, con la cual se aprobó la convención de Viena sobre Sustancias Psicotrópicas del año 1971, donde se estableció la catalogación de las drogas fiscalizadas internacionalmente, con el fin de tener un control de estas sustancias que se encontraban en circulación mundial para entonces. Se acordaron los objetivos compartidos de: "prevenir y combatir el uso indebido de tales sustancias y el tráfico ilícito a que da lugar".[18] Sin olvidar que sus usos son imprescindibles para la investigación en las ciencias médicas y que esto debe implicar un margen de legalización: "reconocimiento que el uso de sustancias sicotrópicas para fines médicos y científicos es indispensable y que no debe restringirse indebidamente su disponibilidad para tales fines". (Ibíd.).

Luego de los pactos internacionales para la fiscalización de drogas que se establecieron en Colombia con la instauración de las reglamentaciones anteriores, el Estado colombiano se propuso reunir en una política pública el estatuto sobre drogas fiscalizadas a instaurar en el territorio nacional. Se legisló la Ley 30 del año 1986 por la cual se adoptó el Estatuto Nacional de Estupefacientes (E.N.E.), que busca regular desde un enfoque sancionatorio y punitivo, las relaciones entre la sociedad usuaria de estas drogas prohibidas y las fuerzas reguladoras del Estado. También

---

[17] Ley 13 de 1974, donde se aprueba la Convención Única de Estupefacientes de las Naciones Unidas. Esta versión virtual está disponible en: ftp://ftp.camara.gov.co/camara/basedoc/ley/1974/ley_0013_1974.html

[18] Ley 43 de 1980, por medio de la cual se aprueba el Convenio de Sustancias Psicotrópicas, suscrito en Viena el 21 de febrero del año 1971. Disponible en: www.descentralizadrogas.gov.co//pdfs/politicas/nacionales/LEY_43_de_1980-Aprovacion_Convenio.pdf

cumple la finalidad de articularse estratégicamente a nivel nacional, con los objetivos propuestos en los convenios y las políticas internacionales. Se estipula en el artículo 3 las disposiciones sobre los usos legales de estas sustancias psicoactivas, los cuales son equivalentemente opuestos en su lógica estructural a los utilizados para definir el tráfico internacional de drogas:

> La producción, fabricación, exportación, importación, distribución, comercio, uso y posesión de estupefacientes, lo mismo que el cultivo de plantas de las cuales estos se produzcan, se limitará a los fines médicos y científicos, conforme la reglamentación que para el efecto expida el Ministerio de Salud.[19]

Con estas disposiciones se reconoce la importancia y el valor que tienen estas drogas en el desarrollo investigativo de las ciencias médicas, bajo los parámetros internacionales de legalización para la exportación e importación establecidos por la J.I.F.E., con la finalidad de articular el control del comercio legal, médico y científico, de estas drogas a nivel nacional. Algo que implica, según la lógica estructural a la que responden, su oposición prohibitiva hacia otros fines diferentes a los mencionados. Determinar el umbral que separa ambas categorías de usos opuestos, lo legal de lo ilegal, para ajustar la aplicación punitiva del poder estatal en los cuerpos adecuados; los cultivadores, productores y comerciantes clandestinos, junto a los usuarios indebidos de estas drogas sometidas a fiscalización. Se presenta como una osadía de la tecnología estatal, para manifestar su interés en regular el control comercial y mediar la relación entre la sociedad consumidora y los usos socioculturales de estas sustancias prohibidas. Visto desde esta perspectiva, el Estado decide, con esta política prohibicionista, establecer las pautas de un conflicto sin final.

Esta política pública prohibicionista se constituye en el principal soporte normativo del país en lo que a drogas se refiere. En ella se hace mención, entre otras medidas, a las obligaciones de los medios de comunicación para difundir y asumir una posición preventiva frente al consumo de drogas sometidas a fiscalización. Así se expresa esta obligación:

> **Artículo 10.** A partir de la vigencia del presente Estatuto, la prensa escrita, las estaciones de radiodifusión sonora y las programadoras de televisión que operen en el país deberán adelantar campañas destinadas a combatir el tráfico y consumo de drogas que producen dependencia, con la duración y periodicidad que

---

[19] Ley 30 de 1986 sobre el Estatuto Nacional de Estupefacientes. Disponible en: http://www.descentralizadrogas.gov.co/project/ley-30-de-1986-estatuto-nacional-de-estupefacientes/

determine el Consejo Nacional de Estupefacientes, de común acuerdo con el Ministerio de Comunicaciones, los cuales reglamentarán y vigilarán el cumplimiento de esta disposición. Los programas podrán ser elaborados directamente por el correspondiente medio de comunicación, pero para su difusión deberán ser sometidos a la aprobación del Consejo Nacional de Estupefacientes. (Ibíd.).

Esta regulación para la difusión de mensajes que estén acordes con la política pública implementada, evidencia la necesidad de un control estatal para consolidar este enfoque prohibicionista de fiscalización de drogas no autorizadas. Por esta razón, las campañas televisivas patrocinadas por el Estado, han contribuido a crear una imagen negativa que estigmatiza a las personas relacionadas con el negocio clandestino de estas drogas, las cuales son definidas jurídicamente entre los márgenes de la delincuencia y la enfermedad.

Las campañas de prevención de los medios de comunicación, bajo la aprobación de C.N.E., se han visto obligadas a implementar un estereotipo que sataniza estas drogas con el lema que son nocivas para la salud, contradicción que colisiona paradójicamente con las razones para su uso legal. También estigmatiza a los cultivadores, productores y expendedores a quienes criminaliza y a los usuarios indebidos a quienes considera enfermos con necesidades de rehabilitación y tratamiento.

Esta política de drogas nacional, busca tener un control de las prescripciones médicas en el uso de estas sustancias fiscalizadas y un listado en constante actualización de los pacientes tratados a quienes se les haya prescrito, o que presenten alguna dependencia farmacológica en el país. Los profesionales en medicina que formulen estas drogas a pacientes considerados vulnerables a la adicción, tienen la obligación de informar a los servicios seccionales de salud para llevar un Registro Nacional de Farmacodependientes. (Artículo 27).

Estas disposiciones ratifican el interés que tiene el Estado por regular el uso y abuso de estas drogas fiscalizadas. Estas disposiciones se suman a los otros objetivos estratégicos del Estado, como la erradicación a toda costa de los cultivos ilegales, la captura de los comerciantes clandestinos con el exterminio de los lugares de expendio y la propagación del estigma rehabilitador para los usuarios indebidos.

Otro asunto importante que instaura la Ley 30 del año 1986 es la implementación obligatoria de modelos pedagógicos para la prevención de la farmacodependencia en los planteles educativos y los programas de seguimiento y rehabilitación de los estudiantes con problemas de adicción a estas drogas no autorizadas:

**Artículo 11.** Los programas de educación primaria, secundaria y superior, así como los de educación no formal, incluirán información sobre riesgos de la farmacodependencia, en la forma que determine el Ministerio de Educación Nacional y el I.C.F.E.S., en coordinación con el Consejo Nacional de Estupefacientes. (Ibíd.).

Estas reglamentaciones sobre los programas de prevención de drogas sometidas a fiscalización en las instituciones educativas a nivel nacional, han generado como respuesta la creación de las Zonas de Orientación Escolar (Z.O.E.) y las Zonas de Orientación Universitaria (Z.O.U.), como una estrategia a implementar en los planteles educativos oficiales y universidades, para orientar a los estudiantes que presentan situaciones relacionadas con el consumo de drogas no autorizadas, con el fin de articular estos procedimientos con las reglamentaciones de la política nacional de drogas, especialmente sobre el carácter prohibitivo de cero tolerancia al consumo y la necesidad de implementar procedimientos terapéuticos de rehabilitación para los casos de adicción. A pesar de su loable propósito, son escasamente utilizados en las instituciones.

En este Estatuto Nacional de Estupefacientes (E.N.E.), se evidencia la importancia que adquiere para el Estado colombiano regular el consumo de estas sustancias no autorizadas. Se procura un control riguroso de la comercialización legal de los fármacos generadores de dependencia, para fines estrictamente médicos y científicos.

Esta rigurosidad se materializa con las severas sanciones penales que conllevan la producción ilegal y la comercialización clandestina de estas sustancias no autorizadas. Desde la fecha de su aprobación y por esta razón, también se volvió la política pública de carácter punitivo más nombrada en los juzgados colombianos. Los casos penales por infracción a la Ley 30 de estupefacientes han generado el mayor número de sanciones judiciales que cualquier otro delito en la historia del país.

Con la Constitución Política de Colombia del año 1991 se ratificó esta posición prohibicionista del Estado colombiano. Desde entonces empieza a orientarse este problema del consumo de drogas no autorizadas como un problema de salud pública:

**Artículo 49.** (Modificado): El porte y el consumo de sustancias estupefacientes o sicotrópicas están prohibidos, salvo prescripción médica. Con fines preventivos y rehabilitadores, la ley establecerá medidas y tratamientos administrativos de orden pedagógico, profiláctico o terapéutico para las personas que consuman dichas sustancias. El sometimiento a esas medidas y tratamientos requiere el consentimiento informado del adicto.

Así mismo el Estado dedicará especial atención al enfermo dependiente o adicto y a su familia para fortalecerla en valores y principios que contribuyan a prevenir comportamientos que afecten el cuidado integral de la salud de las personas y, por consiguiente, de la comunidad, y desarrollará en forma permanente campañas de prevención contra el consumo de drogas o sustancias estupefacientes y en favor de la recuperación de los adictos.[20]

En este artículo se dictamina la intervención estatal en la instauración de los procedimientos pedagógicos, profilácticos y terapéuticos a seguir con los usuarios crónicos de las drogas no autorizadas. La rehabilitación terapéutica del adicto y su familia adquiere una importancia constitucional, puesto que la implementación de estos procedimientos requiere de su consentimiento. Se vuelve una estrategia estatal para restaurar la salud pública perdida por la situación crítica de los usuarios de drogas clandestinas:

> La motivación del proyecto de reforma del artículo 49 de la Constitución presentado al Congreso de la República (…), para argumentar la necesidad de prohibir el consumo de sustancias psicoactivas, sin penalizarlo por tratarse de un asunto de salud pública. Según el gobierno, si bien se prohíbe el consumo, no hay que considerar al consumidor o adicto como delincuente sino como un enfermo que requiere de tratamiento y rehabilitación médica. (Salazar, Vizcaíno, & Tirado, 2015, p. 7).

Según la lógica de la estipulación legislativa nacional, el usuario consumidor de estas drogas sometidas a fiscalización, sea bajo los parámetros que acreditan la legalización o bajo las costumbres clandestinas, se asume terminológicamente que se trata de un enfermo que requiere tratamiento médico y terapéutico. Por una o por otra razón, el usuario de drogas no autorizadas es un enfermo que, en el caso del comercio clandestino y a diferencia del uso legal basado en la prescripción médica, decide voluntariamente autoinfligirse el daño causado por el consumo y que tiene la libertad de elegir su consentimiento para someterse a las medidas constitucionales que prescriben su conducta perniciosa.

---

[20] Constitución Política de Colombia (1991). Disponible en: http://www.unesco.org/culture/natlaws/media/pdf/colombia/colombia_constitucion_politica _1991_.pdf

Estas medidas constitucionales se confirman con la Ley 599 del año 2000, a través de la cual el Congreso de Colombia expide el Código Penal. En el título XIII sobre los delitos contra la Salud Pública, en el capítulo II se encuentran los artículos relacionados al tráfico de estupefacientes y otras infracciones afines, del 375 al 385. En cada uno se indica con precisión los años de prisión y las multas en salarios mínimos legales mensuales vigentes, determinadas por unas penas máximas y unas mínimas. Esto se puede ver en el artículo sobre el tráfico, la fabricación o el porte de estas drogas ilegales sin permiso de la autoridad:

> **Artículo 376.** Tráfico, fabricación o porte de estupefacientes. El que, sin permiso de autoridad competente, salvo lo dispuesto sobre dosis para uso personal, introduzca al país, así sea en tránsito o saque de él, transporte, lleve consigo, almacene, conserve, elabore, venda, ofrezca, adquiera, financie o suministre a cualquier título droga que produzca dependencia, incurrirá en prisión de ocho (8) a veinte (20) años y multa de mil (1.000) a cincuenta mil (50.000) salarios mínimos legales mensuales vigentes.[21]

Las penas mínimas y máximas se determinan según las cantidades que sean incautadas y si tienen como finalidad el comercio clandestino. Si el capturado manifiesta que se trata de su dosis para uso personal y la cantidad incautada está dentro de los límites establecidos que la determinan, no se le imputarán estas penas reglamentarias. No será juzgado como un delincuente, sino como un enfermo que requiere tratamiento médico.

Estas condenas estipuladas en el Código Penal para el tráfico de drogas ilegales en Colombia, presentan unas circunstancias de agravación punitiva, especialmente cuando se involucran en estas conductas a menores de edad. Según el artículo 384, las penas previstas se duplicarán en los casos particulares, cuando la conducta se realice:

a) Valiéndose de la actividad de un menor, o de quien padezca trastorno mental, o de persona habituada;

b) En centros educacionales, asistenciales, culturales, deportivos, recreativos, vacacionales, cuarteles, establecimientos carcelarios, lugares donde se celebren espectáculos o diversiones públicas o actividades similares o en sitios aledaños a los anteriores;

c) Por parte de quien desempeñe el cargo de docente o educador de la niñez o la juventud. (Ibíd.).

---

[21] Ley 599 del año 2000, por la cual el Congreso de Colombia expide el Código Penal. Disponible en: https://www.oas.org/dil/esp/Codigo_Penal_Colombia.pdf

Estas situaciones agravantes parecen ratificarse con la Ley 745 del año 2002, con la cual se tipifica las contravenciones por el consumo y el porte de la dosis personal, con peligro para los menores de edad y su familia; puesto que en esta reglamentación se prohíbe el consumo de drogas no autorizadas, incluso en sus dosificaciones personales aceptadas, en espacios públicos, establecimientos comerciales de esparcimiento, centros educativos y lugares aledaños, especialmente cuando se está en presencia de menores de edad. En el artículo primero se indica que la persona que, en presencia de menores de edad, consuma estupefacientes o sustancias que produzcan dependencia, se le impondrá una sanción de dos (2) a cuatro (4) salarios mínimos legales mensuales vigentes, si es la primera vez y de cuatro (4) a seis (6) en caso de reincidencia.[22] Una multa similar se le impondrá a quien consuma sustancias prohibidas en su domicilio y con riesgo grave para la unidad y el sosiego de la familia. También para el que consuma, porte o almacene estas sustancias psicoactivas en establecimientos educativos, lugares aledaños a los mismos o en el domicilio de menores. (Artículo 2). En estos casos particulares, la policía debe decomisar la sustancia ilegal y retirar al infractor del lugar de los hechos, si la conducta censurable se realizó en una institución o espacio de carácter público:

> **Artículo 3.** Cuando el consumo de sustancias estupefacientes o alucinógenas en presencia de menores de edad se realice en lugar público o abierto al público o en establecimiento comercial de esparcimiento, la policía procederá inmediatamente a retirar del lugar de los hechos al infractor y a decomisar la sustancia objeto de la contravención. Así mismo, pondrá el hecho en conocimiento de las autoridades competentes. (Ibíd.).

Con la Ley 1098 del año 2006, conocida también como la Ley de Infancia y Adolescencia, se aborda explícitamente el tema de las drogas al enunciar que los niños, niñas y adolescentes deberán ser protegidos frente al consumo de tabaco, sustancias psicoactivas, estupefacientes o alcohólicas y la utilización, el reclutamiento o la oferta de menores en actividades de promoción, producción, recolección, tráfico, distribución y comercialización de las mismas. (Artículo 20, numeral 3). Le asigna la obligación ética a los establecimientos educativos de prevenir el tráfico y consumo de todo tipo de sustancias que produzcan dependencia dentro de las instalaciones

---

[22] Ley 745 del 2002, por la cual se tipifica como contravención el consumo y porte de dosis personal de estupefacientes o sustancias que produzcan dependencia, con peligro para los menores de edad y la familia. Esta versión virtual está disponible en: http://www.descentralizadrogas.gov.co//pdfs/politicas/nacionales/Ley_745_de_2002Contra vencion_consumo_y_porte_dosis_personal.pdf

educativas, como también el solicitar a las autoridades competentes acciones efectivas contra el tráfico, venta y consumo alrededor de las instalaciones educativas. (Artículo 43, numeral 7).[23]

La Ley 1453 del año 2011 se caracteriza porque reforma varios códigos, entre ellos el Código Penal, el Código de Procedimiento Penal y el Código de Infancia y Adolescencia. Todo con el fin de hacer más severos los castigos, a través de aumentos en las condenas y en las multas. Instaura una reforma penal a la reglamentación sobre el comercio clandestino, la fabricación y el porte de drogas prohibidas. Esto se evidencia en el siguiente artículo:

> **Artículo 11.** Tráfico, fabricación o porte de estupefacientes. El que sin permiso de autoridad competente, introduzca al país, así sea en tránsito o saque de él, transporte, lleve consigo, almacene, conserve, elabore, venda, ofrezca, adquiera, financie o suministre a cualquier título sustancia estupefaciente, sicotrópica o drogas sintéticas que se encuentren contempladas en los cuadros uno, dos, tres y cuatro del Convenio de las Naciones Unidas sobre Sustancias Sicotrópicas, incurrirá en prisión de ciento veintiocho (128) a trescientos sesenta (360) meses y multa de mil trescientos treinta y cuatro (1.334) a cincuenta mil (50.000) salarios mínimos legales mensuales vigentes.[24]

Con la Ley 1566 del año 2012, el Gobierno Nacional establece que toda persona que sufra trastornos mentales o cualquier patología derivada del consumo, abuso y adicción a cualquiera de las sustancias reguladas, tiene derecho a ser atendida en forma integral por las entidades que conforman el Sistema General de Seguridad Social en Salud.[25] Con esta reglamentación se reitera el consumo de sustancias psicoactivas sometidas a fiscalización como un problema de salud pública.

Para Ricardo Barón, quien se pregunta sobre las políticas frente al consumo de drogas en Colombia, luego de promulgada esta legislación: "se empezaron a desglosar los lineamientos de la nueva estrategia en salud, bajo una óptica no punitiva y de derechos, aunque sin abandonar la perspectiva prohibicionista". (Barón, 2018). Se

---

[23] Ley 1098 del año 2006, con la que se expide el Código de Infancia y Adolescencia. Disponible en:
http://www.icbf.gov.co/portal/page/portal/PortalICBF/Bienestar/SRPA/Tab/CIyA-Ley-1098-de-2006.pdf

[24] Ley 1453 del año 2011. Esta versión virtual está disponible en: http://www.secretariasenado.gov.co/senado/basedoc/ley_1453_2011.html#11

[25] Ley 1566 del año 2012. Esta versión virtual está disponible en: https://www.unodc.org/documents/colombia/Documentostecnicos/Ley_1566.pdf

insiste en considerar como un enfermo al usuario crónico de estas drogas controladas y como un delincuente al comerciante clandestino, definición legislativa que se ha vuelto paradigmática en Colombia. Estas reglamentaciones estatales a nivel nacional, permiten constatar la imposición de un enfoque prohibicionista en las formulaciones de las políticas para tratar esta problemática global.

## 2.3.2 Vestigios judiciales sobre el prohibicionismo

Esta problemática mundial contra las drogas consideradas prohibidas, o con mercados restringidos para usos estrictamente médicos y científicos, ha encontrado en el Estado colombiano un fiel partidario, tanto por la lucha estatal que ha ejercido durante un siglo, como por el aumento de la producción y el comercio clandestino, la oferta y la demanda, que encuentra nuevos mercados en la población escolarizada en edades cada vez más tempranas. Todos estos actores coexisten en el escenario sociocultural nacional, aprendiendo estratégicamente los unos de los otros en la colisión *sindiótica* que establecen, inexorablemente ligados a esta insólita codependencia histórica.

Esto se evidencia en la implementación de las estrictas sanciones contra los productores y comerciantes clandestinos de estas drogas sometidas a fiscalización, que han logrado abastecer las cárceles con una creciente multitud de nuevos presos, tantos que no dan abasto, lo que ha llevado a una crisis carcelaria nacional. Esta situación no altera la oferta de drogas que no cesa de crecer y diversificarse con nuevas sustancias y nuevos clientes.

La transacción necesaria para el suministro genera nuevos implicados dispuestos a poner en riesgo su libertad, a cambio de los beneficios económicos que promete el tráfico ilegal. Esto no se detiene y atrapa especialmente a jóvenes y niños de estratos bajos, como se evidencia en la investigación realizada por Ricardo Piedrahita sobre el narcomenudeo y el microtráfico entre las poblaciones jóvenes de los barrios marginales de Pereira, capital del departamento de Risaralda. (Piedrahita, 2019). Las estrategias para el comercio clandestino entre los expendedores de drogas ilegales y sus clientes, parecen lograrse sin mayores dificultades y prosperar, a pesar de las regulaciones policivas ingeniadas para su control. Estas estrategias de comercialización clandestina son más efectivas que la pericia policiva para legitimar la prohibición, especialmente por este inusitado relevo.

Lo que resulta definitivamente problemático es la gestación de las nuevas generaciones de futuros procesados por infringir la política de drogas y que parecen elegir desde muy temprana edad su camino. Estos jóvenes se encuentran bajo el amparo del Código de Infancia y Adolescencia, especialmente el libro II donde se decreta el "Sistema de Responsabilidad Penal" y los "Procedimientos Especiales" para niños, niñas y adolescentes.  En el artículo 177 de este Código para menores, se categorizan las sanciones a establecer por parte de las autoridades, especialmente los Jueces Penales para Adolescentes y la Policía Judicial de Infancia y Adolescencia, que oscila según la gravedad, entre la simple amonestación verbal hasta la privación de la libertad en un Centro de Atención Especializada que sea delegado para esta finalidad y que esté regulado contractualmente por el I.C.B.F.

El Ministerio de Justicia en los lineamientos sobre la Política Nacional de Drogas, está de acuerdo en considerar que se ha tenido un predominio por la implementación de un enfoque policiaco, que afecta especialmente a los expendedores que ejercen el narcomenudeo y el microtráfico, los eslabones más bajos de la estructura criminal, quienes encuentran en el derecho penal colombiano sanciones judiciales graves para sus conductas delictivas: "la criminalización de eslabones débiles de la cadena del narcotráfico con penas que no guardan proporcionalidad con la gravedad de las conductas penalizadas". (2017, p. 10).

Las sentencias condenatorias por las políticas de fiscalización de drogas en el territorio nacional, afectan críticamente el proyecto de vida de las personas que somete bajo sus lineamientos políticos.  Para el año 2016, uno de cada cuatro presos en Colombia lo era por el delito de tráfico, fabricación o porte de estupefacientes. (Ibíd.). De hecho, estas políticas prohibicionistas de fiscalización de drogas en Colombia, especialmente la Ley 30 del año 1986, han sido las promotoras del mayor número de procesos judiciales en la historia de la legislación colombiana.  Esto se evidencia al realizar un análisis documental de archivos judiciales en un contexto local, sobre las catalogaciones de delitos procesados durante periodos históricos determinados en un despacho penal, antes y después de la aprobación de estas políticas públicas de fiscalización de drogas.

Este ejercicio documental se hizo con los archivos del juzgado penal del circuito de Anserma.  Este municipio es el más viejo del departamento de Caldas, fundado por el Mariscal Jorge Robledo a mediados del siglo XVI, quien cumplió su deber histórico de conquistador y fundador de pueblos.  En el año 1539 fundó a Santa Ana de los Caballeros, el primer nombre que tuvo esta población. (Usma, s. f., p. 14).  El departamento de Caldas presenta los índices más elevados en el uso de drogas por jóvenes menores de edad en edades cada vez más tempranas. Esto justifica el interés histórico de elegir para esta investigación el archivo judicial de este municipio caldense.

Estos archivos fueron hallados en la casa de la cultura de Anserma, amontonados y abandonados debajo de unas escaleras. La falta de interés político y social por su conservación ha hecho que se pierdan bastas colecciones y que las rescatadas del delito histórico del olvido, fechadas desde el año 1920 en adelante, parezcan condenadas a padecer de lo mismo. Entre lo rescatado hay documentos que aún se prestan para el análisis.

En el año 1960 se pasaron 59 boletas de detención entre los meses de enero a junio. El delito más recurrente que se catalogó fueron las lesiones personales con 33 boletas de detención, seguido de la corrupción de menores con 7 boletas, la fuga de presos con 6 boletas, la violación de domicilio, el hurto y la violencia carnal con 3 boletas y los delitos menos recurrentes fueron la asociación para delinquir con 2 boletas, la falsificación de moneda y la falsificación de documentos con una boleta. Para entonces, los delitos especificados contra el tráfico de drogas no se habían consolidado plenamente, puesto que aún no se habían concertado las convenciones internacionales para la fiscalización de estupefacientes. No obstante, se presentó un caso insólito de tráfico de marihuana y porte ilegal de armas, que se archivó en el sumario criminal de la alcaldía municipal de Anserma el 17 de diciembre del año 1959. El caso de un joven sospechoso: "Hijo de Zoila Romero y padre desconocido, soltero, alfabeto, 18 años de edad, natural y vecino de este municipio, agricultor"[26]; quien quiso huir de una requisa policial luego de bajarse de un bus intermunicipal y al que se le encontró en un principio: "dentro de un bolsillo un paquete, o papeleta que contenía Marihuana".[27] Lo que llevó a una sospecha mayor y en una requisa más exhaustiva se le encontró  un revolver cheviano, esmalte blanco, calibre 32 corto, con dos cartuchos.

El 21 de diciembre se remite el Oficio 627 de la alcaldía municipal al "Jefe de la Sección Técnico Científica de Manizales" para la práctica del examen de laboratorio de la sustancia contenida en la papeleta decomisada. El 30 de diciembre la oficina técnica del servicio de inteligencia colombiano en la seccional de Caldas, se dirigió al alcalde municipal de Anserma, estableciendo el dictamen del "Dactiloscopista Grupo Técnica Policial", sobre la sustancia enviada, el cual infiere a partir de la aplicación

---

[26] Me remito a extractos de los documentos recopilados en el expediente, como este Exhorto 164, enviado a las autoridades administrativas, judiciales y carcelarias de este municipio el 30 del mismo mes.

[27] Carta presentada por el agente que hizo la detención y requisa del sospechoso, al comandante del Tercer Distrito Policial de las Fuerzas de Policía de la Unidad Caldas, el 15 de diciembre del año 1959, la misma tarde en la que ocurrieron los hechos.

de los reactivos: "que las muestras examinadas pertenecen a la especie vegetal CANNABIS SATIVA, más comúnmente llamada marihuana".

Por esta razón, para resolver la situación jurídica del detenido, la alcaldía de Anserma, considerando: "El Art. 7 del Decreto 0014 de 1955 en el numeral 12, dice que son considerados como en estados de Especial Peligrosidad el que cultive, elabore, use, negocie, o facilite la planta comúnmente llamada Marihuana (Cannabis Sativa o Cannabis Indica) o induzca a otro a cultivarla, elaborarla, usarla, negociarla o facilitarla". Se resuelve medida de detención preventiva para este joven, con derecho a ración por cuenta de la cárcel municipal, por el presunto delito de tráfico de marihuana y porte ilegal de armas.

Durante los siguientes meses el joven intentó probar su inocencia, especialmente sobre el hecho de traficar con marihuana, como se evidencia en varios registros de testigos que afirmaron conocerlo y saber que no traficaba con ninguna "droga heroica", como se le denominó en este caso. Fue hasta la Sentencia de Primera Instancia el 21 de junio del año 1960, donde fue absuelto luego de determinar:

> que la sola tenencia o porte de la droga, sino se comprueba el pleno conocimiento de ella y la intención de usarla, elaborarla, cultivarla, negociarla o facilitarla, o que ha inducido a otros a que hagan con ella lo anotado, no constituye estado de Especial Peligrosidad que acarrea consigo la aplicación de la sanción provista por el Decreto en referencia.

Este sumario criminal es uno entre una multitud de archivos recopilados que ocultan valiosos documentos. Otro archivo del Juzgado Penal del Circuito de Anserma, fechado el 25 de julio del año 1972, donde se imputa a dos presuntos el delito de: "tenencia ilegítima de Marihuana que se les adelanta donde es ofendida la sociedad".[28] Uno de ellos, de 25 años, tiene un prontuario delictivo con doce entradas a la cárcel por diversos delitos menores, considerados en esta categoría porque acarrean penas reducidas, como hurto, lesiones personales y porte de marihuana, desde el 2 de diciembre del año 1967 hasta el 27 de julio del año 1972.[29] El otro capturado, de 19 años, bajo el juramento de rigor estipulado en el Código de Procedimiento Penal y con la lectura del artículo 191 del Código Penal, en cuya gravedad prometió declarar toda la verdad y nada más que la verdad, declaró: "he estado detenido en la cárcel por tres ocasiones, por lesiones y hurto, no he sido condenado". Sobre los hechos

---

[28] Exhorto N° 026 del Juez penal del Circuito de Anserma al señor Director de la cárcel.

[29] Ministerio de Justicia. Dirección General de Prisiones. Centro de Reclusión del Circuito Judicial de Anserma al Juez Penal del Circuito, fechada el 27 de julio del año 1972.

referidos expuso: "nos encontramos con dos agentes de la policía y nos sorprendieron y nos requisaron y a mí me cogieron tres papeletas de Marihuana".[30]

Ambos jóvenes en su calidad sintomática de detenidos recurrentes, manifestaron la reincidencia en los delitos que se les imputaron. Evidencian la sintomatología del aparato judicial local para abrir y cerrar tantos procesos criminales como sean necesarios sobre una persona, por conservar la fidelidad al debido proceso. Esta articulación entre las prácticas locales con el modelo nacional, a pesar de sus carencias, cumple con el principio teórico definido por André Noel-Roth, quien lo asemeja a las muñecas rusas que se introducen unas en otras. (2015, p. 45). Manifiesta una desalentadora sumisión local a las reglamentaciones instauradas y su debido proceso.

Los sindicados fueron encontrados en flagrancia fumando marihuana, por dos patrulleros que hacían su ronda por la vereda el Rosario de este municipio el 21 de julio del año 1972. Al más joven se le encontró: "tres papeletas que contenían marihuana, según dictamen del departamento Administrativo de Seguridad de Manizales".[31] Según este mismo documento judicial: "El delito que se investiga en estas diligencias lo contempla el artículo 8 del Decreto 522 de 1971 y tiene señalado una pena en arresto de 1 a 18 meses". Los dos procesados aceptaron los hechos referidos sobre la tenencia de marihuana. Por esta razón fueron detenidos por un delito contra la Salud Pública. Los inculpados estuvieron en detención preventiva durante poco más de un mes y luego quedaron en libertad. Esto se explica porque duraron detenidos: "un tiempo mayor al que hubiera podido corresponderles en caso de haber sido condenados y como la sanción aplicable es la de arresto, tienen derecho a seguir gozando de la libertad".[32] Efectivamente, a los jóvenes se les concedió el beneficio de la libertad provisional mediante el pago de una caución monetaria, la cual se hizo vigente dos años atrás.[33] El procedimiento penal con este delito menor, explica también la codependencia en la colisión, la corresponsabilidad histórica entre este prototipo de jóvenes infractores y las herramientas gubernamentales del Estado colombiano para procesarlos.

---

[30] Indagatoria. Juzgado Penal del Circuito de Anserma. Julio 25 del año 1972.

[31] Ministerio Público. Vista Fiscal Número 543. Dirigida al Juez Penal del Circuito Judicial de Anserma.

[32] Juzgado Penal del Circuito de Anserma. Agosto 30 del año 1974.

[33] Juzgado Penal del Circuito de Anserma. Agosto 30 del año 1972.

Al enfocar este análisis documental en la primera mitad del año 1990, se encontraron 397 oficios de despacho del Juzgado Penal del Circuito de Anserma, de los cuales el 67% fueron por infringir la Ley 30 del año 1986. El siguiente delito en recurrencia fue el porte ilegal de armas con un 6%, seguido del hurto agravado y calificado con un 4%. También sobresalió el acceso carnal abusivo y violento con menor de catorce años, con un 3% y el tráfico de moneda falsificada con un 2%. Los delitos catalogados como menos recurrentes fueron el homicidio, la corrupción, el secuestro extorsivo, la fuga de presos, el peculado por apropiación y el encubrimiento, con un porcentaje menor al 1% de los oficios.[34]

Se pueden identificar las tareas que dichos oficios generaban. En un oficio enviado al Instituto Nacional de Medicina Legal en Bogotá, se puede leer: "Adjunto al presente me permito remitirle una muestra de una sustancia pulverulenta para que, previo el análisis de rigor, se sirvan dictaminar si se trata de bazuco y cuál es su grado de concentración".[35] El envío de incautaciones para análisis de muestras es común en estos oficios. En otro se puede leer: "Los análisis de los laboratorios de Medicina Legal de Bogotá y Pereira, calendados de noviembre 18 y 21 de 1986, no determinaron la concentración de una sustancia que allí fue enviada por el juzgado a su cargo".[36] En este caso, se buscaba identificar el grado de pureza de una sustancia decomisada, sin lograrlo en ambos laboratorios de Medicina Legal, hasta el punto de agotar la sustancia. Esto lleva a inferir la carencia en los métodos utilizados para dicha determinación y el adecuado equipamiento de los laboratorios en ese momento de la historia colombiana, el mismo año de promulgación de la Ley 30.

También se presentaron otros oficios relacionados con estos casos. Por ejemplo, sobre: "lo pertinente de una investigación adelantada en esta oficina por un delito de

---

[34] Estos datos concuerdan con el universo de capturas efectuadas a nivel nacional para el año 2016 (245.514 capturas): en el primer lugar está el tráfico, fabricación o porte de estupefaciente con el 26%, seguido por el hurto con un 15%, luego las lesiones personales con un 8%, el porte o la tenencia de armas de fuego y la violencia intrafamiliar con un 6%; el uso de documentos falsos, la violencia contra servidor público, el daño a bien ajeno y el homicidio con un 3%, respectivamente; la extorción, el aprovechamiento ilícito de recursos naturales y el concierto para delinquir con un 1%. (O.D.C., 2017, p. 151). Según este informe nacional: "se identifican tendencias que además se repiten año a año". (Ibíd., p. 150).
[35] Juzgado Penal del Circuito de Anserma, Caldas; al Instituto Nacional de Medicina Legal en Bogotá. Oficio 790 de Julio 10 del año 1990.
[36] Juzgado Penal del Circuito de Anserma, Caldas; al Juez dieciséis de Instrucción Criminal del municipio de Viterbo, Caldas. Oficio 693 del 11 de junio del año 1990.

COHECHO POR DAR U OFRECER".[37] Esta misma situación se presentó en el caso de una pareja: "dentro del proceso que se les adelanta por una infracción a la Ley 30 de 1986 y un delito de COHECHO POR DAR U OFRECER y donde figura como ofendida LA SALUD PÚBLICA".[38] Otro ejemplo de esto: "por un delito de CONSERVACIÓN ILEGAL DE ESTUPEFACIENTES, donde aparece como ofendida LA SALUBRIDAD PÚBLICA".[39] Otro caso similar se presenta: "por el delito de SUMINISTRO ILEGAL DE ESTUPEFACIENTES y PORTE ILEGAL DE ESTUPEFACIENTES, donde figura como ofendida LA SALUBRIDAD PÚBLICA".[40]

Algunos de estos oficios judiciales presentan listas de delitos que permiten evidenciar la magnitud histórica en la implementación local de esta política prohibicionista. Por ejemplo, el Juzgado Penal del Circuito de Anserma le envió al Secretario de la Sala Penal del Tribunal Superior Judicial de Manizales un listado con 8 procesos del año 1989; cuatro de ellos por infracciones a la Ley 30 de 1986, uno por incendio y lesiones personales, otro por acceso carnal abusivo con menor de catorce años, otro por tráfico de moneda falsificada y el último, por peculado por apropiación.[41] Para ese año la mitad de los procesos penales estaban relacionados con la política de drogas sometidas a fiscalización.

Esta calamidad local es la consecuencia incidental generada por el arsenal prohibicionista de las políticas para la fiscalización de drogas en Colombia. El rebosamiento de procesos judiciales más allá de lo imaginado. Esto se ha reflejado en la saturación carcelaria que padece el país. Paradójicamente, los vacíos en las cadenas del narcomenudeo y el microtráfico de drogas que dejan las capturas que nutren tan asombrosamente al sistema carcelario nacional, son reemplazadas con batallones de jóvenes dispuestos al riesgo por los beneficios económicos estrambóticos que se ven al margen de la legalidad.

---

[37] Juzgado Penal del Circuito de Anserma, Caldas; al Gobernador del Departamento de Caldas. Oficio 600 del 17 de mayo del año 1990.

[38] Juzgado Penal del Circuito de Anserma, Caldas; al Juez Penal del Circuito de Riosucio, Caldas. Oficio 574 del 14 de mayo del año 1990.

[39] Juzgado Penal del Circuito de Anserma, Caldas; al Juez Penal del Circuito de Riosucio, Caldas. Oficio 500 del 24 de abril del año 1990.

[40] Juzgado Penal del Circuito de Anserma, Caldas; al Secretario de la Sala Penal del Tribunal Superior del Distrito Judicial de Manizales. Oficio 446 del 30 de marzo del año 1990.

[41] Oficio 686 del 11 de junio del año 1990.

El comercio clandestino de drogas no autorizadas, antes que disminuir por el arsenal criminalizador y terapéutico de las políticas prohibicionistas, aumenta asombrosamente abriendo nuevos mercados entre los menores de edad escolarizados y en edades cada vez más tempranas. Esta población ahora se encuentra engrosando las listas de los nuevos usuarios de drogas fiscalizadas en el país y se perfilan entre los nuevos comerciantes clandestinos. Entre ellos se gestan las nuevas generaciones de judicializados.

## 2.4 Colombia en la incertidumbre

A pesar de los estrictos controles prohibitivos que se imponen a través de las políticas para la fiscalización de drogas, la población consumidora crece y se diversifica cada vez más a nivel nacional. La respuesta estatal estrictamente sancionatoria y terapéutica para tratar con esta población creciente de la sociedad colombiana, no ha resultado efectiva y ha generado efectos colaterales que hace más crítica esta colisión histórica.

La estricta prohibición colisiona con esta demanda creciente. Este choque hace que los riesgos agraven los precios de estas sustancias en el comercio clandestino. Situación que empobrece en la mayoría de casos hasta la ruina total a los consumidores habituales y crónicos, quienes están cautivos a los valores que imponen los comerciantes clandestinos.

Esta situación ha despertado el interés por plantear nuevas alternativas y mecanismos jurídicos que protejan los derechos vulnerados de los usuarios de drogas ilegales. La sentencia C-221 presentada en mayo del año 1994, se ha vuelto el más claro ejemplo de esta postura, puesto que manifiesta las incongruencias que presenta la Ley 30 del año 1986. (Cárdenas, 2011). En esta sentencia se propone la necesidad jurídica de despenalizar el consumo de la dosis personal en Colombia. Se solicita a la Corte Suprema de Justicia, declarar inexequibles (que no se pueden llevar a efecto) por inconstitucional el literal j) del Artículo 2, que define y regula las cantidades que son determinadas por esta normativa:

> j) Dosis para uso personal: Es la cantidad de estupefacientes que una persona porta o conserva para su propio consumo.

> Es dosis para uso personal la cantidad de marihuana que no exceda de veinte (20) gramos; la de marihuana hachís que no exceda de cinco (5) gramos; de cocaína o cualquier sustancia a base de cocaína la que no exceda de un (1) gramo, y de metacualona la que no exceda de dos (2) gramos.
>
> No es dosis para uso personal, el estupefaciente que la persona lleve consigo, cuando tenga como fin su distribución o venta, cualquiera que sea su cantidad.[42]

Esta medida busca determinar la cantidad aceptada para portar dentro de los parámetros definidos jurídicamente como dosis para uso personal; pero se limita a determinar las cantidades de un conjunto reducido de sustancias que no se ajusta a la creciente diversificación de drogas prohibidas que se trafican en los mercados clandestinos. Esta limitación excluye un gran número de drogas sometidas a regulación y las cantidades determinadas resultan inadecuadas para medir los indeterminados excesos que caracterizan las conductas adictivas.

Esta reglamentación fue demandada en esta sentencia, especialmente por la discriminación que impone a los consumidores crónicos de estas sustancias, puesto que: "La cantidad de droga que un toxicómano requiere diariamente, depende de su grado de adicción (…). Por esto, establecer una cantidad tope a la dosis personal, (…), introduce una diferenciación artificial e injustificada entre personas enfermas del mismo mal".[43]

A pesar de estas discrepancias, la Corte Suprema de Justicia declaró exequible esta determinación de cantidades máximas de la dosis para uso personal, arguyendo que: "El establecimiento de topes máximos en las cantidades de drogas o sustancias controladas que hace la ley para ubicarlas dentro del concepto de dosis personal, no contraría precepto alguno de nuestro ordenamiento constitucional". (Ibíd.).

La carencia de inconstitucionalidad, finalidad demandada en la sentencia, fue la razón para llevarse a efecto. Paradójicamente, se promulgó como la normativa que legitima el porte de drogas para uso personal; pero sus desatinos sobre las cantidades máximas llevaron a que años después en reiteradas ocasiones, la Corte Suprema de Justicia decretara que tampoco es posible juzgar a quienes se encuentren excediendo la dosis

---

[42] Ley 30 de 1986 sobre el Estatuto Nacional de Estupefacientes. Disponible en: http://www.descentralizadrogas.gov.co/project/ley-30-de-1986-estatuto-nacional-de-estupefacientes/

[43] Sentencia C-221 del año 1994, presentada a la Corte Suprema de Justicia por el Magistrado Carlos Gaviria Díaz y el ciudadano demandante Alexandre Sochandamandou. Disponible en: https://xww.suin-juriscol.gov.co/viewdocument.asp?ruta=corteconstitucional/20015890.

personal, a menos que se demuestre que lo hacen con propósitos comerciales. (Barón, 2018). La posibilidad jurídica de la dosis personal y la indeterminación de sus cantidades máximas, despiertan la enorme incertidumbre sobre las incoherencias entre la prohibición penal de expender y la permisividad legal para portar y consumir.

Esta incongruencia jurídica se ratificó en los efectos que se lograron con esta sentencia, hacia la despenalización de la dosis para uso personal. Especialmente porque logró que la Corte Suprema de Justicia declarara inexequible el artículo 51, donde se estipulan las sanciones para los ciudadanos que porten sustancias sometidas a fiscalización:

> El que lleve consigo, conserve para su propio uso o consuma, cocaína, marihuana o cualquier otra droga que produzca dependencia, en cantidad considerada como dosis de uso personal, conforme a lo dispuesto en esta Ley, incurrirá en las siguientes sanciones:
>
> a) Por primera vez, en arresto hasta por treinta (30) días y multa en cuantía de medio (1/2) salario mínimo mensual.
> b) Por la segunda vez, en arresto de un (1) mes a un (1) año y multa en cuantía de medio (1/2) a un (1) salario mínimo mensual, siempre que el nuevo hecho se realice dentro de los doce (12) meses siguientes a la comisión del primero.
> c) El usuario o consumidor que, de acuerdo con dictamen médico legal, se encuentre en estado de drogadicción así haya sido sorprendido por primera vez será internado en establecimiento psiquiátrico o similar de carácter oficial o privado, por el término necesario para su recuperación. En este caso no se aplicará multa ni arresto.[44]

Estas medidas contradictorias cedieron a su anulación por su propia carencia de sentido común. Sancionar una conducta previamente estipulada. El argumento de la sentencia se orientó a la obligación de recibir un tratamiento de internación por llevar consigo una dosis personal. Que el usuario de drogas prohibidas sea obligado a recibir tratamiento clínico contra una "enfermedad" de la que no se quiere curar. Esta imposición sancionatoria atenta contra la autonomía personal de decidir bajo el

---

[44] Ley 30 del año 1986. Por la última sanción fue necesario declarar igualmente inexequible el artículo 87 de esta reglamentación y el artículo 4 del Decreto 1136 del año 1970; puesto que en éstos se indicaba el procedimiento de internamiento impuesto a las personas que estén afectadas por el consumo de drogas que producen dependencia, especialmente en clínicas y sanatorios mentales. Lo que ratificaba al usuario de drogas prohibidas como un enfermo mental que requiere intervención estatal.

amparo del libre desarrollo de la personalidad, consagrado en el artículo 16 de la Constitución Política de Colombia.[45]

¿El Estado puede sancionar a una persona por estar enferma de un malestar voluntario, aunque solamente atente contra sí misma? Puede imponerle este modelo específico de regulación y control sobre esta conducta reprendida, a pesar de no atentar contra la autonomía y libertad de los demás. El drogadicto es libre y autónomo para decidir si quiere o no recuperar su salud personal, sin que el Estado tenga que intervenir en esta decisión. Puede abogar por la plena potestad constitucional de autodeterminarse, sin la caprichosa limitación del legislador. ¿Cómo puede el Estado regular el consumo de drogas sin vulnerar la libertad de las personas? ¿Acaso está obligado a reprimir las conductas nocivas?

El hecho de determinar legislativamente la despenalización de la dosis para consumo personal, implica fijar los complicados entrecruzamientos y las colisiones entre esta actividad legalizada que toca con la libertad del consumidor y el comercio clandestino que, en función del lucro que profesa, se sanciona como ilegal:

> De la decisión mayoritaria se desprende una paradoja y una ambigüedad muy difíciles de entender: por un lado, se autoriza el consumo de la dosis personal, pero por otro se mantiene la penalización del narcotráfico. Es decir que se permite a los individuos consumir droga, pero se prohíbe su producción, distribución y venta. Carece de toda lógica que la ley ampare al consumidor de un producto y, en cambio sancione a quien se lo suministre. (Ibíd.).

Esta ambigüedad legislativa se generó posterior a las declaraciones hechas en la Convención de Viena del año 1988, donde se estableció la problemática distinción entre los consumidores y los que ejercen el tráfico ilegal, dándole total libertad a los estados signatarios de penalizar o no el primero de estos aspectos.[46] Especialmente por la vulneración de los derechos de los consumidores de drogas.

Bajo este panorama de incertidumbre y contradicción, el Ministerio de Salud y Protección Social formuló recientemente el decreto 613 del año 2017, a través del cual

---

[45] Sentencia C-221 del año 1994. La normativa demandada resulta inconstitucional "por violentar la voluntad del destinatario mediante la subrogación de su capacidad de decidir (…). Se le compele a recibir un tratamiento médico que no desea". Lo que implica la forzosa intervención del Estado en la libertad de decidir.

[46] "Convención de las Naciones Unidas contra el Tráfico Ilícito de Estupefacientes y Sustancias Psicotrópicas". Realizada en Viena en el año 1988. Disponible en: www.infodrogas.gub.uy/html/marco_legal/documentos/C_02_convention_1988_es.pdf

se reglamentó la Ley 1787 del año 2016, relacionada con el acceso seguro e informado al uso médico y científico del *cannabis*. Entre las nuevas definiciones legislativas que fueron adoptadas en el Artículo 2.8.11.1.3 y reglamentadas en esta normativa, se encuentra la opción del "autocultivo", definido como la: "Pluralidad de plantas de cannabis en número no superior a veinte (20) unidades, de las que pueden extraerse estupefacientes, exclusivamente para uso personal".[47] Una alternativa plausible para virar de esta colisión *sindiótica* hacia una condición simbiótica más razonable, que permita desajustar este incongruente y fundamental entrecruzamiento del usuario consumidor y el expendedor ilegal, relación vertebral en el comercio clandestino de drogas, con un ajuste en la relación específica del consumidor de marihuana con su objeto de consumo.

En esta normativa se propone como objetivo establecer una regulación alternativa que permita el seguimiento y control en las actividades de cultivo, producción, almacenamiento, transporte, comercialización y distribución de semillas para la siembra de *cannabis* y sus derivados, con el propósito de legalizar la importación y exportación con finalidades médicas y científicas. (Artículo 2.8.11.1.1). Se plantea: "Considerar alternativas regulatorias que promuevan la adquisición de cannabis de pequeños y medianos cultivadores y fabricantes nacionales sin que las disposiciones en ese sentido, generen ineficiencias innecesarias". Con esta finalidad, se formulan las regulaciones y los requisitos necesarios para la expedición de licencias que certifiquen el permiso legal para la fabricación de derivados, el uso de semillas para siembra y el cultivo de *cannabis* psicoactivo y no psicoactivo, para la comercialización con fines médicos y científicos en Colombia.

Esta proeza legislativa apunta al control regulado y al seguimiento estatal que permita ubicar a la nación en el mercado global del *cannabis* medicinal, con una alternativa que llega a la raíz del problema. Se trata de una ingeniosa normativa que busca acomodarse dentro de los márgenes de la legalidad permitida en los tratados internacionales de drogas. Una nueva postura que contempla el autocultivo de *cannabis*; pero no el comercio abierto a usos distintos a los estrictamente médicos y científicos. Esto se evidencia en los dos primeros numerales del Artículo 2.8.11.5.2., sobre las prohibiciones:

---

[47] Decreto 613 del año 2017, por el cual se reglamenta la Ley 1787 del año 2016, relacionada con el acceso seguro e informado al uso médico y científico del *cannabis*. Disponible en: www.minsalud.gov.co/sites/rid/lits/bibliotecadigital/decreto-613-de-2017.pdf

1. Realizar promoción o publicidad, a través de los medios de comunicación o las redes sociales, o de volantes o de cualquier medio, de semillas para siembra, plantas de cannabis, cannabis, derivados de cannabis y productos que lo contengan. Los medicamentos sólo podrán anunciarse o promocionarse en publicaciones de carácter científico o técnico, dirigidos al cuerpo médico y/o veterinario. (…).
2. Comercializar o transformar para su venta, distribuir, recibir o entregar a terceros, bajo cualquier título, las plantas de cannabis provenientes de autocultivo, así como los derivados y semillas para siembra obtenidos a partir de ellos, salvo lo dispuesto transitoriamente para fuente semillera. (Ibíd.).

Instaura su concordancia con las regulaciones establecidas para el control prohibitivo de drogas y los acuerdos internacionales. Los diseños de los productos derivados tienen que responder a las necesidades de la ciencia médica. No hay lugar para usos distintos, o la apertura a un comercio que no se ajuste estrictamente a las políticas de drogas.

También instaura el modelo alternativo del autocultivo como una opción plausible para el consumidor, mientras no incurra en las relaciones de distribución del mercado clandestino. Una ruptura al estrecho vínculo que lo sujeta al tráfico ilegal y lo posiciona al margen de lo prohibido. Con la posibilidad de certificar los cultivos personales para volverlos productivos para el mercado legal con fines médicos y científicos. A pesar de esta innovación legislativa que valora la posición del consumidor de *cannabis* y le propone una alternativa viable y simbiótica con el autocultivo, para romper con el microtráfico; se trata de una política prohibitiva y excluyente, que beneficia principalmente a los grandes productores.

Al compararse con otros proyectos nacionales que también han apostado a la regulación del mercado de *cannabis*. Tiene aspectos que la asemeja al proyecto regulatorio argentino y que los distingue fundamentalmente del novedoso proyecto uruguayo. En Argentina todo se inició con una serie de proyectos con una reforma integral de la Ley de drogas 23.737, especialmente para la descriminalización de los usuarios con un plan de atención para consumos problemáticos. (Corbelle, 2018, p. 16). Esto desembocó en un debate para la despenalización de los usos medicinales del *cannabis* que culminó con la Ley 27.350, que establece un marco normativo para la investigación médica y científica del uso medicinal, terapéutico y paliativo del *cannabis* y sus derivados. (Sánchez-Antelo, 2019, p. 64). Esta postura orientada exclusivamente hacia los usos médicos y científicos le asemeja al proyecto regulatorio colombiano. Lo que ha desencadenado un despertar del activismo cannábico argentino. (Corbelle, 2018). En ambos casos se tiene una limitación estricta y prohibitiva de los usos, lo que excluye a los demás usuarios de esta sustancia.

Esta postura los distingue de la aplicación en el año 2013 de la Ley 19.172 en Uruguay, puesto que es el primero que regula toda la cadena, desde el cultivo hasta su comercialización y consumo para fines recreativos, industriales y científicos. (Scuro, 2019). Esta política uruguaya no reduce el mercado estrictamente a los usos médicos y científicos. Tiene tres ejes de regulación para el *cannabis*: "el psicoactivo de uso no médico, el cáñamo industrial y el psicoactivo y no psicoactivo de uso científico y medicinal". (Ibíd., p. 42). Para optar a la primera alternativa, la regulación prevé tres modalidades distintas: "el registro como autocultivador, el registro en un club de membresía o el registro como usuario para proveerse de cannabis en las farmacias". (Ibíd.). Esta postura alternativa de legalización no es nueva en ese país. Desde el año 1974 con la aprobación de la Ley 14.294, se propuso la posibilidad del uso legal de drogas para consumo personal. (Ibíd., p. 43). Con esta nueva legislación buscan regular el mercado integral del *cannabis*.

Las posturas legislativas de estas tres naciones iberoamericanas, tienen en común el hecho de regular, desde posturas distintas, el uso particular de esta sustancia y sus derivados, entre todas las drogas sometidas a fiscalización. El hecho de regular el comercio restringido en el caso de Colombia y Argentina, para usos estrictamente médicos y científicos. Lo que las vuelve excluyentes de las culturas cannábicas que han nacido por los usos recreativos; posturas fundamentalmente distintas, especialmente al proyecto uruguayo.

A pesar de las innovaciones que proponen estos proyectos legislativos, están lejos de solucionar el interminable conflicto del tráfico ilegal de drogas. Se presentan como alternativas parciales para regular el comercio de una de las sustancias más consumidas del mundo; pero no alteran el tráfico ilegal de las otras drogas prohibidas, cuya legalización estatal está lejos de considerarse. Parecen los primeros pasos en un laberinto.

Estas nuevas posturas legislativas que han surgido como alternativa para tratar el uso de drogas controladas, son la consecuencia del fracaso de las políticas prohibicionistas para la fiscalización de drogas, frente al paradigma global que legitima abiertamente los derechos del consumidor. Son el efecto de la fatalidad que ha consistido en hacer lo mismo y seguirlo haciendo, esperando que los resultados cambien:

> Así, la existencia de un mal en un organismo (físico o político) no demuestra la conveniencia de determinado remedio, pues este puede ser peor que la

enfermedad, y también pueden haber otros remedios preferibles a aquél. De modo análogo, que cierta teoría sea insostenible o cierto remedio inadecuado no prueba la verdad de alguna otra teoría ni que el estado actual de cosas sea lo deseable. No debe suponerse apresuradamente que las alternativas conocidas agotan el campo de posibilidades. (Cohen & Nagel, 2001, p. 226).

## 2.4.1 Entre lo prohibido y lo aceptado

Despenalizar y regular el consumo con la dosis personal, al mismo tiempo que mantener la prohibición sobre la producción y distribución de drogas ilegales, parece una contradicción. A pesar de existir una inconsistencia entre estos dos aspectos, no se trata de una ambigüedad normativa insalvable, sino de una tensión que puede mantenerse al margen de la legalidad. Las Convenciones de Naciones Unidas sobre las sustancias controladas dan un margen de autonomía y maniobra a los países miembros, para el manejo de las políticas para enfrentar el consumo de drogas, puesto que no están obligados a penalizar el consumo; pero su autonomía es mucho menor frente a la producción y tráfico de estas sustancias, ya que están obligados a prohibir y penalizar su producción y distribución, cuando sea para fines distintos a los estrictamente médicos y científicos.

Sobre los usuarios que consumen estas drogas de maneras no autorizadas, los convenios internacionales otorgan mayor libertad a los estados firmantes, puesto que la obligación que impone la Convención de Viena de penalizarlos no es incondicionada. Los estados signatarios la adquirieron tomando en consideración los principios constitucionales y los conceptos fundamentales de sus propios ordenamientos jurídicos. Esto significa que, si los conceptos constitucionales lo permiten, el Estado respectivo no está obligado a penalizar el consumo y puede optar por otras alternativas.

La despenalización del consumo de drogas no significa necesariamente la legalización de estas, puesto que un Estado puede asumir que el consumo es tolerado y recurrir a herramientas jurídicas distintas a la penalización para enfrentar los abusos de estas sustancias ilícitas, a través de la realización de controles y regulaciones que no impliquen una sanción penal, como los tratamientos clínicos y terapéuticos para restaurar la salud pública.

Las políticas frente al consumo de drogas sometidas a fiscalización, deben ser entendidas e interpretadas en una forma que sea compatible con las obligaciones internacionales sobre los derechos humanos. (Roth, 2006). Esto motivó al relator autorizado de las Naciones Unidas, a defender la idea que los derechos humanos deben prevalecer ante cualquier conflicto internacional de fiscalización de drogas y que los enfoques punitivos son incompatibles con los derechos humanos y en especial con el derecho a la salud, puesto que la criminalización del consumo agrava la situación de los usuarios y de los dependientes.[48]

Las personas tienen el derecho a decidir consumir sustancias psicoactivas y el Estado no puede prohibírselos, con el argumento de garantizar la realización efectiva del derecho a la salud y protección de la vida, amparándolos obligatoriamente de los efectos enfermizos que les puede generar. Previniéndoles sobre las consecuencias de las adicciones hasta llegar a interferir en la libertad que tienen de decidir por sí mismos. ¿Es función del Estado llegar hasta el fuero interno de los ciudadanos?

Las últimas posturas innovadoras y alternativas al modelo prohibicionista, están de acuerdo en afirmar que los ciudadanos que son usuarios voluntarios de drogas sometidas a fiscalización, están en el ejercicio de su derecho al libre desarrollo de la personalidad, consagrado en el artículo 16 de la Constitución Política de Colombia.

A pesar de la influencia internacional que define los términos adecuados para tratar la nueva epidemia global de "toxicomanía", caracterizada por el hecho de considerar al toxicómano como una persona que no es libre para gobernarse a sí mismo sin la ayuda externa que el Estado "farmacrático" está dispuesto a brindarle. (Escohotado, 1998). Un Estado que se inmiscuye en las decisiones personales sobre lo que deben consumir los ciudadanos; pero que aún no logra encontrar la solución efectiva para conseguir lo que se propone. Según Uprimny y Pereira:

> En Colombia hay suficientes –sino excesivas– herramientas jurídicas para combatir el tráfico de drogas, y esas herramientas han resultado ser inefectivas en desmantelar de manera sostenida las redes del narcotráfico en el país, mientras que sus efectos colaterales impactan de manera nociva a las personas más vulnerables. (…) no se trata de falta de herramientas jurídicas para abordar el tráfico de drogas, precisamente el problema es que la política de criminalización de las drogas no funciona. (2018, p. 2).

A pesar de las medidas represivas que se establezcan con las políticas para la fiscalización de drogas, la criminalización no detiene el surgimiento de nuevas culturas clandestinas de usuarios de drogas reguladas, con fines distintos a los

---

[48] "El derecho de toda persona al disfrute del más alto nivel posible de salud física y mental". Publicado en agosto del año 2011 por el relator especial del consejo de derechos humanos Anand Grover, para la Asamblea General de las Naciones Unidas. Disponible en: http://www.despenalizacion.org.ar/pdf/Jurisprudencia/instrumentos/Relator_salud.pdf

estrictamente médicos y científicos.    Ahora son las culturas cannábicas las que manifiestan públicamente una posición activa en la búsqueda de soluciones al desbarajuste legislativo.  Es necesario proyectar un equilibrio inclusivo y horizontal en la formulación de las políticas de drogas, para que se ajusten a los nuevos fenómenos culturales y no que estos tengan que adaptarse y padecer la imposición de los proyectos políticos.

**Figura 16.** *Antioquia, líder en el consumo de drogas. El microtráfico está catalogado como un problema de salud pública.*

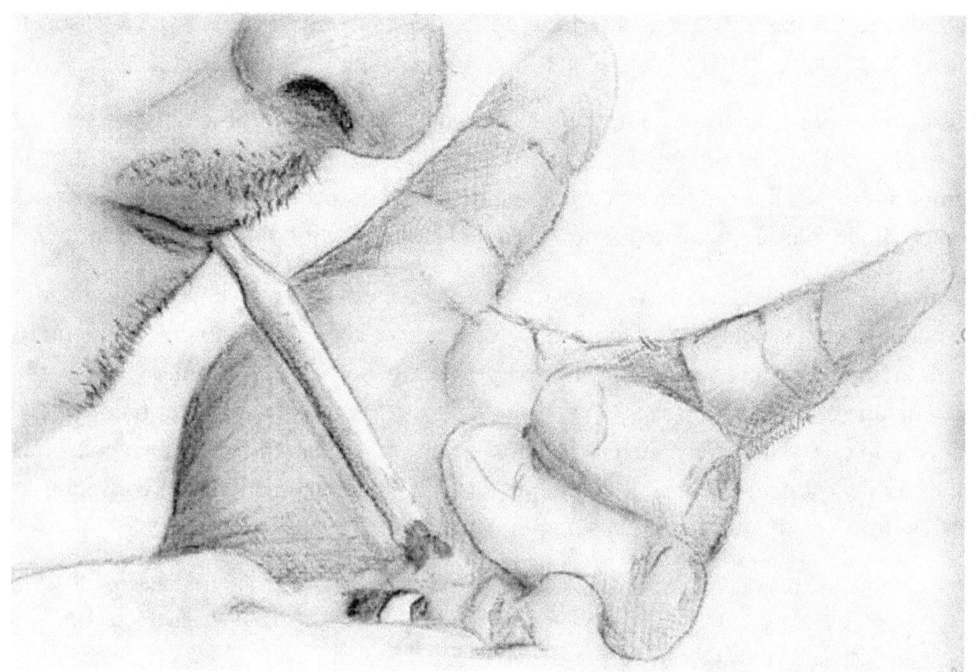

**Fuente:** (Negrete, 2014).

# Parte III

# IMPLEMENTACIÓN

**¿Cómo se aplican las políticas de fiscalización de drogas en Colombia? ¿Cuáles estrategias se han implementado en los contextos locales para regular el consumo de drogas en la población menor de edad? ¿Tienen valor las opiniones de los funcionarios encargados de su despliegue estratégico local? ¿Qué ocurre en la ciudad de Manizales?**

## 3.1 El despliegue de estrategias en el territorio nacional

El consumo de drogas sometidas a fiscalización por parte de la población menor de edad y en edades cada vez más tempranas, ha generado la necesidad del Estado colombiano por desplegar estrategias en los territorios locales, para la implementación concreta de las políticas de drogas que se han formulado para su control. El objetivo fundamental de la implementación es volver en hechos concretos los planes formulados y decididos en las políticas públicas; se trata de llevar a cabo las acciones políticas planeadas en la formulación. (Roth, 2015). Esto implica un despliegue estratégico de acciones concretas que se deben entrelazar en un entramado de actividades estructuradas por el Estado, para lograr sus fines en todo el territorio nacional.

Estas acciones se caracterizan por materializar lo contemplado en el capítulo V sobre "la función Administrativa" que regula la Constitución Política de Colombia, donde se legitima el principio de descentralización, o desconcentración de la autoridad del Estado para cumplir sus fines. (Artículo 209). Se autoriza a los gobiernos presidenciales para delegar sus funciones a otros funcionarios destinados a su implementación en los territorios locales, como los gobernadores para los departamentos y los alcaldes en los municipios, quienes tienen a su vez la autoridad constitucional de delegar en otros, ya sean funcionarios o entidades, las acciones pertinentes para cumplir los fines estatales, eximiendo al gobierno presidencial de toda responsabilidad como delegante. (Artículo 211). Esto recuerda de nuevo la comparación que realiza André-Noel de las políticas públicas con las *Matrioshkas* rusas. Las decisiones políticas del alto gobierno se despliegan estratégicamente por todo el territorio nacional, a través de la descentralización de la autoridad por medio de delegatarios estatales encargados de realizar los programas y los proyectos en los territorios locales.

Para este caso, la política pública de drogas en Colombia adquiere la resonancia social y jurídica de una autoridad que se legítima constitucionalmente y que se recibe por delegación, para ejecutar las estrategias gubernamentales que se han propuesto con la autoridad y la gestión del Estado. Según el informe de rendición de cuentas sobre la

"Regionalización de la Política de Drogas" del Gobierno Nacional, se puede analizar en un caso concreto la estrategia constitucional de descentralización o desconcentración por delegación de la autoridad para ejercer funciones:

> Esta técnica de cesión de competencias suele tener por sujetos a órganos de carácter central, para el caso que nos ocupa, el Consejo Nacional de Estupefacientes (C.N.E.), frente a otros de competencia territorialmente delimitada, los Consejos Seccionales de Estupefacientes (C.S.E.). (2017, p. 4).

Se trata de un proceso gradual de participación que busca involucrar actores locales con la responsabilidad de desarrollar las acciones relacionadas con el abordaje de la problemática de las drogas fiscalizadas en los territorios locales. De esta manera, se crea el Consejo Nacional de Estupefacientes (C.N.E.), con el interés de articular sus principales directrices con las facultades y la razón de ser de los Consejos Seccionales de Estupefacientes (C.S.E) y los Comités Departamentales de Drogas (C.D.D.), los cuales se llevan a cabo de modo simultáneo en cada una de las regiones del país y cuya finalidad es servir como: "un conjunto de instancias para la planificación y gestión de la política de drogas a nivel local por parte de las diferentes entidades territoriales". (Ibíd.).

Estas organizaciones se encargan de la formulación, ejecución y seguimiento local de los Planes Integrales Departamentales de Drogas (P.I.D.D.) y los Planes Integrales Municipales de Drogas (P.I.M.D.), cuya finalidad es generar los procesos para la gestión local de las estrategias a implementar y verificar el cumplimiento de las políticas de drogas en el país.   Estos planes son la razón de ser de los C.S.E. y los C.D.D., los cuales tienen el deber legal, según el artículo 99 de la Ley 30 del año 1986, de rendir informes mensuales y anuales al C.N.E. de las labores adelantadas para el cumplimiento de las políticas de drogas en los respectivos territorios locales.[49]

Esta estrategia legislativa para la articulación de las políticas internacionales de fiscalización de drogas en las políticas nacionales, con un acoplamiento en los programas implementados en los territorios locales, tanto departamentales como municipales, se caracteriza por la implementación de un enfoque prohibicionista

---

[49] Según este informe de rendición de cuentas del Gobierno Nacional, el deber no se está cumpliendo a cabalidad por parte de los consejos y los comités de estupefacientes departamentales y municipales. Estos informes constituyen una herramienta fundamental para entender los avances, logros y dificultades en la implementación de las políticas de Drogas en el país. (Ibíd., p. 13).

basado en la descentralización por delegación. Según el Ministerio de Justicia sobre los lineamientos de la Política Nacional de Drogas:

> Esta articulación tiene implícito un enfoque de responsabilidad compartida que tienen la Nación, las entidades territoriales, la sociedad civil organizada y la sociedad en general en la ejecución de las acciones y tareas específicas frente a los fines del Estado. (2017, p. 13).

Con esta finalidad se ha implementado un Plan Nacional para la Promoción de la Salud, la Prevención y la Atención del Consumo de Sustancias Psicoactivas 2014-2021; que ha marcado los derroteros para los programas locales implementados con el fin de tratar a los consumidores de drogas no autorizadas, según cinco componentes estratégicos: el fortalecimiento de las instituciones, la promoción de la convivencia y la salud mental, la prevención, la reducción de los daños asociados y el tratamiento clínico y terapéutico.

Se priorizan en estos programas de intervención estatal para las acciones locales sobre la regulación del uso y abuso de drogas en la población menor de edad. En el segundo objetivo estratégico de los lineamientos presentados por el Ministerio de Justicia para la política de drogas en Colombia, se enfatiza la importancia de dirigirse con mayor énfasis hacia los niños, niñas y adolescentes. (Ibíd., p. 17).

Dentro de estas medidas resalta la sensibilización orientada a la prevención de la estigmatización hacia los consumidores. Se busca la reducción del estigma y la discriminación a través de la participación ciudadana. Para lograr esta finalidad se considera la creación y apoyo de Redes de Atención Psicosocial Comunitaria (R.A.P.C.), como una alternativa para las comunidades excluidas o en riesgo de exclusión. Se busca evitar el estigma social de las personas que consumen sustancias no autorizadas. (Ibíd., p. 25).

Los objetivos estratégicos se han encaminado a la disminución en la prevalencia del consumo de drogas en los adolescentes y a reducir los índices de consumo temprano de estas sustancias sometidas a fiscalización. Como también a mejorar los accesos en los servicios de atención para quienes presenten consumos problemáticos y dependencias crónicas. Entre los principales objetivos está erradicar la producción ilegal y el comercio clandestino, tanto el microtráfico en los contextos locales como el tráfico internacional de las sustancias no autorizadas, desde un enfoque estrictamente sancionatorio y prohibitivo.

La delegación de funciones y responsabilidades como derecho constitucional, hace que la responsabilidad de llevar a cabo dichas acciones, descanse en los cuerpos de funcionarios sujetos a una periodicidad contractual, quienes cumplen sus funciones públicas mientras transcurre el periodo de sus nombramientos. Lo que hace que la responsabilidad de las acciones, se disuelva en la espacialidad agenciada de las redes de jerarquías burocráticas y en los legados temporales de estos apetecidos puestos públicos.

**Figura 17.** *Esquema sobre la articulación territorial de las políticas de drogas en Colombia.*

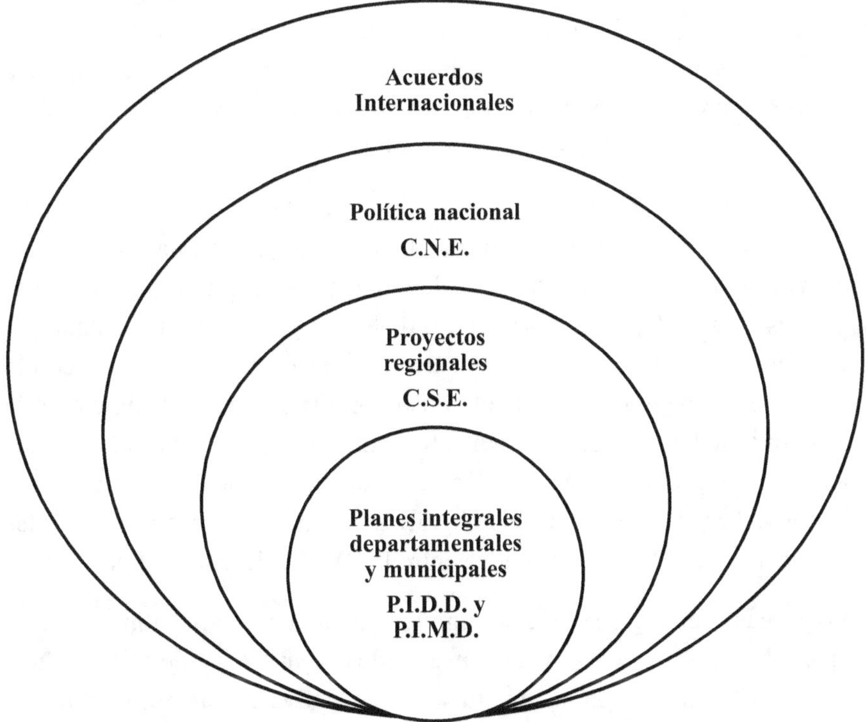


**Fuente:** hecho por el autor.

## 3.1.1 Estrategias para la prevención y el tratamiento

Los proyectos estratégicos implementados por el Estado colombiano, buscan reducir la magnitud del consumo de estas sustancias prohibidas y las consecuencias colaterales que generan. Posponer la edad de inicio del consumo en edades tempranas y aumentar el involucramiento parental para la prevención y el tratamiento de niños y adolescentes escolarizados. El interés preventivo radica en reducir la demanda, a través de la disminución del contacto temprano con estas sustancias sometidas a fiscalización. (O.D.C., 2017).

Entre los programas de prevención en el ámbito educativo, se tiene las Zonas de Orientación Escolar (Z.O.E.), una alternativa emergente para manejar las situaciones de consumo al interior de las instituciones educativas. Están orientados a estas comunidades escolares con el fin de reducir la exclusión social y la deserción escolar. Tienen como objetivo: "prevenir los riesgos de exclusión y estigma social de las personas que han usado o usan SPA y/o están afectadas por problemáticas asociadas al consumo". (Ibíd., p. 48). También se han propuesto las Zonas de Orientación Universitaria (Z.O.U.), un espacio de escucha y apoyo a los consumidores, cuya finalidad está en crear una red de participación de los diversos actores de la comunidad universitaria, bajo el principio de la inclusión social. (Ibíd.).

Entre las estrategias orientadas específicamente a menores de edad, se implementa el programa "Yomi Vida" para la infancia, orientado a la prevención infantil: "a partir de la promoción de estilos de vida y entornos saludables y está dirigido a niños y niñas de entre los 3 y los 12 años". (Ibíd., p. 41). Otro de los programas implementados se denomina "Consentidos", para la prevención selectiva basada en la evidencia, con la finalidad de retardar la edad de inicio en el consumo, dirigido específicamente a la población estudiantil de las instituciones educativas privadas, con una edad entre los 10 y los 16 años. El programa "SanaMente" se asemeja al anterior porque busca una prevención selectiva basada en la evidencia científica, dirigido a los estudiantes de las instituciones educativas públicas, con edades entre los 9 y los 12 años. (Ibíd.).

Entre los programas estratégicos que se implementan a nivel nacional está el "programa escolarizado de prevención del consumo de drogas", dirigido por la policía antinarcóticos en colaboración con las instituciones educativas. Este programa tiene una cobertura en los 32 departamentos del país con una cobertura total, orientados a todos los estudiantes, padres de familia, profesores y directivos docentes de las instituciones. (Ibíd., p. 43).

Uno de los programas de carácter internacional que se ha implementado en el territorio colombiano es el *"Lions Quest",* el programa Leones Educando de la Fundación Internacional Club de Leones. Este programa suma a la enseñanza de destrezas para rechazar el consumo de drogas en los menores de edad escolarizados: "recursos probados a los maestros para la enseñanza de alta calidad a grupos de jóvenes de diferentes edades". (Ibíd.). Otro de los programas estratégicos que entra en esta categoría internacional se denomina: "Familias Fuertes: Amor y Límites", una reproducción del programa estadounidense: *"Strengthening Families"*, con la finalidad de fortalecer a las familias de los jóvenes, involucrándolos en las estrategias de prevención de los comportamientos problemáticos que suscita el consumo de estas sustancias prohibidas, evitando los conflictos y la violencia intrafamiliar. Está dirigido especialmente a los niños y adolescentes latinoamericanos, con edades entre los 10 y los 14 años. (Ibíd., p. 44). Para este último programa, se han sumado gobernaciones, alcaldías y cajas de compensación familiar, alcanzando una cobertura importante a nivel nacional.

El sistema preventivo denominado "Comunidades que se Cuidan" (C.Q.C.). Se trata de otro programa desarrollado en los Estados Unidos para implementarse en otros países del mundo, encaminado a desarrollar procesos de articulación comunitaria para evitar los factores de riesgo asociados con el consumo de drogas fiscalizadas. Se asemeja al programa "Protegidos", estrategia formativa orientada al empoderamiento comunitario para la prevención, a través de acciones de inclusión social: "dirigidas a la población consumidora de drogas o en alto riesgo de consumirlas, para que accedan a oportunidades de desarrollo social que permitan ocupar su tiempo en actividades sanas y que les ayuden a definir un proyecto de vida". (Ibíd., p. 45).

Todos estos programas estratégicos parecen infructuosos para mitigar la demanda de drogas prohibidas, puesto que el incremento en el consumo a nivel nacional se presenta especialmente en la población escolar menor de edad y en edades cada vez más tempranas. Esto ha llevado a que la prestación de servicio de atención y tratamiento a los consumidores, se oriente a: "minimizar el riesgo de cronicidad" y las "transiciones a patrones de uso dependiente" (Ibíd., p. 52), a partir del establecimiento de una ruta de atención integral que se caracteriza por la implementación de servicios de atención ambulatoria y servicios de internamiento residencial. (Ibíd., p. 54). Estos servicios de atención y tratamiento a los consumidores de drogas, no dan abasto para la enorme demanda que se acrecienta.

### 3.1.2 El caso de Manizales

El departamento de Caldas presenta los índices más altos de una problemática creciente a nivel nacional, relacionado al consumo de drogas fiscalizadas por parte de la población menor de edad escolarizada. Por esta razón, la ciudad de Manizales, capital de este departamento, es el territorio más idóneo para investigar las estrategias de implementación local de las políticas de fiscalización de drogas en Colombia.

Es en esta ciudad caldense donde se encuentran localizados los Centros de Atención a la Drogadicción que hay en el departamento. Son estas instituciones especializadas las que hacen operativos los planes, programas y proyectos formulados en estas políticas de drogas, para su prevención y mitigación. La principal modalidad de atención que ofrecen los C.A.D. es la abstinencia impuesta con el internamiento. (SUISPA, 2013).

Se indaga sobre los procedimientos normativos y tratamientos utilizados por las instituciones educativas y las entidades prestadoras de salud, con los menores de edad escolarizados con problemas de adicción en la ciudad de Manizales. Se evidencia la falta de efectividad en la implementación local de los programas políticos para mitigar el consumo problemático de sustancias no autorizadas en la población menor de edad de esta ciudad, especialmente por la implementación de un modelo adaptado al enfoque paradigmático sancionatorio y terapéutico, donde se define al joven que es usuario habitual o crónico de estas sustancias, dentro de los márgenes de la delincuencia y la enfermedad.

Según el secretario de salud municipal del departamento de Caldas: "hay un consumo muy socializado donde ya no hay restricción".[50] Para este funcionario, la socialización del consumo sin restricción se entiende como: "un proceso que tiene que ver con la transición generacional que va heredando el consumo, porque ya las casas, las residencias se han apropiado para el consumo". Un dilema que se engendra por el derecho que tiene cualquier propietario de hacer un libre uso de su espacio privado, siempre y cuando no atente contra terceros. Esta apreciación permite inferir que, para este funcionario público, las raíces del problema se encuentran en los mismos hogares y en los barrios donde habitan los jóvenes en riesgo de consumir y consumidores de drogas.

Lo que se avizora detrás de estas prácticas barriales de narcomenudeo y microtráfico, es que se han incorporado hasta normalizarse en las nuevas culturas clandestinas de los jóvenes. Esto ha motivado a la intervención comunitaria en los barrios marginales de la ciudad, a través de dos programas de la Secretaría de Gobierno: "Pégate al parche" y "Jóvenes a lo bien", apoyados por la policía nacional e integrados a la oficina municipal de Infancia y Juventud. La principal finalidad de ambos programas es la convocatoria de desintoxicación para asumir roles participativos de vinculación con el S.E.N.A. y "suplir algunas vacantes con capacitaciones que ha ofrecido la alcaldía".

Según esta versión, se evidencia el interés estratégico de premiar especialmente a los jóvenes desintoxicados con la posibilidad de estudiar y trabajar, como si el hecho de

---

[50] Entrevista realizada al secretario de salud municipal en agosto del año 2016.

enderezar sus vidas estuviera relacionado a la actitud voluntaria de dejar el consumo. Este testimonio también evidencia la incorporación del paradigma prohibicionista, que logra permear hasta llegar a la consciencia de los funcionarios encargados de implementar sus acciones estratégicas. Sobre la política nacional e internacional de drogas y su articulación para la aplicación práctica a nivel local, este funcionario indica que:

> Es una normatividad que es general, es una normatividad que la establece el Estado sobre un tema que considera de relevancia pública por las implicaciones que tiene y digamos que es como la ruta, es la brújula que determina hacia qué acciones debe direccionarse un plan en prevención.

En otro momento de la entrevista indicó que en las visitas a las instituciones educativas locales donde se presentaban casos críticos de consumo, se desplegó una estrategia con raíces en un plan nacional. En sus palabras: "tenemos instituciones que dicen que hay chicos que están empezando a consumir alcohol; entonces se trabaja el tema del saber beber, que es una estrategia nacional, con los adultos el consumo responsable de alcohol". (Ibíd.). Esta cuestión sobre la estratégica de enseñar a usar las drogas también la comparte otra funcionaria, quien opinó: "no es que deje de consumir, es que haga que su consumo no sea un problema para los demás y que en su municipio no lo vean como un problema de seguridad".[51] Esta contradicción se ajusta al estado de incertidumbre reinante.

Para contrarrestar el consumo de sustancias psicoactivas en el municipio de Manizales, otro funcionario público da a conocer algunas líneas de acción que se están llevando a cabo para fortalecer las habilidades sociales en poblaciones puntuales:

> Favorecer que a través de la promoción de la salud personas sanas no lleguen al consumo de sustancias psicoactivas. Tiene una línea de acción enfocada en la prevención ya con población puntual, con población en riesgo en la cual con ellos se trabajan temas específicos en sustancias psicoactivas. Se les enseña, qué es, cuáles son sus riesgos, qué sustancias existen, qué es una adicción, con el fin de que no generen alteraciones en el consumo. Entonces tiene la política de prevención ya, en donde se trabajan temas específicos en sustancias psicoactivas, tiene un tema de mitigación enfocado en las comunas puntuales de la ciudad, centrado básicamente en población que a veces consume y es mayor de 18 años

---

[51] Entrevista a una funcionaria de la Territorial de Salud de Caldas, realizada en septiembre del año 2016.

y quiere seguir consumiendo, con el fin de favorecer que la situación no sea mucho más complicada.[52]

El funcionario cataloga a los consumidores de drogas ilegales como enfermos, oponiéndolos a las personas sanas. Considera también que son, por ese mismo motivo, la razón de ser que justifica las inversiones gubernamentales en los proyectos sobre salud pública. Al interrogarle sobre la postura frente a las políticas de fiscalización de drogas, se enfoca en considerar que: "hace parte del banco de proyectos del municipio" y por medio de este: "se hace el seguimiento a cada uno de los contratos que se ejecutan a través de los cuales se desarrollan los ejes de la política". Le resultan importante las aclaraciones contractuales en las inversiones de los presupuestos gubernamentales para ejecutar los ejes de acción de las políticas de drogas a nivel local. Con relación a estos ajustes en la implementación de las normativas para contrarrestar el consumo de sustancias prohibidas en la población menor de edad de Manizales, el funcionario señaló que:

> El tema del consumo ataca a toda la población, especialmente a adolescentes y a pesar de que económicamente los recursos financieros han sido positivos con respecto al consumo de sustancias psicoactivas, siempre los recursos son insuficientes. Se trata de fortalecer el tema financiero, el tema de sustancias psicoactivas, digamos que se considera fundamental, es esencial fortalecer todo lo que tiene que ver con el control de la venta y el expendio principalmente de alcohol y de cigarrillo a menores de 18 años. Son temas claves dentro de la Política que también lo ha fortalecido alguna vez la Secretaría de Educación, que tuvo responsables directamente y especialistas en farmacodependencia para apoyar el fortalecimiento de la prevención del consumo de sustancias psicoactivas en las instituciones educativas.

Sobre la articulación de la política pública nacional de drogas con el plan de acción de la Secretaría de Salud del municipio, hay unos puntos de encuentro. Parte de los lineamientos se tomaron de la política de educación nacional para regular el consumo de drogas y basada en esta se ajustó la implementación en la ciudad de Manizales. Los resultados en la lucha a través del despliegue de estas estrategias de prevención de la Secretaría de Salud para las instituciones educativas, contra el consumo de sustancias psicoactivas lícitas e ilícitas, ha tenido un efecto aparentemente positivo. Según este especialista:

---

[52] Entrevista realizada al psicólogo especialista en farmacodependencia de la Secretaría de Salud Pública de Manizales, hecha en julio del año 2016.

Esto se ve en los resultados que prevalecen del consumo de sustancias psicoactivas. En ese sentido digamos que es positivo, porque en general las instituciones educativas se sienten apoyadas por la Secretaría de Salud, en lo que tiene que ver con la parte de prevención, digamos que sí porque existe una política pública y eso le da sustento a las acciones que realiza la Secretaría de Salud en el tema de la política pública frente al consumo de drogas en los estudiantes menores de edad.

Este carácter positivo no se evidencia en la reducción de los índices de consumo de sustancias sometidas a fiscalización en edades cada vez más tempranas, o la reducción de la deserción escolar por causas afines. Se demuestra en el apoyo de la Secretaría de Salud a las instituciones educativas, con el fin de generar estrategias pedagógicas de carácter educativo para prevenir el consumo de drogas no autorizadas en menores de edad. Para este especialista, también se percibe en la Secretaría de Salud que las causales potenciales por las cuales los estudiantes consumen estas drogas son:

> Digamos que por lo que se ha identificado es que las sustancias psicoactivas son un elemento claro por el cual los jóvenes socializan y es un factor de riesgo digamos que se ha considerado dentro de las estadísticas que se consume porque se considera que eso me acerca con los amigos, digamos que me cambia los estados anímicos negativos temporalmente por algunos positivos, digamos que hay una pobre percepción del riesgo con respecto al consumo de sustancias psicoactivas y lo que eso acarrea y eso también es otro motivo.

La causa que lleva al consumo de estas sustancias psicoactivas entre la población estudiantil menor de edad, tanto en colegios públicos como en privados, encuentra múltiples causales que pueden localizarse en los contextos escolares, vecinales y familiares, donde estas prácticas se han incorporado como parte de la cultura habitual. El consumo en menores de edad encuentra su razón de ser en una compleja trama que entrelaza causas endógenas, surgidas de sus propios deseos subjetivos por experimentar con estas sustancias, e influencias exógenas que les condicionan socioculturalmente, como el hecho de vivir con parientes que consuman, o que cerca de sus hogares haya un expendio de drogas prohibidas. A juicio del entrevistado:

> Existe un tema de tiempo vacío, hay un tema de falta de normatividad por parte de los padres, falta de control, hay un tema relacionado con una pobre percepción del riesgo, con unas sustancias consideradas de alteración de estados emocionales que les agradan y obviamente hay un tema relacionado con el hecho de lo extraño, lo novedoso, lo que los demás consumen, los jóvenes quieren consumir.

Para efectos de esta investigación, el conocimiento de las causas endógenas y las circunstancias exógenas que llevan a que los menores de edad escolarizados incursionen en el mundo de las drogas perjudiciales para la salud, tanto legales como ilegales, es de vital importancia y uno de los caminos para encontrar la solución efectiva al dilema que plantea el uso sociocultural de las drogas.

Entre las estrategias desarrolladas a nivel local, se gestó la formulación del Decreto 005 de enero 11 del año 2011, relacionado a una política pública de Salud Mental y Reducción de Consumo de Sustancias Psicoactivas para Manizales. Al respecto, una funcionaria de Salud Pública comentó:

> Nosotros tenemos un proyecto que se llama Plan de Intervenciones Colectivas y otro proyecto que es la implementación de la política pública de Salud Mental. Dentro de esos dos proyectos se obtienen recursos para apoyar el desarrollo de acciones orientadas a la salud mental y dentro de eso una gran parte se redirecciona a la intervención de los escolares en las instituciones educativas.[53]

Es común notar en estos funcionarios públicos la importancia que le dan a los valiosos recursos invertidos por el Estado para ejecutar las acciones de las políticas públicas de drogas a nivel local. Esto hace que el interés se incline a comprender mejor esta situación financiera. Sobre este asunto, el siguiente funcionario indica:

> Todos los rubros presupuestales se marcan dentro de un proyecto que a su vez se encuentra direccionado o atado al plan anual de inversiones. La determinación de los montos se fija por estimativos que realiza la Secretaría de Salud como encargada de ejecutar la política sobre consumo de drogas psicoactivas. Los rubros están en diferentes componentes porque unos están atados al programa de Intervenciones Colectivas de Salud Mental, que es para poder adelantar contratación tanto de la red pública como de la red privada y un último rubro que es el que se financia con los recursos propios y está orientado al componente de capacitación y asistencia técnica, que es para la contratación de prestaciones de servicios.[54]

Estas precisiones sirven para manifestar el interés que tienen los funcionarios públicos entrevistados, por preponderar los recursos financieros como el componente fundamental para ejecutar las acciones necesarias en la implementación de las políticas

---

[53] Funcionaria de la Secretaría de Salud Pública de Manizales. Entrevista realizada en agosto del año 2016.

[54] Jefe de presupuesto de la Secretaría de Hacienda de la Alcaldía de Manizales. Entrevista realizada en agosto del año 2016.

públicas de drogas en este contexto local. También comparten estar de acuerdo en considerar necesario intervenir con alternativas más efectivas, las comunidades crecientes de jóvenes usuarios y los comerciantes de drogas prohibidas.

Estos funcionarios públicos locales, se dedican a cumplir sus funciones burocráticas desde sus propios puntos de vista e intereses. Pertenecen a la élite social, puesto que hacen parte de la burocracia local que se mueve entre la gobernación departamental y las múltiples alcaldías municipales, ejerciendo las tareas administrativas que demandan sus cargos públicos. Son el primer eslabón en la cadena de sucesión delegataria de las responsabilidades locales para ejecutar las acciones de las políticas de drogas en Manizales.

## 3.2 Educación y políticas sobre drogas

Bajo estas circunstancias surgen nuevos cuestionamientos: ¿A qué otro funcionario en la cadena de delegatarios hay que remitirse? ¿Quiénes implementan realmente las políticas públicas de drogas en la población menor de edad escolarizada? ¿Cuál es el procedimiento a seguir en los planteles educativos?

Una de las funcionarias públicas de la alcaldía de Manizales, quien colaboró en la formulación del Decreto 005 de enero 11 del año 2011. Manifestó su punto de vista crítico sobre el dilema del consumo de drogas sometidas a fiscalización en los planteles educativos oficiales del municipio, como un fenómeno sociocultural de magnitudes catastróficas que afecta todos los engranajes de la sociedad y especialmente a los niños y niñas escolarizados de la "región cafetera" de Colombia. En sus palabras:

> El factor de riesgo de sustancias psicoactivas no tiene ni diferencia, ni estrato, ni que la institución sea pública o privada. Existen los proveedores y los consumidores, los expendedores saben qué tipo de sustancias les venden a los jóvenes dependiendo de su estrato: a un muchacho de mayor estrato le ofrecen anfetaminas, heroína, o cocaína; mientras que un joven de un nivel más bajo el

proveedor le va a ofrecer bazuco, marihuana. Pero eso no quiere decir que haya una diferencia, hay una diferencia pero en la calidad de la droga.[55]

Desde su perspectiva manifiesta una realidad sociocultural que permea al sector educativo local y a la sociedad en general. Esta situación problemática ha generado una correlación entre la desescolarización y el consumo de sustancias psicoactivas sometidas a fiscalización. Se requieren nuevas alternativas de investigación educativa, que permitan un conocimiento más certero de las causales y consecuencias particulares del consumo de drogas no autorizadas y de la deserción escolar, para saber con certeza si hay alguna incidencia correlativa entre el consumo de estas sustancias psicoactivas y la desescolarización.

En los testimonios recopilados se evidencia la incidencia del consumo de drogas fiscalizadas como una de las causales principales de los índices de desescolarización en Manizales. Esta hipótesis se valida con evidencias extraídas de las versiones ofrecidas por los rectores y las psicorientadoras de algunos planteles educativos que fueron tomados como muestra, quienes están de acuerdo en afirmar esta relación incidental entre el consumo de sustancias prohibidas por parte de los menores de edad escolarizados y la deserción escolar. Esta situación ha llevado a que investigadores locales se pregunten:

> ¿Cómo hacer para que aquellos alumnos que consumen sustancias psicoactivas no sean excluidos de las instituciones educativas violentando su derecho legítimo a la educación? ¿Es preferible excluir a unos cuantos estudiantes del sistema educativo para evitar convertir el fenómeno de consumo de sustancias psicoactivas en un factor de riesgo para aquellos estudiantes que aún no consumen? ¿Cómo cumplen las instituciones educativas en Colombia con el rol de responsabilidad social frente al fenómeno de consumo de sustancias psicoactivas en jóvenes estudiantes? (Murillo, 2018, p. 154).

Si esa es la situación. ¿Qué se debe hacer? Los reglamentos de convivencia escolar de las instituciones educativas están articulados con la política sobre consumo de drogas no autorizadas en el municipio de Manizales. Se trata de ciertas estrategias de prevención que se llevan a cabo en los contextos institucionales, respecto al protocolo que debe seguirse en los establecimientos educativos en los casos de consumo o

---

[55] Médica Magister en Salud Pública con énfasis en salud Mental, Coordinadora de la política pública de Salud Mental y Reducción del Consumo de Sustancias Psicoactivas para Manizales (Decreto 005 del 11 de enero del año 2011). Esta entrevista se realizó en julio del año 2015.

comercio de sustancias ilícitas. A juicio de un especialista de la secretaría de salud municipal:

> Se han hecho capacitaciones con docentes en el tema de consumo de sustancias psicoactivas, es claro que siempre se les ha dicho que debe hacerse el debido proceso. La normatividad en general nacional, habla de que no puede presentarse consumos de sustancias psicoactivas, ni venta, ni llegar bajo los efectos del consumo de sustancias psicoactivas a las instituciones educativas, ya que esto acarreará sanciones, digamos que esto es lo que han hecho las instituciones educativas, ya sería negar el tema del debido proceso, cada institución en su reglamento ve como son sancionados.

> Ellos generalmente identifican al estudiante, llaman a las personas que lo vieron si llegó bajo los efectos alucinógenos, si vendió o estaba consumiendo, digamos que les solicitan a esas personas como testigos, estudian la situación, llaman a sus casas, a sus padres, citan al estudiante, le preguntan al estudiante; si se evidencia a veces, hay suspensiones temporales, algunas veces para la casa, otras veces los ponen a hacer unas actividades de prevención del riesgo en la misma institución educativa, otras veces se queda simplemente como advertencia en la hoja de vida y si se vuelve a repetir, algunas veces son expulsados.[56]

Este funcionario realiza un sumario del "debido proceso", el procedimiento reglamentario donde, a través de testigos y pruebas circunstanciales, se determina los hechos incuestionables de un delito, la culpabilidad de los implicados y su sanción.[57] Según su apreciación, este procedimiento se lleva a cabo en las instituciones educativas con los estudiantes sorprendidos en la venta o el consumo de drogas prohibidas dentro de las instalaciones. Deja claro que, según la validez de la prueba incriminatoria, entre las sanciones impuestas está la suspensión temporal y la expulsión en los casos de reincidencia. Valida con su opinión la correlación entre el consumo de estas drogas ilegales en menores escolarizados y la deserción escolar.

---

[56] Psicólogo especialista en farmacodependencia de la Secretaría de Salud Pública de Manizales. Entrevista realizada en julio del año 2015.

[57] Cohen y Nagel (2001) realizan un formidable y exhaustivo trabajo sobre el examen de los testimonios históricos como elementos de juicio (p. 166) y sobre la estimación de estos en las Cortes de Justicia. (p. 181). Muy útiles para refinar los ejercicios de validación de datos en la construcción de narraciones históricas y como herramienta conceptual para entender la realidad procedimental de los incriminados en el delito relacionado con las drogas prohibidas, según el modelo ideal del debido proceso judicial.

Cuando se le preguntó sobre los procedimientos que tienen los planteles educativos con los estudiantes que realmente padecen problemas crónicos de adicción y que influyen en sus compañeros, respondió: "En esencia se debería, si hay un consumo, informar a sus padres, o remitirlos para que a través de su E.P.S. sean atendidos".[58] Desde su punto de vista, se define como un problema de salud pública que debe ser tratado médicamente y bajo los parámetros del procedimiento judicial sancionatorio. También expresa el lenguaje paradigmático de los funcionarios farmacráticos contemporáneos, quienes enfocan sus puntos de mira entre los estigmatizantes márgenes de lo clínico y lo punitivo. (Escohotado, 1998).

También hace referencia a un proyecto piloto desplegado en una de las comunas marginales de la ciudad, con el propósito de desplegarlo a todas las demás comunas, con los niños, niñas y jóvenes desescolarizados, para alejarlos de las drogas y vincularlos de nuevo al sistema educativo oficial. En sus palabras:

> Es un trabajo que no focaliza sus intervenciones en la población escolar, sino en población desescolarizada, que están interesados en tener algún tipo de intervención, se hace un trabajo de calle, se hace un trabajo en familia, se hace un trabajo ligado con las instituciones educativas para que puedan, si están desescolarizados y quieran escolarizarse, se puedan escolarizar, es un trabajo diferente con un foco muy centrado en el tema de mitigación del consumo.

Esta estrategia se presenta como una solución a las consecuencias incidentales, los daños colaterales de los proyectos de intervención que se adelantan en el accionar de las políticas públicas a nivel local, si se da crédito al hecho de considerar una correlación importante entre el consumo de drogas y la deserción escolar. Desde este punto de vista, se estaría mitigando un problema incidental causado por la implementación de esta política paradigmática prohibicionista. Esto es insólito, puesto que implica un volcarse la política sobre sí misma, sobre sus propias consecuencias colaterales.

El consumo de este tipo de sustancias ilícitas por parte de la población escolar, tampoco puede ser concebido dentro de los reglamentos de convivencia de los establecimientos educativos, como la causa central para justificar la desescolarización de estos estudiantes. Según un funcionario de la Secretaría de Educación municipal:

> Existe un debido proceso que es ceñirse al manual de convivencia de la institución con acompañamiento, prestar una asesoría psicosocial no solo con el

---

[58] Entrevista realizada en julio del año 2015.

estudiante sino también con el grupo familiar; ya si el problema persiste el debido proceso le dice a la institución educativa cuál es el camino a seguir.[59]

Sobre la rigidez o flexibilidad de los reglamentos de convivencia escolar de los establecimientos educativos de la ciudad, se obtuvo una respuesta surgida de un juicio subjetivo por parte de este funcionario, que expresa el sincero desconocimiento al respecto: "verdaderamente yo no conozco todos los reglamentos de convivencia escolar, yo sé que un docente o los rectores que son más rígidos con respecto al tema de sustancias psicoactivas, son menos tolerantes; hay otros que son más permisivos".

Esta apreciación subjetiva permite inferir que las instituciones educativas tienen autonomía e independencia al asumir una u otra postura frente al consumo de drogas no autorizadas, ya sean los extremos entre lo estrictamente prohibicionista o lo abiertamente permisivo, según sea la postura de los rectores y docentes encargados de su administración y control.

El Departamento Administrativo Nacional de Estadística (D.A.N.E.), ha ofrecido datos sobre la desescolarización en los establecimientos educativos, tanto urbanos como rurales, públicos y privados, por sectores municipales y departamentales. Esta información cuantitativa expresa su debilidad deshumanizante al entregar simplemente números que no aclaran las causales reales de la desescolarización:

> Para hacer un análisis juicioso, tendríamos que conocer los causales de esas deserciones; el formulario del DANE es un formulario muy denso, son cerca de 36 hojas, donde todos son datos y solamente nos reportan números: dice, por ejemplo, de primero desertó 1, de segundo desertó 2, pero no viene un análisis de los desertores, la información la tiene cada colegio. El Ministerio de Educación está implementando una aplicación, que es un sistema de información de deserción escolar, apenas está dando sus primeros pinos, en el ministerio, van a citar a capacitación con el propósito de entrar a determinar cuáles son las causales de deserción.

Los datos sobre desescolarización a partir de esta información estadística, no permite una lectura cualitativa de las causales particulares de las deserciones escolares en cada caso. Resulta ambiguo considerar que existe alguna correlación entre este fenómeno escolar y el consumo de drogas no autorizadas por parte de los estudiantes. Solamente

---

[59] Ingeniero de Matrícula de la Secretaría de Educación de la Alcaldía de Manizales. Entrevista realizada en junio del año 2015.

brinda un conocimiento cuantitativo categorizado por grados del número de desertores al año, comparable solamente con los mismos datos de años anteriores.

Por otro lado, la responsabilidad del seguimiento a estos menores de edad identificados como consumidores de drogas prohibidas, queda a cargo de las instituciones educativas. La delegación para implementar las políticas de drogas se traslada a los rectores, psicorientadores, coordinadores, educadores y otros funcionarios públicos de las instituciones educativas locales, quienes vivencian cotidianamente estas situaciones y son los principales testigos de cualquier juicio al estudiante infractor de la política prohibicionista. El profesional entrevistado de la Secretaría de Educación lo expresó en estos términos:

> Hay un seguimiento a la deserción pero a nivel numérico, por ejemplo, usted tuvo en la vigencia pasada 10 deserciones, entonces qué ha hecho para ubicar a estos estudiantes, pero no llegamos hasta ahondar en el por qué se fueron, por qué no volvió; nosotros les solicitamos y les requerimos a las instituciones que sean lo más juiciosas posibles con el tema, a fin de que le haga un seguimiento al estudiante y deje vigencia de ello, porque nos encontramos también muchos casos de que las instituciones hacían la tarea, cogían el teléfono, llamaban, tenemos muchos maestros y rectores comprometidos, coordinadores que se van a las casas a buscar a los estudiantes pero no dejaban evidencia de esto y lo que no está escrito no existe; entonces les estamos solicitando que dejen evidencia de ello. En el caso de los estudiantes consumidores de sustancias psicoactivas deben preservar el debido proceso realizado al estudiante. Toda esa información, todo el proceso que se sigue con el estudiante, a fin de poder sustentar que el día de mañana diga que el estudiante no pueda continuar definitivamente en la institución.

Incidentalmente, su testimonio personal valida la correlación analizada sobre la deserción escolar por consumo de drogas no autorizadas. Un criterio que está bajo la autonomía de los funcionarios escolares, quienes tienen la responsabilidad de llevar un historial disciplinario con los estudiantes problemáticos que sean infractores, para tener las evidencias que permitan sustentar su expulsión.

Hay un asunto que oscurece y contradice estas explicaciones. A pesar de llevar juiciosamente los historiales disciplinarios con los estudiantes infractores, hasta sumar las causales de su expulsión; las instituciones no pueden precisar las razones que motivaron la desescolarización de un estudiante, más allá de los muros de sus propias reglamentaciones internas. Esta información se guarda con cierto celo institucional. Según otra funcionaria de la Secretaría de Educación, la actual administración tiene:

> Una estadística por identidad, por grado, sexo e institución, pero no podemos
> tenerla por consumidor, en ninguna parte yo puedo colocar esta estadística
> porque la misma norma del Código de Infancia y Adolescencia no me permite
> colocar aquí sustancias psicoactivas, la misma ley no lo permite. ¿Por qué no me
> lo permite? Porque yo ya estoy rotulando esa persona y esa deserción de la misma
> institución educativa, el no estar rotulado en alguna parte que es consumidor
> permite que la otra institución lo reciba.   Una cosa es yo conocer su historial
> académico y otra cosa es que cuando el joven venga, yo pregunte: ¿es
> consumidor? Porque entonces ya lo estaría discriminando. [60]

Con este argumento busca justificar la razón por la cual no se hacen estudios al respecto. También permite distinguir entre el valor cuantitativo de los datos generales de los estudiantes desescolarizados y el valor cualitativo del historial disciplinario de cada estudiante. El cuidado que se tiene con el seguimiento y las causales de deserción escolar, para no rotular a un estudiante como consumidor, puesto que esta rotulación en particular obstaculiza la posibilidad de ingresar a otras instituciones educativas e incorporarse a la escolaridad. A pesar de su interés por manifestar una posición antidiscriminatoria para el consumidor de drogas prohibidas, la entrevistada manifiesta una sistemática estigmatización que pesa sobre los desescolarizados por esta causa.

Según esta funcionaria, existe un comité municipal de salud mental, amparado bajo el Decreto 005 del 11 de enero del año 2011, articulado entre la Secretaría de Salud y la Secretaría de Educación, donde participan algunos centros de salud y E.P.S. con quienes se tiene un compromiso para que se valore y acompañe a los menores de edad con problemas de uso y abuso de drogas sometidas a fiscalización, que sean identificados en los procesos implementados por los planteles educativos locales. Para informar sobre el procedimiento que se sigue en las instituciones educativas con los menores consumidores que aplican a estos tratamientos, la funcionaria indicó:

> Este es el debido proceso: si hay consumo interno en la institución yo llamo al
> cuadrante que corresponde al gobierno y el gobierno tiene cuadrantes que los
> conforma con la Policía de Infancia y Adolescencia, Comisarías de Familias y
> *Assbasalud*. En este comité tienen unas psicólogas que hacen la evaluación en
> terreno, es decir: en la institución educativa, ellas mismas evalúan y después
> hacen el trabajo de prevención.

---

Se evidencia el carácter prohibicionista que impera como una necesidad sistemática de las instituciones educativas. También el necesario deber de delegar en los agentes de policía especializados y en las entidades prestadoras de salud la responsabilidad de infligir las sanciones y los procedimientos clínicos. El paradigma de cero tolerancia al uso de sustancias ilegales dentro de las instalaciones educativas:

Uno de los deberes es que el muchacho no puede consumir sustancias psicoactivas. Está especificado en el manual de convivencia de todas las escuelas y colegios. No todos los colegios tienen psicólogos, se necesitan psicólogos que lleguen y manejen el tema de este contexto. Existe una norma y nosotros nos regimos a la norma.

Para la funcionaria entrevistada, no existe incidencia alguna desde los reglamentos de convivencia escolar en la desescolarización de los estudiantes por motivo del consumo de drogas, puesto que los planteles educativos no pueden expulsar a un estudiante por esta causa. Al respecto indicó: "usted no lo puede echar por ser un consumidor, porque usted lo tiene que encontrar consumiendo y para eso está la policía de Infancia y Adolescencia".

El hecho de encontrarlo en flagrancia y a partir de la aplicación del reglamento de convivencia escolar, implica un serio incumplimiento del deber disciplinario al punto de requerir la presencia policial. Una doble flagrancia, las conductas reincidentes pueden llevar al abandono temporal que se juzgue necesario deba permanecer enclaustrado bajo abstinencia impuesta y seguimiento controlado en las instituciones terapéuticas dispuestas para su acogida y donde son conducidos por las autoridades de Infancia y Adolescencia.

Los planteles educativos no deben expulsar a los estudiantes con problemas de consumo de sustancias prohibidas, ni excluirlos por presentar esta situación; aunque los rectores y funcionarios académicos, en muchos casos, se abstienen de recibirlos si tienen estos historiales disciplinarios en el momento de su arribo. Su deber consiste en enrutarlos por el debido proceso. Delegarlos a otros funcionarios encargados de operar la estructura sancionatoria. Esto no implica que sea el consumo de drogas ilícitas una de las causales de la desescolarización. Al respecto, la funcionaria indicó: "Nosotros esperamos que las instituciones educativas en este momento sean incluyentes de la diversidad que todos manejamos". Se trata de fortalecer las vías de la inclusión educativa que abarque todas las diferencias: étnicas, religiosas, políticas, musicales, deportivas, de nacionalidad, de discapacidad; incluso a la población escolarizada usuaria de drogas sometidas a fiscalización.

### 3.2.1 Puntos de vista desde el sistema educativo

Resulta significativo analizar algunos casos específicos sobre los procedimientos implementados por los funcionarios escolares en una muestra aleatoria de planteles educativos de la ciudad de Manizales, para tratar los casos de estudiantes que presentaron una situación relacionada con drogas prohibidas. De este modo se puede corroborar con nuevos testimonios, la sospecha hipotética de una correlación entre la desescolarización y el uso de drogas sometidas a fiscalización.

El problema del consumo de sustancias fiscalizadas por parte de los estudiantes, según la versión ofrecida por uno de los rectores entrevistados, quien considera está asociado con otra serie de problemas más graves, como el microtráfico estratégico y la explotación de menores. En sus palabras:

> El uso de determinadas sustancias ya los va convirtiendo en pequeños delincuentes, potenciales o reales, y a largo plazo todo un degeneramiento de la persona humana, que los conduce a vivir por fuera de la casa; se hacen expulsar de los hogares, se hacen expulsar de los colegios, o muchas veces ni se hacen expulsar, sino que ellos mismos se van saliendo. Esos problemas sociales son muy conocidos, un consumidor va siendo aislado del sistema social.[61]

En este testimonio se evidencia una inclinación total a reproducir el modelo prohibicionista, tanto que llega a considerar como algo inexorable la tendencia a delinquir del consumidor, dando por hecho la irremediable correlación entre la delincuencia y el uso de drogas. También desplaza la responsabilidad del comité escolar sobre la expulsión de este tipo de estudiantes y les responsabiliza por su deserción, puesto que: "ellos mismos se van saliendo"; como si voluntariamente ellos mismos dejaran la escuela por consumir.

Luego afirma el hecho que el sistema social les aísla, antes que suponer el sistemático aislamiento que produce la estigmatización. Evidencia un fuerte estigma en su perspectiva social sobre el asunto, influenciado por el paradigma político de fiscalización de drogas. En otro fragmento opinó: "para nosotros sería más fácil sacarlos y limpiar el colegio de alguna manera, pero eso sería una irresponsabilidad nuestra". El uso de drogas ilegales contamina, de alguna manera ensucia la normatividad y altera la cotidianidad de la institución educativa; a pesar de entender

---

[61] Rector del instituto educativo Liceo León de Greiff, ubicado en la zona centro de la ciudad de Manizales. Esta entrevista fue realizada en junio del año 2015.

que no debe expulsarlos de la institución, dentro de los límites de sus responsabilidades.

Surge el cuestionamiento sobre si esta manera de pensar el problema de las drogas en los colegios se soporta sobre un fundamento más crítico; la reproducción simbólica hasta la incorporación de un agenciamiento de la función prohibicionista que impone la política de fiscalización de drogas.

Esta manera de pensar parece una constante cuando se compara este testimonio con otros testimonios similares. En el caso del rector de otra institución educativa: "el consumidor todos los días se va deteriorando más físicamente, a nivel de cognición y fisiológicamente, a largo plazo están perdidos totalmente".[62] No hay manera de rescatar un estudiante drogadicto, lo que lleva a una irremediable deserción. Más adelante complementó:

> Tenemos un señalamiento de todos y cada uno de los estudiantes que han consumido y quienes han permanecido en la institución es porque lo han querido y quienes se han ido lo han hecho voluntariamente. Siempre hemos creído en los cambios de actitudes y el acompañamiento, pero nunca hemos tenido un extrañamiento por este factor.

Parece como si el conducto regular, según esta versión, fuera un señalamiento que conduce a una decisión voluntaria del estudiante, ya por quedarse y cambiar de actitud, ya de marcharse y seguir en el vicio, sin generar por eso ningún tipo de extrañamiento institucional. Al final, la sanción más grave por la continuación en la conducta infractora del estudiante es la expulsión escolar "autoinfringida".

Otro testimonio que respalda los anteriores y que valida el nefasto principio de reproducción de un modelo paradigmático de funcionario prohibicionista, lo ofrece el rector de otra institución educativa, quien considera que los jóvenes consumidores:

> Se van degenerando, normalmente se empieza a ver el decaimiento, disminuye su labor escolar, comienza a existir problemas de tipo social y familiar, ingresan en el mundo de las pandillas y en el caso nuestro, hemos encontrado estudiantes que ya han ingresado en el hurto y en otras conductas ya más punibles. Se vuelven muy rebeldes e inician los problemas de desintegración familiar, porque son jóvenes que ya no aceptan las normas de la casa y muchos ya han terminado

---

[62] Rector de la institución educativa Gran Colombia, ubicada en la zona periurbana de la ciudad de Manizales. Entrevista realizada en agosto del año 2015.

definitivamente en la calle y en lo escolar se ve la inasistencia, el incumplimiento de las normas institucionales, el bajo rendimiento académico y la deserción.[63]

Estas son apreciaciones usuales entre los funcionarios escolares que administran las instituciones educativas ubicadas en la ciudad de Manizales. Esta inclinación paradigmática que criminaliza y estigmatiza, contrasta con otras versiones. La versión de otro rector se presenta como un caso distintivo dentro del paradigma, especialmente por tener una visión más abierta y neutral, una opinión menos estigmatizadora de la cuestión. Manifiesta lo que ha vivenciado en su oficio con una claridad sencilla:

> Hay unos que la prueban y les ha ido muy mal y ahí paran y no les gustó y hasta ahí llegaron. Hay otros que la probaron y les quedó gustando y siguieron y vuelven y ven que no tienen ninguna dificultad y lo siguen haciendo. Me ha tocado ver que esos que continúan son desertores permanentes de las instituciones educativas, son los caminantes del barrio, son los que cogen el vicio de pedir plata para sostener el consumo; entonces se salen de la normalidad. Por supuesto en lo académico son muchachos de bajo rendimiento, pero no es la generalidad, hemos visto algunos que se destacan y que son consumidores continuos. También tenemos muchachos aquí en el colegio que se consumen solamente la dosis que necesitan, porque uno los ve casi normales, los efectos de haber consumido casi no se notan, pero sabe uno que lo hacen constantemente y que son dosis controladas por ellos, entonces uno ve que ellos la administran.[64]

Sin dejar de evidenciar en su testimonio la correlación con la deserción escolar, el entrevistado manifiesta una lectura más objetiva, neutral y realista de la situación que viven los estudiantes respecto al uso de drogas no autorizadas, que los anteriores rectores. Con una sencilla apelación a la naturaleza del deseo que atrae o repulsa las sensaciones que generan placer o dolor, según el caso; el entrevistado explica la deliberada libertad que tienen los estudiantes de elegir lo que desean experimentar, la opción de rechazar o aceptar una experiencia con las consecuencias que trae consigo.

Nadie decide por los demás, según parece. Si un estudiante no quiere experimentar con drogas no hay quien le obligue, a no ser bajo coerción de su voluntad; pero si el estudiante quiere experimentar, busca las posibilidades hasta lograr su propósito. Se

---

[63] Rector de la institución educativa San Agustín, ubicada en la zona de la Galería de la ciudad de Manizales. Entrevista realizada en septiembre del año 2015.

[64] Rector de la institución educativa Bosques del Norte, ubicado en uno de los barrios periurbanos de Manizales.
Entrevista realizada en septiembre del año 2015.

necesita apelar a la dialéctica para descifrar las ecuaciones inhóspitas del ser humano en formación, que se fragua en el desciframiento de su propia existencia. El mismo ser que se construye en sus apetencias, posicionándose y buscando su lugar entre los otros, agrupándose de insólitas maneras en la vorágine sociocultural. Los estudiantes se enfrentan a diario con estos dilemas contemporáneos.

Por otro lado, la libertad coaccionada que tienen los estudiantes menores de edad sobre el hecho de elegir qué hacer con sus propios cuerpos y especialmente sobre la decisión de elegir ingerir estas sustancias psicoactivas, tanto legales como ilegales y habituar su consumo. Lo tienen estrictamente prohibido, aunque encuentren un mercado legal competitivo y otro clandestino que se los permiten, diversificados, eficientes y colosales, adaptados a los patrones culturales actuales.

Para una de las psicorientadoras entrevistada, profesional en el área de la salud mental y el comportamiento, encargada de tratar los casos especiales en las instituciones educativas, el procedimiento institucional implementado para los estudiantes hallados en flagrancia portando, vendiendo o consumiendo cualquier tipo de sustancia no autorizada dentro de las instalaciones del plantel educativo es el siguiente:

> La ruta de atención que se debe realizar. Lo que se hace con un muchacho que esté consumiendo es remitirlo a psicorientación, se aborda al estudiante para tratar de identificar si esto es cierto. Una vez el muchacho acepta que está consumiendo se llama al padre de familia. En algunos casos los padres saben y en otros no. Se hace una remisión por escrito con un informe pedagógico de la situación académica. Entonces se sigue la ruta que es remitirlo a la E.P.S. y empezamos desde el colegio a hacer un seguimiento para exigir que los padres de familia sigan la atención, porque nos ha pasado que el problema no lo atienden desde la casa y ya llevan uno o dos años y se presenta la deserción.[65]

Es importante el seguimiento para comprobar la desintoxicación del estudiante infractor, a través de las entidades prestadoras de salud, las cuales están obligadas a atenderlos. La desescolarización aparece de nuevo, solo que ahora por la ausencia del compromiso familiar para atender la situación y no precisamente por la dejadez voluntariosa del estudiante. Esto manifiesta la importancia del conocimiento de los padres sobre el problema de sus hijos, a tal punto que su desatención puede implicar la expulsión del estudiante.

---

[65] Psicorientadora del instituto educativo Liceo León de Greiff. Esta entrevista se realizó en Manizales en junio del año 2015.

En otro momento de la entrevista, esta funcionaria escolar manifestó que los estudiantes consumidores se caracterizan porque no rinden igual que los demás, no presentan el mismo interés por las clases: "el bajo rendimiento y la desmotivación, cuando empiezan en el consumo solo piensan en consumir y dejan de rendir académicamente". Se supone que están dañados, que hay algo que no está bien en ellos, que no son normales, que necesitan atención médica. Por tal razón, se han llevado a cabo en esta institución educativa varias jornadas de salud: "donde se remite a los muchachos que se sospecha que están consumiendo, se les hace la remisión". Para esta funcionaria:

> Es muy difícil en esta población abordar esa problemática muy fuerte, además porque el consumo se ve cada vez en niños de menor edad, estamos viendo consumo desde los grados sextos y hasta en los grados quintos, de diez y once años. Yo siempre les digo a los papás que no tenemos por qué echar a un muchacho del colegio por consumo, pero si no hay una atención familiar del estudiante, si no se sigue con la continuación de la ruta de atención en el hogar. No podemos permitir que él siga en riesgo y tampoco podemos poner en riesgo a los otros estudiantes.

La psicorientadora valida con su testimonio nacido de la experiencia vivencial, los datos presentados en la primera parte de este libro. El dilema sociocultural sobre el consumo problemático de drogas se fundamenta en esta evidencia, el hecho de permear a las generaciones más tiernas que aún no tienen una consciencia plena de estas experiencias psicoactivas y sus consecuencias. Aún no logran dimensionar con la madurez y la reflexión crítica necesaria, lo que puede costarle asumir una decisión de esta magnitud.

La opinión de esta psicorientadora se asemeja a la opinión ofrecida por la psicorientadora de otra institución educativa, para quien el procedimiento institucional a seguir en los casos de encontrar estudiantes infringiendo la política prohibicionista al interior de la institución educativa es el siguiente:

> Nosotros seguimos las rutas de atención. La ruta es siempre llamar a los papás y les decimos que creemos que sus hijos están consumiendo. Luego se hace la remisión para los exámenes de salud con *Assbasalud* quien nos apoya. Ellos tienen algo que se llaman los "Servicios Amigables", dicen que los jóvenes a partir de los diez años pueden acceder a ese derecho para asesorías y apoyo con psicólogos, trabajadores sociales y hasta psiquiatras que apoyan (…). Hay unas sanciones que tienen un debido proceso que arrancan con unos correctivos pedagógicos. Se llega a una desescolarización por inasistencias de los padres.

Los jóvenes consumidores siempre están bajo vigilancia, ellos saben que dentro del colegio no pueden consumir.[66]

En otro momento afirma: "dependiendo del apoyo o no de la familia, ellos desertan, cuando no hay apoyo familiar ellos desertan". Una semejanza en la posición de la responsabilidad que motiva la deserción, puesto que la psicorientadora anterior considera que es la ausencia del apoyo familiar lo que lleva a la decisión institucional de expulsar al estudiante, mientras en este caso es la misma causa, la falta de interés y seguimiento familiar, la que motiva la decisión personal de desertar. Esta psicorientadora ofrece una imagen paradigmática del joven consumidor a corto, mediano y largo plazo:

A corto plazo empieza con el bajón en su desempeño escolar, el alumno se irrita, ellos se tornan irritables; a mediano plazo empiezan las fugas de clases, el bajo rendimiento académico como una constante, se acaba el periodo y empiezan a perder materias y a largo plazo, los que no han tenido apoyo ni nada, desertan y se van.

Este tipo de apreciaciones no se diferencian mucho entre sí, puesto que manifiestan una misma postura prohibicionista. Parecen reproducir un mismo modelo calcado de algún manual para funcionarios farmacráticos contemporáneos. Es común encontrar en las versiones de estas psicorientadoras escolares una correlación hipotética entre el consumo de drogas con otras infracciones a las normativas institucionales. Por esta razón, se asemejan a las opiniones ofrecidas por otra psicorientadora entrevistada, quien opinó:

Los jóvenes que consumen se vuelven más reacios a las normas, no aceptan recomendaciones, son más agresivos, desmejoran académicamente, cambian mucho se aspecto físico, a largo plazo son jóvenes que entran en una crisis emocional. A las niñas las lleva a la prostitución, a los niños al robo, se vuelven atracadores. Se da la descomposición familiar, porque ya la familia deja de ser importante para ellos y empiezan a pertenecer a pandillas. Dicen que pueden controlar la droga cuando ya es la droga la que los controla a ellos. Se sienten atacados constantemente, piensan que la gente está encima de ellos, manifiestan que les tienen bronca.[67]

---

[66] Psicorientadora de la institución educativa Isabel la Católica, ubicada en la zona centro de la ciudad de Manizales. Entrevista realizada en octubre del año 2015.

[67] Psicorientadora de la institución educativa Gran Colombia, ubicada en la zona periurbana de Manizales. Esta entrevista se realizó en agosto del año 2015.

Este testimonio no es distinto a los anteriores. En este caso paradigmático la satanización de las drogas fiscalizadas llega a tal punto, que su sola pronunciación infesta, contamina, su contacto irremediablemente criminaliza. El gobierno que ejerce sobre sus víctimas les orienta exclusivamente hacia las conductas criminales, la denigración de sí mismos y el embrutecimiento, puesto que los entrevistados están de acuerdo en afirmar que los estudiantes consumidores pierden sus habilidades cognitivas y el interés por estudiar, hasta desertar por su propia voluntad de las instituciones educativas. Una manera bastante cómoda de delegar la responsabilidad institucional por la correlación entre estas expulsiones y el consumo de droga entre los estudiantes. Práctica delegataria por la que no se les puede culpar, puesto que resulta la herramienta constitucional por excelencia de las burocracias gubernamentales y los funcionarios públicos.

En algo tiene la razón; estos estudiantes van a reflejar las impresiones que la sociedad les proyecta, por eso van a expresar que se sienten señalados y vigilados, puesto que efectivamente eso es lo que ocurre. La misma entrevistada responde:

> Aquí se realiza mucho seguimiento, hay un constante acompañamiento a los estudiantes que presentan estos problemas de adicción. A estos jóvenes los tenemos en un tratamiento psicoterapéutico y buscamos que los jóvenes que se encuentran rehabilitándose sean quienes manejen las campañas de prevención, para que les digan a los otros chicos lo que les puede pasar. Aquí no solo hay un apoyo de la institución, sino también de las E.P.S. de salud mental, entonces vamos muy a la par con la Secretaría de Salud. Y seguimos el debido proceso que cuando un estudiante tiene esta problemática no es de sancionar sino de pedir ayuda a la E.P.S., jamás se toma una medida de exclusión donde se saque a un alumno por ser consumidor de drogas.

Cualquier estudiante consumidor de drogas no autorizadas, luego de padecer un procedimiento de rehabilitación institucional como el descrito anteriormente, inexorablemente va a incorporar una postura de estigmatizado, de enfermo mental en los umbrales de la delincuencia, víctimas de una anomalía por la dependencia a las sustancias que los esclavizan y criminalizan, que los convierte en señalados excluidos que necesitan con urgencia ayuda para integrarse. Un modelo terapéutico institucional que parece servir como un ejemplo paradigmático, aún más difícil de contrarrestar y más dañino que los males que le justifican y que busca erradicar.

Un caso similar de funcionario público prohibicionista, se presenta con otra psicorientadora quien considera: "Cuando los niños de cuarto y quinto muestran en el aula de clase esa agresividad, ese rechazo a las normas es porque ya están consumiendo".[68] Puede notarse la convicción en considerar en edades tan tempranas, la correlación entre el uso de drogas y el rechazo a las normas, como si la delincuencia y la agresividad estuvieran inexorablemente entrelazadas con la drogadicción. Según esta psicorientadora, los principales causantes del daño, a veces irreparable, son los comerciantes clandestinos que microtrafican y narcomenudean con estas drogas y sus tácticas criminales completamente reprochables para captar la atención y generar clientes entre la población escolar: "los alumnos al salir se encuentran con los expendedores que los están esperando afuera para que el chico caiga y les compre las sustancias".

Esta opinión es común encontrarla en la mayoría de los funcionarios escolares, catalogados como prohibicionistas y farmacráticos, puesto que incorporan estrictamente en sus funciones y se rigen por las determinaciones formuladas en las políticas de fiscalización de drogas. Para estos funcionarios, la manipulación y consumo de sustancias prohibidas por parte de los estudiantes al interior de las instituciones es un acto criminal que merece un completo repudio y las sanciones correspondientes.

La problemática sociocultural del comercio clandestino de drogas entre los intersticios con la educación oficial, colisiona irremediablemente con los sistemas de control establecidos por el Estado y generan esta consecuencia colateral. El estigma criminalizador incorporado en los funcionarios delegados para tratar los casos específicos de menores de edad infractores. La reproducción de un modelo paradigmático de funcionario prohibicionista, encargado de implementar el debido proceso o la ruta de atención establecida con los estudiantes usuarios de drogas ilegales, sin salirse de los parámetros establecidos:

> Cuando se detecta un joven consumiendo, se trata con mucha cautela y brindándole mucho apoyo, porque no es para cuestionarlo, no es para regañarlo, es para ayudarle a que salga de ese problema. Cuando se detecta un joven con suficiente cantidad de marihuana, se llama a la policía de Infancia y Adolescencia, ellos vienen y depende de la cantidad se los llevan detenidos. A un joven se le encontró marihuana el año pasado y yo hablé con la abuela y también fui al I.C.B.F. y denuncié ese caso, que es la ruta que hay que seguir y la abuelita en vez de seguir el tratamiento con el chico, decidió sacarlo del plantel y mandarlo para una finca a trabajar.

---

[68] Psicorientadora de la institución educativa Bosques de Norte. Esta entrevista se realizó en septiembre del año 2015 en Manizales.

El interés que preste la familia juega un papel central en las decisiones a tomar por parte de las instituciones educativas con los jóvenes escolarizados consumidores de drogas prohibidas. En muchos casos los padres ignoran estas conductas infractoras de sus hijos y al enterarse de la situación, buscan soluciones radicales similares a la utilizada por la abuela del testimonio anterior. Sacarlos del contexto sociocultural donde les resulta permisivo el consumo, aunque esto incluya el contexto educativo donde se gestó la infracción; la abstinencia impuesta con el destierro radical, aunque esto implique la deserción escolar. El hecho paradójico que revela este caso radica en la necesidad de alejarlo de la institución educativa, puesto que fue en este lugar donde se gestaron las condiciones necesarias que le llevaron a consumir. Esto invita a cuestionarse: ¿Es en las instituciones educativas donde se gestan las condiciones requeridas para el consumo de drogas? ¿La expulsión de los estudiantes que generan estas condiciones es inevitable? ¿Los padres de familia y acudientes están de acuerdo en promover estas decisiones radicales del sistema educativo? ¿Realmente se vinculan y participan de estas situaciones escolares que padecen sus hijos?

Por estos desajustes en la relación entre padres de familia e instituciones educativas, la política educativa nacional ha planteado las "Escuelas de Padres", como una alternativa comunicativa para estrechar vínculos, con el fin de brindarles orientación para que ellos sean potenciales generadores de intervenciones efectivas para tratar la problemática del consumo en la población escolar. Estas "Escuelas de Padres" son realizadas por profesionales especializados de la Secretaría de Salud Pública de Manizales:

> Nosotros vamos a los colegios con todo el equipo de trabajo de salud mental y hacemos todo el abordaje desde la prevención hasta la detención de casos y los remitimos a la E.P.S. Cuando nosotros hablamos con los padres en las actividades de padres de familia y también con los docentes, les decimos la importancia de su contribución para mitigar este problema del potencial consumo de drogas en sus hijos. Ellos incluso ignoran si sus hijos consumen o no. Son las familias las que potencian el problema del consumo en sus hijos y también son las que pueden ayudar a solucionarlo.[69]

Las familias de los menores de edad usuarios de drogas ilegales, juegan un papel importante en la situación de consumo que afrontan sus hijos e hijas escolarizados. Las estrategias implementadas, como las escuelas de padres, no resultan tan efectivas como puede suponerse, puesto que no es fácil orientar una multitud de casos

---

[69] Funcionaria de la Secretaría de Salud Pública de Manizales. Entrevista realizada en julio del año 2015.

particulares, para la adecuada prevención y el efectivo tratamiento del consumo de sustancias ilícitas en la población escolar. Su involucramiento en estas actividades educativas para la prevención y el tratamiento, no deja de ser por esto significativa.

En muchos hogares colombianos se han arraigado tradiciones fiesteras donde es lícito la embriaguez colectiva y el consumo de tabaco y otras sustancias en la presencia de menores. Lo que hace aún más complicado educar a los padres cuando el ejemplo hogareño contradice toda enseñanza preventiva. La embriaguez fiestera y el consumo masivo de otras sustancias legales, como el tabaco o los energizantes, hace parte de la cultura colombiana. Esta es otra de las situaciones críticas que hace más complejo el problema de la propagación de sustancias riesgosas y el consumo en la población menor de edad.

Se requiere un mayor compromiso por parte de los familiares de estos jóvenes. Según las opiniones de algunas de las psicorientadoras entrevistadas, la principal causa que lleva a la deserción escolar por consumo de sustancias ilícitas, no radica en el hecho de portar o consumir estas sustancias; sino en la falta de atención por parte de los familiares para ayudar a tratar el problema.

A partir de los testimonios presentados se concluye la existencia de un conjunto de correlaciones poco alentadoras: la deserción escolar por motivos relacionados al consumo de drogas prohibidas, la ausencia del compromiso de los padres en el tratamiento escolar y hogareño a seguir con sus hijos e hijas y la gestación de las condiciones necesarias para el consumo de los menores en ambos lugares.

Los funcionarios de las instituciones educativas acatan los procedimientos normativos de carácter clínico y punitivo, donde se establece una ruta a seguir con estos jóvenes. Se recurre a la delegación con las autoridades correspondientes, ya sea la policía especializada en Infancia y Adolescencia, quienes tienen la autoridad de remitirlos a los centros de salud como las E.P.S. y a los centros terapéuticos especializados en salud mental y drogadicción.

Esta complementariedad institucional en la aplicación de las normativas de prevención y tratamiento frente al consumo de drogas ilegales, resulta inefectiva en su aplicación en los contextos locales, si se considera la evidencia del aumento en el consumo de sustancias prohibidas en la población menor de edad escolarizada. Su aplicación genera nuevos efectos colaterales más perjudiciales para los estudiantes infractores, que las razones específicas de sus contravenciones a las reglamentaciones establecidas. La cronicidad del enfoque prohibicionista desemboca en hacer más tortuosas y dañinas las sanciones, que el daño ocasionado por las acciones consideradas como punitivas.

Se considera que sus deficiencias provienen de la desarticulación entre las políticas formuladas y la aplicación de las acciones locales prohibitivas, por la inclinación a delegar responsabilidades. También por su paradigmática preponderancia en aplicar un enfoque médico y sancionatorio, que disuelve la responsabilidad en la atención prestada por las autoridades especializadas y las instituciones médicas y terapéuticas.

### 3.2.2 Ruta a seguir para los estudiantes infractores

Esta situación problemática del incremento en el consumo de drogas por parte de los menores de edad escolarizados, entrelaza a los estudiantes infractores como cuerpos del delito, con las implementaciones de la política de drogas y su enfoque paradigmático que genera nuevas consecuencias colaterales, la correlación que determina en muchos casos la desescolarización de estos estudiantes. Su ausencia escolar implica su presencia en otras instituciones de carácter clínico y punitivo del Estado. En el momento que se enciende la alarma y se inicia el procedimiento establecido en la ruta a seguir, los estudiantes infractores inician nuevos rumbos que estropean sus proyectos de vida.

En las situaciones donde los estudiantes son encontrados en plena flagrancia y con posesión de sustancias ilícitas dentro de las instituciones educativas, se les informa a los familiares y a la policía de Infancia y Adolescencia, quienes tienen la autoridad para detenerlos y remitirlos a una clínica afiliada a una E.P.S., la cual puede a su vez remitirlos a una institución especializada en salud mental, o a un centro terapéutico para farmacodependientes. En algunos casos, según la gravedad de la situación, son remitidos a instituciones donde se legitima la responsabilidad penal para adolescentes; cárceles para menores delincuentes e infractores de las políticas estatales.

Esto implica el seguimiento fiel del derecho constitucional a la delegación de la responsabilidad en los funcionarios representantes de la policía nacional especializada en Infancia y Adolescencia, quienes tienen el deber de encargarse del acompañamiento en estos nuevos rumbos de los menores infractores, por las rutas procedimentales establecidas para redirigir sus proyecciones vitales. Sobre el programa de la Policía Nacional implementado para contrarrestar el consumo de estas sustancias en la población menor de edad en Manizales, el funcionario encargado dijo:

> La dirección de protección de la Policía Nacional tiene como programa base, como programa bandera, el programa "Abre tu Ojos". Este programa cuenta con

varias temáticas en la que contamos con la prevención del consumo de sustancias psicoactivas que los damos en todas las entidades escolares, ya sean privadas o públicas y también va enfocada a los padres de familia, también le hacemos esta participación extensiva a los padres de familia de los diferentes planteles educativos.[70]

Se trata de un programa de prevención contra los efectos generados por el delito, que previene a los menores escolarizados de padecer las consecuencias impuestas por infringir las normativas establecidas por el Estado para el comercio, el porte, o el consumo de drogas prohibidas por parte de la población estudiantil. Algo que incluye a los padres, quienes pueden estar obligados a pagar sanciones económicas por permitir, ya sea por ignorancia o permisividad, esta conducta punible de sus hijos menores de edad. Esto se evidencia en otro momento de la entrevista:

> Nos encontramos con jóvenes que tienen el problema del consumo y que sus padres no se han dado cuenta; entonces, lo que hace la policía es conducirlos al C.R.M., de acuerdo a lo estipulado por el Decreto: se llama a los padres de familia y se les advierte del Decreto ya que este implica una multa monetaria.

Estas medidas económicas son afines a las establecidas sobre las multas a los consumidores de drogas ilegales en el espacio público. Solamente que en estos casos la solución está en multar a los padres de los menores de edad infractores. Esto evidencia un interés gradual del Estado por agravar la situación económica de los consumidores, a quienes responsabiliza por ser los causantes de su demanda masiva, promotores reales del tráfico de drogas ilegales. Con estas medidas el Estado busca generar un beneficio similar al buscado en el comercio clandestino, ambos en perjuicio del consumidor.

Los beneficios económicos generados por el comercio clandestino de drogas, parecen compensar los riesgos a las sanciones establecidas y despiertan el interés de los menores que empiezan a ejercer como expendedores entre sus compañeros. Sobre este asunto, el agente entrevistado sostuvo:

> Con estos casos lo que se hace es judicializarlos, es un trabajo que se debe de hacer mancomunadamente con las directivas de la institución y la Policía Nacional para nosotros poder detectar estas personas que están en el microtráfico, en el narcomenudeo. Apenas son detectados, son puestos a disposición de la autoridad competente. Se han capturado a muchas personas expendiendo en los

---

[70] Intendente jefe del grupo de protección a la Infancia y Adolescencia de la Policía Metropolitana de Manizales. Entrevista realizada en junio del año 2016.

alrededores de las instituciones, donde la mayoría de los expendedores son menores de edad.

Este fenómeno de la judicialización de los menores de edad infractores, que los lleva a vivir un nuevo rumbo y un cambio en sus proyectos de vida, puesto que implica la activación de un complejo andamiaje regulatorio diseñado exclusivamente para tratar su condición infractora; genera como consecuencia colateral la desescolarización y la estigmatización social. Produce nuevos perjuicios colaterales que hacen más crítica la situación de los menores de edad usuarios de estas sustancias prohibidas.


## 3.3 Los establecimientos para la atención especializada


Al continuar la indagación sobre la ruta de atención a seguir con los menores de edad escolarizados usuarios de drogas prohibidas en el caso particular de la ciudad de Manizales, según la implementación local del procedimiento establecido por la política de drogas en Colombia. Se determina con los hechos el grado de problematización del estudiante infractor, según la punibilidad determinada por las conductas cometidas al interior de las instituciones educativas: se trate solamente de portar la sustancia prohibida, añadir al hecho de portarla el consumirla, o llegar al hecho crítico de portarla, consumirla y expenderla a sus compañeros para que también la porten y consuman.

El hecho de portar las sustancias prohibidas implica su adquisición y con esto, algún grado de relación con la producción y el comercio clandestino. Su consumo esporádico, habitual o crítico; lo que implica, según el caso, la intervención estatal en las instituciones para el tratamiento médico y terapéutico de los menores con problemas de adicción. O el hecho de cometer la triple sumatoria de portarla, consumirla y expenderla, lo que conduce a un procedimiento de responsabilidad penal. Esto implica una ruta hacia otro tipo de instituciones especializadas en hacer cumplir las sanciones penales para adolescentes infractores. Cada situación implica un enrutamiento especializado.

Así se tiene una amalgama metódica de rutas posibles, según el caso particular y el grado de culpabilidad e involucramiento del estudiante infractor, ya se trate del primero, el segundo o el tercer caso. El estudiante puede pasar de una simple amonestación con algunos días de suspensión y la visita de los padres a la institución educativa para conversar con la psicorientadora sobre la situación y tomar medidas mancomunadas al respecto; a un intensivo e intrusivo tratamiento de desintoxicación clínica durante varios días, con visitas periódicas en los siguientes meses para continuar con un control que implique una vigilancia gradual, con el fin de verificar el efectivo alejamiento del factor de intoxicación, el consumo de la sustancia ilegal. De no funcionar, puede conducir al estudiante infractor a un complejo tratamiento terapéutico de internamiento para vivir un estado de abstinencia impuesta en uno de los C.A.D. locales. En los casos más críticos se llega a una reclusión en una institución del Estado para cumplir sanciones judiciales por responsabilidad penal, que les condiciona a saberse determinados como delincuentes juveniles.

Entre estas instituciones de atención especializada se presentan semejanzas y diferencias. Sobre las clínicas de desintoxicación y para la atención en salud mental, la ciudad de Manizales cuenta solamente con una clínica especializada, donde son remitidos los casos de consumo crítico y una proliferación de E.P.S. que no logran abastecer en su propia crisis, la estruendosa demanda de este servicio de salud especializado.

Luego están las instituciones terapéuticas que se distinguen entre sí por el grado de internamiento que utilizan, si la reclusión es voluntaria o impuesta, lo que implica un menor o mayor grado de seguridad en las instalaciones. Esto trae implícito un cambio en las estrategias terapéuticas. Las que tienen las puertas abiertas y hacen actividades colectivas más allá de los muros, o completamente cerradas y sin mayor acceso que el necesario con el mundo exterior. La estruendosa tarea de contener a los jóvenes infractores con un tipo de tratamiento diferenciado y especializado. Para este menor de edad infractor, resulta el inicio de la fatal continuación de una vida terapeutizada y criminalizada desde un principio.

### 3.3.1 Fracturas de un sistema en crisis

Las evidencias de estas catastróficas deficiencias en el sistema de control estatal frente al consumo de drogas en la población escolar, afecta con su burocratismo contratante, otros parámetros fundamentales de la existencia social. La política de drogas desplaza el problema de la adicción al campo de la salud pública. Se revela un patrón común que parece tener una causa incidental en la implementación paradigmática de un enfoque prohibicionista.

Una de las funcionarias encargadas de la entidad prestadora de salud denominada: *Assbasalud,* donde son remitidos en compañía de sus padres o de la policía de Infancia y Adolescencia, los escolares infractores de la política de drogas en Manizales.

Cumple con el seguimiento al mencionado procedimiento constitucional de delegación y la ruta de atención. Ella manifiesta una crisis nacional en el sistema de salud, que parece encontrar en este intrincado dilema constitucional una de sus raíces. En sus palabras:

> Muchas veces llegan acá y cuando se les dice que van para la clínica psiquiátrica, desisten y dicen: yo para allá no me voy. ¿Acaso yo estoy loco? Entonces aquí se maneja un documento donde dicen que no quieren recibir ese tratamiento y salen y se van. Por eso yo les pregunto: mamá ¿Está segura? Chico ¿Está seguro? Entonces yo les llevo, hablo con los médicos y se los entrego en las manos. Los reciben en la mayoría de los casos. Claro que ellos también se enfrentan desde la clínica a que sus E.P.S. no les pague por ese chico. Hay una barrera gigante en el proceso para estos chicos con las E.P.S., para acceder al tratamiento que necesitan.[71]

En este fragmento de su testimonio se revela la aplicación del procedimiento local de delegación, a tal extremo que ella misma argumenta que: "los entrego en las manos" de los otros profesionales encargados de desintoxicarlos. También manifestó la crisis del sistema de salud nacional, puesto que estas entidades deben pagar los honorarios de los profesionales de la clínica especializada por atender a los pacientes que tienen en sus listas de afiliados. Según la entrevistada, quien expresó esta inquietud: "no sé cómo es el mecanismo de control de citas, no sé si es que realmente no tienen contratos, o es que no le pagan a la clínica". En otra parte de la entrevista esta funcionaria mencionó que:

> La Ley dice que se tiene que atender, es un derecho de ellos y un deber de uno, hay que hacerlo; pero vaya usted y dígale eso a la E.P.S., hay muchas que ni si quiera tienen contratados los especialistas que deben ser psicólogos, terapeutas, psiquiatras; no tienen red y es lo que les dicen a los usuarios: mira, es que no tenemos red de servicios y no hay agenda y pasan dos, tres y cuatro meses y no es que no haya agenda, lo que pasa es que no tienen los profesionales. La Ley dice que tienen que tener los profesionales, pero no los tienen.

Esta crítica al sistema de salud nacional no ha dejado de ser la misma en los últimos años. El cuestionamiento está en si tal problema radica en el déficit de profesionales graduados o practicantes capacitados en estas áreas de la salud, el valioso capital humano profesionalizado. Manizales se caracteriza a nivel nacional por tener sedes de múltiples universidades públicas y privadas, como por contar con una amplia oferta de estudios tecnológicos y profesionales. Una de sus características es la oferta de

---

[71] Doctora del Centro de Salud *Assbasalud*. Entrevista realizada en julio del año 2016.

servicios de alta calidad y los altos índices de desempleo profesional. El problema no está en la oferta de capital humano profesional y tampoco en la demanda, como se puede inferir de los datos presentados en esta investigación. Se encuentra en la crisis presupuestal que tiene el sistema de salud a nivel nacional. Según la entrevistada:

> El embudo y el trancón los encuentran los jóvenes que quieren realizar su rehabilitación en las E.P.S., el sistema de salud no fluye; cuando sale el menor de su desintoxicación de la Clínica San Juan de Dios, necesita apoyo terapéutico y un seguimiento largo y eso las E.P.S. no lo dan, dilatan las citas y es muy triste que nieguen este servicio porque hasta ahí llega el proceso, la Ley de la salud nos mantiene maniatados.

El hecho de no contar con un sistema de salud pública integral para tratar esta problemática creciente. Limita la cobertura estatal hasta la necesidad de tener que delegar en entidades particulares y privadas el resolver lo que le corresponde por delegación a la salud pública. Las estrategias para tratar el consumo de drogas no autorizadas por parte de la juventud escolar resultan costosas y son ineficaces.

### 3.3.2 La clínica de desintoxicación San Juan de Dios

Es el principal centro de desintoxicación ambulatoria que tiene la ciudad de Manizales. Esta clínica tiene convenios con las E.P.S., para remitir a los pacientes menores de edad afectados en su salud mental por el uso adictivo de sustancias psicoactivas. Sobre la diferencia entre los procedimientos ambulatorios de desintoxicación ofrecidos por esta clínica especializada y los procedimientos de deshabituación y rehabilitación ofrecidos por las otras instituciones terapéuticas, la funcionaria entrevistada indicó:

> La clínica ofrece servicios de desintoxicación, por lo tanto, puede ser remitido ambulatoriamente o por un servicio de urgencias para realizar la misma que tiene una duración aproximada de 48 a 72 horas, según la sustancia que consume y si en la misma hospitalización el paciente presenta un síndrome de abstinencia, se le maneja. Cabe anotar que no prestamos servicio de deshabituación y rehabilitación, situación que no le es aclarado por la E.P.S., que nos remiten los pacientes y las familias llegan con falsas expectativas sobre el tratamiento que va a recibir su familiar.[72]

---

[72] Representante de la clínica San Juan de Dios de la ciudad de Manizales. Este documento fue enviado como petición de la Personería Municipal a la encuesta sobre el consumo de sustancias psicoactivas por parte de la población menor de edad de la ciudad. Se entregó el 10 de julio del año 2015.

Esta clínica trata la desintoxicación de los menores consumidores de sustancias prohibidas. También son internados especialmente los pacientes que presentan diversos trastornos mentales. Según la funcionaria entrevistada, hay un incremento gradual de casos de intoxicación por conductas adictivas, tanto de sustancias legales como ilegales, por pacientes de todas las edades y los estratos sociales; pero en mayor medida se presentan casos de adolescentes menores de edad.

Por otro lado, la representante aclaró el intrincado dilema que surge con el hecho de cobrar los honorarios por los servicios de desintoxicación ambulatoria y salud mental que prestan en este lugar, puesto que es una clínica de carácter privado que funciona como una asociación de profesionales de la salud mental. En sus palabras: "La clínica San Juan de Dios es una institución de derecho privado y utilidad común, no recibe dinero del Estado, por lo que necesariamente debe recaudar el valor de las atenciones en salud que brinda ante las entidades señaladas en la Ley". Con cada joven remitido por las E.P.S. hay unos honorarios justificados por el costo del tratamiento especializado.

El departamento de Caldas no ha tenido un plan departamental efectivo que esté enfocado en la reducción del consumo de sustancias ilícitas en la población menor de edad, a pesar de tener uno de los índices más elevados de dicho consumo a nivel nacional.[73] Esta clínica psiquiátrica, al igual que las instituciones terapéuticas, atienden una mínima parte de la enorme demanda que se presenta en la actualidad. Los aportes que realizan son exiguos si se comparan con las magnitudes reales de este dilema sociocultural.

### 3.3.3 El Centro de Recepción de Menores (C.R.M.)

Esta es una de las instituciones que interviene en la atención de la población adolescente infractora y en riesgo de infringir las políticas de drogas en la ciudad de Manizales. Esta institución de carácter terapéutico y rehabilitador es descentralizada del orden municipal, creada mediante el acuerdo 081 del 7 de mayo del año 1975, con el propósito de brindar protección, prevención y promoción de la salud mental a las y los adolescentes en situación de riesgo y vulnerabilidad. Actúa como un operador del

---

[73] Si se indaga en la página oficial del O. D. C., muchos departamentos cuentan con un "Plan departamental de reducción de la oferta de drogas ilícitas"; pero el departamento de Caldas no se encuentra en esta lista. Ruta: http://www.odc.gov.co/REGIONALIZACI%C3%93N/Pol%C3%ADtica-regional/Planes-Departamentales

Instituto Colombiano de Bienestar Familiar (I.C.B.F.), para el restablecimiento de los derechos y los deberes de estos adolescentes en riesgo de vulneración.[74]

Para la coordinadora entrevistada: "nosotros no somos una entidad, ni una institución de responsabilidad penal; nosotros somos un operador del I.C.B.F. para el restablecimiento, estamos hablando de derechos amenazados, vulnerados e inobservados".[75] Según esta funcionaria, el principal programa que atienden es el de "Emergencia y vulneración", cuya finalidad es servir como medida inmediata de protección para el menor vulnerado en los casos específicos que se requiera: "porque lo han encontrado en la calle, porque consume sustancias psicoactivas, porque las condiciones de los cuidadores o representantes legales así lo ameritan". Entonces la autoridad competente, la policía de Infancia y Adolescencia se encarga de remitirlo a este centro receptor local.   No obstante:

> La Ley 1098 del 2006 dice que en el centro los niños, niñas y adolescentes deben permanecer máximo 8 días. La autoridad competente, el defensor de familia debe determinar qué medida aplica, si el niño puede volver al hogar porque las condiciones de vulnerabilidad se han superado o es institucionalizado.

La institucionalización de un menor de edad vulnerado implica especialmente el desarraigo de la situación de vulnerabilidad que resulta en muchos casos el mismo núcleo familiar y los contextos escolares y la reubicación transicional en una institución adecuada para esa finalidad. Estos tránsitos procedimentales generan una sensación de orfandad temporal. Según la funcionaria:

> En el internado de atención especializada ya hay una medida proferida por la autoridad competente y que busca la protección integral de estos niños, niñas y adolescentes en una modalidad de internados en donde los niños viven acá. Nosotros tenemos niños ya de adoptabilidad, el defensor de familia ya ha determinado que él no puede volver a su hogar de origen; entonces entra en un proceso de adoptabilidad.

A pesar que estos menores de edad vulnerados entran en esta infame lista de adoptables, no dejan por ello de estudiar, puesto que este centro cuenta con un convenio interinstitucional con el plantel educativo Liceo León de Greiff, cuyas

---

[74] Estos datos se encuentran disponibles en la página oficial de esta entidad: http://www.centroderecepciondemenores.gov.co/programas/

[75] Coordinadora del C. R. M. de la ciudad de Manizales. Entrevista realizada en junio del año 2016.

instalaciones se ubican en la misma zona urbana, donde van todos estos jóvenes internados a continuar con sus estudios.

Otro convenio que tiene el C.R.M. de carácter interadministrativo con la Alcaldía de Manizales para adelantar programas de la Secretaría de Gobierno, son los operativos de atención nocturna, según el Decreto 0226 del año 2008, el cual se aplican a los menores hallados después de la 11 de la noche hasta las 6 de la mañana en la vía pública, sin el acompañamiento de sus padres. Sobre los menores que son receptados cada noche y conducidos a este centro, la coordinadora indicó: "inmediatamente ellos llegan hay un formato que se llena, donde nos deben suministrar sus datos personales, se indaga por los padres de familia o acudientes, después les comunicamos que su hijo está en nuestra institución y que debe venir por él y se inicia un proceso psicosocial con estos adolescentes".[76] Estas batidas policiales nocturnas para menores infractores que realiza la policía de Infancia y Adolescencia, todavía son comunes en la ciudad. Para la coordinadora: "en estos operativos evidenciamos mucho consumo de sustancias psicoactivas por parte de los menores de edad".

Por medio de otro convenio se realizan los operativos diurnos, según el Decreto 0279 del año 2013, en el que se ordena que los menores que se encuentren en la vía pública durante las horas del día portando armas y participando en riñas callejeras, o bajo el efecto o porte de sustancias psicoactivas ilícitas, deben ser conducidos al C. R. M. Para la funcionaria encargada, el procedimiento con estos jóvenes infractores es similar al realizado en el convenio anterior: "llamar a los padres o representantes de los menores para que se apersonen del asunto de sus hijos o si es el caso, se dejan a cargo del I.C.B.F. cuando se evidencia vulneración de derechos".[77] Esto implica que, si al llenar las fichas correspondientes y llamar  los padres de familia o acudientes, nadie llega a recogerlos, entran en un nuevo enrutamiento hacia un proceso de adopción temporal, que implica un alejamiento del núcleo familiar inicial y un nuevo alojamiento durante un tiempo determinado en una familia sustituta.

El último programa se refiere a la erradicación de las peores formas de trabajo infantil, una problemática relacionada con la deserción escolar, cuyo propósito es identificar los niños que desarrollan trabajo infantil para ponerlos a disposición del I.C.B.F.; ya que también han sido reclutados entre las nuevas ofertas de empleo clandestino en el microtráfico y el narcomenudeo de drogas ilegales. (Piedrahita, 2019).

---

[76] Coordinadora del Decreto 0226 del año 2008. Esta entrevista se realizó en agosto del año 2016.

[77] Coordinadora del Decreto 0279 del año 2013. Entrevista realizada en agosto del año 2016.

Los jóvenes capturados en los operativos hechos por la policía local en el cumplimiento de estos convenios, llegan a esta institución especializada contra su propia voluntad y se ven en la necesidad de iniciar los procedimientos establecidos en el sometimiento normativo que se les impone. Sometidos sin desearlo a la coerción impuesta por las normativas aplicadas, despiertan el deseo contrario de evadirse. Según la coordinadora:

> Ellos llegan acá no de manera voluntaria, muchas veces los padres solicitan ayuda y tienen que intervenir la policía de Infancia y Adolescencia. Entonces la situación que se nos presenta es que ellos se van de la modalidad, ellos, por lo general, siempre están pensando en evadirse y realmente un alto porcentaje se evade. Nuestros esfuerzos para superar esta condición se ven truncados porque ellos se van a consumir; entonces se convierte en un ciclo, se tiene que activar la ruta de evasión para que la policía los busque y los vuelvan a traer acá. Y buscan de nuevo la manera de evadirse porque el síndrome de abstinencia, ellos se desesperan, ellos quieren es ir a consumir.[78]

Bajo estos parámetros se cumple con la aplicación de los procedimientos establecidos por el Estado colombiano, para tratar el consumo de drogas prohibidas en la población menor de edad en la ciudad de Manizales. Dicho procedimiento aplicado en este caso particular, sirve como ejemplo local de los procedimientos que son implementados a nivel nacional para cumplir con las políticas de fiscalización de drogas.

Según esta funcionaria, la problemática fundamental que se presenta en la actualidad local es la falta de cupos: "hay muy pocas instituciones especializadas en la atención de niños, niñas y adolescentes consumidores, desborda la capacidad de respuesta que hay y en este momento estamos esperando cupos". La demanda de estos servicios especializados está muy por sobre la oferta que brindan las instituciones locales.

### 3.3.4 La intervención del I.C.B.F. en la ruta de atención local

Como se evidencia en los testimonios anteriores, algunos de estos jóvenes infractores detenidos por las autoridades son dirigidos a este instituto nacional, según el grado de vulneración de sus derechos y la falta de interés de los padres. Este enrutamiento se articula con la normativa constitucional delegataria, puesto que implica otros rumbos, nuevos responsables y procedimientos. Este instituto nacional no se especializa de manera directa con el consumo de drogas prohibidas. Por tal razón: "cuando llegan casos con chicos o chicas con problemas de adicción y si la única dificultad es el tema del consumo, lo que se hace es direccionar a través de un oficio para que se inicie de

---

[78] Entrevista realizada en junio del año 2016.

nuevo la ruta con la E.P.S.".[79]   Su principal finalidad es el restablecimiento de derechos de niños, niñas y jóvenes en emergencia por su vulneración.

También cumplen la función de redireccionar, de generar nuevos enrutamientos, según los casos particulares.  Se asemeja a una matriz que reubica a los menores de edad con verdaderos problemas de vulneración y abandono, en nuevos hogares sustitos donde son restablecidos sus derechos y que se caracterizan por tratarse de familias a las que se les paga un estipendio gubernamental, con la finalidad de brindarles la protección, el afecto y la nutrición de los menores de edad puestos bajo su cuidado.

Para esta funcionaria, la capacidad operativa del sistema de salud especializada para tratar los casos de menores de edad consumidores de drogas ha colapsado y esto está generando cambios importantes en la calidad del servicio prestado:

> Para el año 2012 la clínica psiquiátrica estaba ofreciendo un proceso de desintoxicación por cada muchacho en promedio veinte días; la dificultad que tenemos desde el año 2014 en adelante es que ya lo redujeron de tres a cuatro días, porque la clínica ya su capacidad operativa no les da y si el psiquiatra dice que necesita terapia de larga estancia, inclusive la Ley contempla que si son menores de edad en riesgo el tratamiento puede ser de hasta 18 meses.

Se manifiesta la inexorable necesidad de ampliar la cobertura operativa de este sistema de salud especializado para tratar a estos menores en estado de vulneración: "se requiere urgentemente de otro operador o que este operador tenga más capacidad de atención".  Este colapso del sistema de salud se hace cada vez más crítico, cuando se comprende que la adicción infantil es una sombra que les acompaña el resto de la vida, invitándoles a recaer.  Es un tormentoso lastre que se acomoda para quedarse. Por tal razón, los nuevos menores usuarios de este sistema de salud especializado, engrosan la interminable lista de espera por cupos, junto a los que han vivido el proceso y reinciden.  En palabras de la funcionaria:

> Cuando el muchacho está en la institución por varios meses, en medio de esa ansiedad le prometen a la familia que se van a portar bien y como ya lo ven gordito y bonito, le solicitan desesperadamente al defensor de familia que le devuelvan al muchacho, que lo reintegre al medio familiar.  Se trata de convencer a los padres que el muchacho necesita continuar un proceso diseñado para doce meses.  Al final, son muchachos que desertan del proceso, salen, recaen y vuelven

---

[79] Funcionaria administrativa local del Instituto Colombiano de Bienestar Familiar. Entrevista realizada en agosto del año 2016 en Manizales.

las familias a que se los recibamos de nuevo; pero como esto es con cupos muy limitados, deben de entrar a hacer la larga fila de espera desde la cola y a empezar de nuevo.

Este instituto nacional es el encargado de establecer las contrataciones con las otras instituciones especializadas que le sirven de operadores, con la finalidad de generar las reubicaciones y los redireccionamientos de los menores de edad vulnerados, según los casos. Para esta funcionaria:

> El Instituto Colombiano de Bienestar Familiar tiene unos operadores que son: Ciudadela los Zagales, Semillas de Amor, Niños de los Andes, el Centro de Recepción de Menores; todas estas instituciones en casi el 100% del presupuesto que ellos ejecutan es con contratos con el I.C.B.F. De todas estas instituciones, la única que recibe niños diferentes a los que envía el I.C.B.F. es Semillas de Amor, que ya empezó a contratar con las E.P.S. directamente, abriendo cupos específicos para el tema del consumo porque ellos son especialistas y tienen un centro de rehabilitación. Con todas estas instituciones tenemos contratado para la atención de niños vulnerados; pero aun nos hace falta tener una mayor cobertura.

Estas instituciones especializadas en Manizales, cumplen la finalidad de servirle al I.C.B.F. como extensiones de su institucionalidad delegataria que es legitimada constitucionalmente. Lo que las envuelve en un aura de legalidad contractual. Funcionan también como enrutamientos especializados donde se extiende la responsabilidad gubernamental de cumplir con los parámetros en la implementación de las políticas de fiscalización de drogas prohibidas en un contexto local. Es la reproducción de este paradigmático modelo de delegar la responsabilidad a otros funcionarios especializados a quienes se les debe pagar cuantiosos honorarios por sus vanos esfuerzos. Se trata de otra de las consecuencias colaterales que le cuesta una extraordinaria fortuna al Estado colombiano.[80] Demuestra ser un círculo infructuoso que crece y se incrementa cada vez más, con nuevas generaciones de consumidores en edades más tempranas, junto a los adolescentes rehabilitados varias veces antes de

---

[80] Según la funcionaria, el monto utilizado para el año 2015 superó los 16.000 mil millones de pesos colombianos, solamente en el pago de los salarios a los profesionales, especialistas y servidores de estas instituciones especializadas a nivel local. Esta cantidad se aumentó en los años siguientes con inyecciones presupuestales. Situación que no ha cambiado desde entonces, como tampoco han cambiado los resultados entregados. Esta situación local solo es un ejemplo de lo que ocurre en cada localidad a nivel nacional. La cuantía presupuestal anual gastada infructuosamente para resolver este dilema sociocultural creciente.

cumplir la mayoría de edad, obligados a enfilarse en un sistema exhaustivamente ineficaz. Los increíbles gastos gubernamentales en salarios para mitigar y tener un riguroso control del consumo de drogas en poblaciones tempranas, solo han servido para evidenciar su rotunda falta de efectividad.

### 3.3.5 Las instituciones penales para menores

Entre estos intrincados enrutamientos que vivencian los menores de edad usuarios de drogas prohibidas, se contempla la cruda realidad que se ha generado con la implementación local de esta política paradigmática. Este enfoque prohibicionista ha adquirido en el territorio nacional unas características particulares, que parecen responder al modelo económico global, caracterizado por delegar responsabilidades a través de vínculos contractuales con instituciones prestadoras de servicios especiales de carácter privado.

Según este modelo, resulta un negocio rentable crear instituciones especializadas para el tratamiento de estos menores con problemas de adicción e infractores de las políticas de drogas, puesto que el Estado colombiano está dispuesto a pagar por cada uno de sus usuarios precoces, a estas instituciones especializadas que decidan hacerse con la responsabilidad de su tratamiento. Con la situación actual. ¿Cómo dar abasto?

Algunas de estas instituciones especializadas han fraguado historias locales por prestar estos servicios especializados, vinculados por medio de contrataciones con el I.C.B.F. que las legitiman ante el Estado colombiano por prestarle estos servicios especiales, como son los internados para menores por conflictos contra las políticas estatales; mientras otras se gestan a razón de la increíble demanda de estos servicios, lo que se presta para que algunas oculten sus procedimientos y se vuelvan fraudulentas.

Entre las primeras se encuentra la Ciudadela los Zagales, una de las instituciones especializadas con mayor trayectoria histórica en la ciudad de Manizales. Esta institución está orientada a la reeducación mixta y sostenible. Es pionera en procesos reeducativos de alta calidad desde la protección integral, con aportes significativos en la investigación, prevención, educación y tratamiento, que facilitan la restauración del tejido social de los menores de edad internados, según la pedagogía de inclusión Amigoniana.[81] Según el coordinador de esta institución:

---

[81] Se encuentra adscrita al I.C.B.F., dirigida por la congregación de religiosos Terciarios Capuchinos de Nuestra Señora de los Dolores de la provincia de San José, con cobertura nacional. Atiende a niños y niñas en situación de vulnerabilidad de derechos, adolescentes

La Ciudadela los Zagales, escuela de trabajo la Linda, tiene una historia desde 1923 y manejada por los terciarios capuchinos desde 1953, nosotros llevamos 63 años ininterrumpidos de trabajo en la ciudad. La institución como tal no solo tiene cobertura para Manizales sino también para todo el país. Es una entidad sin ánimo de lucro que trabajamos con los recursos que nos entrega en I.C.B.F. y con los capuchinos que es una entidad privada. Nuestro fuerte es la educación terapéutica amigoniana con los adolescentes en conflicto con la Ley.[82]

Esta institución especializada es la más antigua que tiene la ciudad y una de las más conocidas por su enfoque "amigoniano", a través del cual se busca generar una relación fraternal con los adolescentes infractores que ingresan por responsabilidad penal. Para el funcionario entrevistado, 9 de cada 10 adolescentes ingresados presentan problemáticas por consumo de drogas prohibidas. En la ciudadela se implementa la política de cero tolerancia al consumo, propuesta por el I.C.B.F., lo que genera en estos jóvenes un alto grado de ansiedad y deseos de evasión, mientras se encuentran recluidos: "tenemos un programa diseñado para que haya una reducción, aquí los muchachos no pueden consumir porque nosotros como política institucional manejamos los lineamientos del I.C.B.F. que es cero consumo de las drogas y ese es nuestro objetivo".

A partir de este enfoque fraternalista se aplica un modelo basado en la abstinencia impuesta por medio del internamiento; situación que despierta constantemente el deseo de evadirse. Este modelo punitivo que enclaustra también sirve como causa y consecuencia de la situación de desescolarización, puesto que los menores de edad que terminan allí están danzando en el último escalón hacia el abismo; algunos han realizado varias veces la ruta establecida y se encuentran recluidos por faltas graves contra las políticas estatales. De hecho, el procedimiento implica una ruta a seguir que transporta al menor infractor de las aulas de clase y sus hogares, a estas instituciones penales y escuelas de trabajo para adolescentes.

Esta situación manifiesta la necesidad de mejorar los proyectos de prevención que han resultado un completo fracaso; antes que imponer esta ruta procedimental que resulta más traumática y dañina que el dilema sociocultural a solucionar sobre los jóvenes

---

en situación de riesgo y en conflicto con la legislación nacional, con programas de protección integral a nivel preventivo, educativo y reeducativo a la luz del carisma Amigoniano. Propende por la corresponsabilidad de la familia. Estos datos están disponibles en la página oficial de esta institución especializada, ruta: http://ciudadelazagales.blogspot.com.co/

[82] Coordinador del Área Ciudadela los Zagales, escuela de trabajo la Linda. Entrevista realizada en la ciudad de Manizales en julio del año 2016.

infractores. Propone utilizar el modelo piloto conocido como Zonas de Orientación Escolar (Z.O.E.), para mejorar las estrategias preventivas, puesto que permiten un diálogo constante y una relación horizontal con los estudiantes en riesgo. En sus palabras: "estas zonas de orientación permiten un acompañamiento estudiantil más cercano y vivencial". Ese mismo trabajo se ha venido trasladando a las universidades con las Zonas de Orientación Universitaria (Z.O.U). Lamentablemente: "solo se trata de un proyecto piloto, unos programas específicos para los estudiantes; pero, por cuestiones presupuestales, no se han podido implementar en todos los colegios y universidades de la ciudad".

Otra de las instituciones especializadas contratadas por el I.C.B.F. para tratar a los menores de edad infractores que son retenidos por la policía de Infancia y Adolescencia por consumir o expender drogas sometidas a fiscalización en el espacio público y que son judicializados con medidas por responsabilidad penal para adolescentes, es la comunidad terapéutica Semillas de Amor.[83] Para la funcionaria entrevistada:

> El I.C.B.F. nos paga por cada niño atendido un valor y el valor depende de la modalidad, porque no es lo mismo una atención para un niño que tiene los derechos vulnerados que para un niño que se está atendiendo porque tiene la problemática del consumo, ese es más específico y más especial, porque no es lo mismo el niño que consume que el niño que ya tiene un delito y las tarifas varían de acuerdo a la modalidad, porque nosotros tenemos un contrato y a nosotros nos pagan por cada niño atendido y durante los días que los atendamos.[84]

---

[83] Es una organización sin ánimo de lucro, concebida para la protección y rehabilitación de un grupo poblacional creciente de niños y niñas en situación de calle, en condiciones de gran vulnerabilidad a la violación de sus derechos fundamentales. Mediante programas y servicios se ofrecen soluciones reales para mejorar la calidad de vida de los niños y alcanzar su desarrollo integral, reconociéndolos como sujetos de derecho. En un contexto social donde los niños de la calle se habían convertido en parte del paisaje urbano, surge la acción altruista de su fundador, como un compromiso individual enmarcado dentro de un esquema asistencial de ayuda a esta población. Este trabajo se inicia en la década del 1970 y se ha ido nutriendo con un grupo de voluntarios, donde lo que prima es una relación de amistad y un sentido de ayuda filantrópico. Estos datos están disponibles en la página oficial de esta fundación, ruta: http://www.ninandes.org/htmls/institucional_historia.htm

[84] Directora de la comunidad terapéutica Semillas de Amor. Entrevista realizada en la ciudad de Manizales en octubre del año 2015.

Estas especificaciones permiten entender la lógica contractual utilizada por estas instituciones especializadas. Cada joven se convierte en una cifra que se ajusta a la modalidad, según los gastos que se requieren para su tratamiento. La efectividad es evaluada en este caso, por la calidad del tratamiento para deshabituar las conductas adictivas y delincuenciales de los jóvenes y por la cantidad de usuarios que pueden tener en sus instalaciones. Según la funcionaria:

> El contrato por atención en consumo del I.C.B.F. es de cincuenta cupos y calcule que esos cupos son para atender a todos los niños del municipio, eso se queda uno muy corto porque hay niños en fila esperando un cupo. Fuera de eso usted mete un niño a tratamiento y usted tiene que esperar que el niño termine el tratamiento para ingresar otro y el tratamiento se demora un año, o sea, que la rotación de cupo pasa muy despacio. Hay mucha deficiencia en la atención por la cantidad de niños que se tienen que atender y el I.C.B.F. ha insistido en ampliar los cupos y no ha sido posible porque el gobierno tiene otras necesidades.

Estas instituciones especializadas que intermedian entre lo privado y lo público, funcionan con presupuestos de la nación a partir de un modelo de atención colectivo, puesto que la reclusión para la abstinencia impuesta con el internamiento, consolida también un agrupamiento que los distingue y los define al posicionarlos en una misma categoría de enfermos con predisposición a delinquir. Trae consigo un costo gubernamental que se cobra y se paga de modo personalizado, donde la despensa presupuestal pública se divide en porciones individuales, según la cantidad de cupos contratados que puedan atender estas instituciones especializadas.

Para el coordinador entrevistado: "esta sede es externado de restablecimiento de conflictos con la Ley para jóvenes y adolescentes menores de edad, remitidos especialmente por el I.C.B.F. para restablecimiento de derechos. El contrato que manejamos es con esta entidad".[85] Cumple la misma función local que la Ciudadela los Zagales, puesto que reciben a los jóvenes declarados penalmente como delincuentes con medidas de aseguramiento. La capacidad institucional que manejan no es suficiente para los casos que son remitidos por esta entidad de carácter nacional, lo que ha llevado a un colapso presupuestal y logístico. Según el coordinador: "de los recursos que recibimos del I.C.B.F. para el mantenimiento de los muchachos nosotros pagamos los arriendos; las cuatro sedes que tenemos son alquiladas". Todas son para menores de edad en el acoplamiento entre consumo de drogas y la "justicia restaurativa", un modelo estatal cuya finalidad es retener a los jóvenes problemáticos

---

[85] Coordinador de la comunidad terapéutica Semillas de Amor. Entrevista realizada en febrero del año 2016.

y reorientarlos hacia la dejadez del hábito adictivo por medio del enclaustramiento impuesto: "como somos comunidad terapéutica nos compete en el acople trabajar lo que es consumo con lo que es restablecimiento de conflictos con la Ley, por lo que es un sistema de responsabilidad penal para adolescentes es importante adaptar lo que es la intervención terapéutica con la justicia restaurativa".

A razón de las medidas utilizadas en los tratamientos terapéuticos especializados de estas instituciones, la tendencia entre los jóvenes enclaustrados es la evasión: "lo primero que el muchacho quiere hacer apenas llega es volarse, volver a salir al medio donde consume, ya que ellos llegan con una medida de internamiento por conflicto con la Ley". (Ibíd.). Algunos jóvenes duran unas cuantas semanas, si logran evadirse, otros unos meses antes de ser reclamados por parientes responsables y en algunos casos logran terminar el tratamiento de un año. Los jóvenes cumplen estas medidas y tienen que soltarlos.

Lo que resulta lamentable es que estas instituciones no logren el principal objetivo encaminado a la rehabilitación, puesto que, al salir los jóvenes se encuentran en las mismas condiciones socioculturales que les han permitido el acceso y el consumo de estas drogas prohibidas: "ya cuando los muchachos egresan no tienen donde ubicarse, entonces hay veces decimos que los programas no sirven porque vemos las mismas caras, llegan de nuevo, recaen en el consumo".

No importa cuánto tiempo sean recluidos en estas instituciones penales para adolescentes, con eso no van a quitarles de la neurobiología de sus cuerpos el deseo por usar de nuevo y sentir los efectos generados por estas sustancias prohibidas; especialmente si se encuentran de nuevo en las mismas circunstancias socioculturales permisivas donde se dan las condiciones necesarias para consumir. El deseo adictivo que han despertado les acompañará el resto de sus vidas. Son jóvenes desescolarizados y desinstitucionalizados, desconectados del sistema social, construyendo culturas clandestinas orientadas al comercio y al consumo de drogas prohibidas. Inexorables reincidentes de un sistema ineficaz.

### 3.3.6 El colapso institucional y la crisis farmacrática

El negocio generado por los servicios que ofrecen las instituciones especializadas en el tratamiento terapéutico para jóvenes menores de edad con problemas de adicción, alcanza un clímax escandaloso. Esto se evidencia especialmente por las remisiones hechas desde el I.C.B.F. a otras instituciones cuyas especializaciones no son las adecuadas para el tratamiento de esta población menor de edad consumidora de drogas prohibidas.

Uno de los casos ejemplares se presenta con los "Niños de los Andes", fundación creada inicialmente para tratar población menor de edad por vulneración de derechos frente a conflictos intrafamiliares, pobreza extrema y desnutrición; pero que ha empezado a recibir población menor de edad con problemas de consumo. Al respecto, uno de los funcionarios entrevistados expresó:

> Todos los niños son remitidos por el I.C.B.F. a través de un defensor de familia para restablecimiento de derechos y cada día nos llegan más niños involucrados en la situación de consumo. Generalmente, si la situación de consumo es muy elevado, es necesario hacer un reporte o un informe especial para que sea reubicado en un sitio donde le atiendan su problemática. Aunque ahora es tan alto el índice de niños con esta situación que inclusive nos dicen que todas las instituciones de internado tenemos que estar preparadas para trabajar con esta problemática, a pesar que nosotros no somos especialistas en trabajar situación de consumo porque ahí se necesita un conocimiento muy especializado.[86]

Se evidencia el colapso institucional que ha resultado buscar un tratamiento para los niños consumidores de drogas prohibidas a nivel local. Entre estos desajustes que se manifiestan el más crítico se presenta cuando los jóvenes regresan a esta institución especializada, luego de la remisión hecha por la clínica de desintoxicación San Juan de Dios. Los jóvenes llegan bajo los efectos de otras sustancias utilizadas en el procedimiento ambulatorio. Según el funcionario entrevistado:

> El servicio clínico a veces no alcanza a ser suficiente porque realmente es muy corto, entonces regresan a la institución con una serie de medicamentos y sufren unos procesos complicados mientras su organismo comienza a adaptarse a esa cantidad de medicamentos que tienen que tomar. Cuando encontramos que un niño está en la situación de consumo y no se adapta y empieza a presentar situaciones de agresión, tenemos que remitirlo con un informe especial para que sea reubicado en otra institución como Ciudadela los Zagales, Hogares Crea o Semillas de Amor.

Esta situación se torna crítica cuando se comprueba efectivamente la reubicación de estos menores de edad en otras instituciones especializadas para cumplir estas sanciones de internamiento por responsabilidad penal, como ocurre con "Hogares Crea" donde han empezado a llegar adolescentes menores de edad, a pesar de ser una

---

[86] Representante encargado de la subdirección local de la fundación Niños de los Andes. Entrevista realizada en julio del año 2016.

institución especializada desde un principio en el tratamiento del alcoholismo y otras adicciones con mayores de edad. Según la funcionaria encargada:

> Trabajamos en la reeducación de personas que tienen problemas de licor y consumo de sustancias psicoactivas. Nosotros en este momento estamos trabajando con personas adultas, el objetivo es poderles colaborar con un tratamiento interno. Cuando una persona viene y solicita el apoyo, que pueden ser las familias de los afectados, los entrevistamos y les decimos qué tipo de atención necesita, si ambulatoria o tratamiento interno, les damos una orientación y hacemos una remisión. Se han dado muchos casos de familias de menores de edad. Sabemos que cada vez las edades para el inicio del consumo son menores y esta situación va en aumento. Nosotros aquí los concientizamos para que puedan tener un cambio y modificar sus conductas, la aceptación de su enfermedad es lo primero. El tratamiento para nosotros es mínimo de quince meses en la parte del internado.[87]

Esta problemática manifiesta un colapso de las instituciones especializadas en la ciudad de Manizales. Se revela como una consecuencia colateral local de la política farmacrática que se implementa a nivel nacional. Un reflejo del enfoque paradigmático internacional que se caracteriza por tratarse de una cruzada mundial contra las drogas consideradas ilegales.

Este predicamento sociocultural genera colisiones *sindióticas,* puesto que los jóvenes menores de edad que han incursionado en el comercio clandestino o en el consumo de estas sustancias fiscalizadas, se encuentran sujetos a padecer en sus cuerpos y entran en conflicto con estos procedimientos ambiguos, que los determinan judicialmente y los hacen transitar entre los márgenes de la delincuencia y la enfermedad.

A pesar de las recomendaciones hechas por la Asamblea General de las Naciones Unidas, especialmente sobre: "Aplicar medidas prácticas apropiadas para cada edad, adaptadas a las necesidades específicas de los niños, los jóvenes y otros miembros vulnerables de la sociedad". (U.N.G.A.S.S., 2016, p. 15). La saturación institucional produce este problemático dilema de enclaustrar en una misma institución, a menores infractores con mayores de edad drogodependientes. Los tratamientos especializados deben ser diferenciales para cada etapa de la vida, principalmente en los casos de menores de edad. No pueden asimilarse con los casos de adultos habituados a

---

[87] Psicóloga de la comunidad Hogares Crea ubicada en la ciudad de Manizales. Entrevista realizada en julio del año 2016.

consumos prolongados, quienes requieren otro tipo de tratamientos. ¿Acaso es posible agrupar en una sola institución especializada, usuarios pertenecientes a todas las etapas de la vida y con todo tipo de adicciones a las diferentes sustancias prohibidas? En el caso particular de los Hogares Crea, se implementa este modelo ideal de una institución multiterapéutica a la fuerza, por la inexorable necesidad generada por este sistema en crisis. Según la funcionaria entrevistada de esta institución especializada: "han llegado casos de menores de edad de 8 y 9 años que no podemos internar, porque aquí trabajamos con una población adulta con unos comportamientos más arraigados. Hay muchos pacientes que llegan aquí sin terminar los estudios".

Estos nuevos pacientes por drogodependencia que llegan a la adultez sin culminar los estudios básicos, son la consecuencia colateral generada por la implementación de este modelo ineficaz y ambiguo de las políticas para el control de drogas sometidas a fiscalización, que estigmatizan y correlacionan el consumo de drogas prohibidas con la delincuencia, la enfermedad y las falencias educativas; mientras permite, por otro lado, el porte dosificado para el consumo personal. Es lamentable que los menores de edad que viven estos enrutamientos sancionatorios y terapéuticos, sean los que engrosen las listas de desescolarizados en Colombia.

**Figura 18.** *Caricaturas.*

**Fuente:** (Agapito, 2015).

# Parte IV

# EVALUACIÓN

¿Cómo evaluar la efectividad de las políticas públicas para tratar el consumo de drogas prohibidas en la población menor de edad escolarizada? ¿Los testimonios de los menores de edad infractores pueden considerarse empíricamente válidos? ¿Es posible proponer un cambio alternativo para solucionar esta colisión histórica generada por la fiscalización de drogas en Colombia? ¿Qué sentido tiene proponer una gobernanza equilibrada?

# 4.1 La política de drogas en la palestra pública

El aumento progresivo de infractores en edades cada vez más tempranas es la evidencia palpable del fracaso en un siglo del conflicto contra las drogas en Colombia. Las evidencias de un colapso institucional y las colisiones causadas por la implementación de estas políticas de drogas, las cuales generan consecuencias colaterales tan perjudiciales como la problemática que buscan remediar. Los proveedores de estos servicios especializados en la rapacidad por los recursos estatales, implementan procedimientos que resultan infructuosos, que no son efectivos frente a la magnitud creciente del consumo cada vez más diversificado y complejo de sustancias sometidas a fiscalización. El peligro de la farmacodependencia parece correlacionarse inexorablemente con la estigmatización social, la delincuencia juvenil, la enfermedad mental y la desescolarización.

Los intrincados rumbos que se gestan con la implementación de las políticas de drogas en Colombia, a los jóvenes menores de edad infractores a partir del principio constitucional de delegación de responsabilidades estatales, a entidades contratantes que sirven como proveedores particulares de este servicio social. Los conducen por destinos que van desde las instituciones educativas y sus hogares, hasta los centros de recepción y enrutamiento hacia las instituciones especializadas para el tratamiento clínico, terapéutico y sancionatorio.

Estas carencias en la construcción y puesta en marcha de los colosales esfuerzos estatales para el tratamiento especializado del consumo de drogas controladas. Hacen pensar que son las políticas públicas las que tienen que adaptarse a la idiosincrasia cultural de la nación y no la cultura nacional a las políticas públicas, si se busca un rumbo alternativo para no seguir haciendo lo mismo esperando resultados diferentes.

Es necesario dimensionar con claridad los bandos que han colisionado durante el último siglo en Colombia. De un lado, la necesidad estatal de cumplir con los pactos internacionales de luchar en conjunto para contrarrestar eficazmente el problema mundial de las drogas, como se manifestó en el trigésimo período extraordinario de sesiones de la Asamblea General de las Naciones Unidas (U.N.G.A.S.S., 2016). Por el otro, este tráfico clandestino y la cultura del consumo que promueve. La implementación de estas políticas internacionales en el territorio nacional, colisiona con las diferentes culturas clandestinas del consumo, milenarias en algunos casos, si se atiende el mensaje de los ancestros indígenas (Ronderos, Ritos y mitogonías indígenas en torno al yagé. Una reflexión sobre los orígenes de las conciencias humanas, 2005) y los restos arqueológicos (Samorini, 2014), desde los más remotos orígenes.

Estas culturas clandestinas han sobrevivido a un siglo de conflictos e incertidumbres. En la actualidad nacional existen entre los intersticios, perduran entre las fracturas, persisten entre los umbrales marginales de los diferentes territorios locales. Progresivamente se acrecientan con una multitud de subculturas juveniles de consumidores que crean nuevas exigencias, que reclaman el desarrollo de estrategias alternativas adecuadas para su intervención estatal, con procedimientos más novedosos y especializados. También son la nefasta consecuencia de la ineficacia en los procedimientos estatales implementados hasta el momento, el fracaso de las políticas de drogas en Colombia.

## 4.1.1 Percepción social de la política sobre drogas en Colombia

Para el año 2016 el Estado colombiano, a través del Ministerio de Cultura, presentó los resultados de lo que se denominó como: "Encuesta Nacional de Percepción sobre la Problemática y la Política de Drogas en Colombia". Los resultados que fueron presentados resultan nada alentadores:

> En cuanto a la percepción y valoración de la política de drogas, se preguntó a los encuestados, si esta ha tenido éxito, ha sido un fracaso o ha contribuido en la reducción de la problemática. Como resultado, se obtuvo que la valoración de la política es, en términos generales, negativa, toda vez que el 47.1% de los encuestados indicaron que la misma ha sido un fracaso, mientras que el 44.8% indicó que ha mejorado en algunas cosas. Solo el 1.9% de la población indicó que la política ha sido un éxito, lo que muestra un resultado contundente y mayoritariamente negativo, que debe tenerse en cuenta para la evaluación de los resultados de la política en general y por lo tanto de las estrategias, acciones y actividades implementadas. (D.P.D.A.R., 2016, p. 53).

En el análisis evaluativo del estudio mencionado sobre la percepción social a nivel nacional, la ciudad de Bogotá con un 55.6%, el Centro Oriente del país con un 41.2%, el Eje Cafetero con un 51.8%, los Llanos con un 49.1% y el Pacífico con un 48.6%; fueron las regiones con los índices más altos sobre la política de drogas percibida como un fracaso, en comparación con la región Caribe con un 50.7% y el Centro Sur del país con un 48.6%, donde fue percibida la política de drogas positivamente por el hecho de haber mejorado en algunos aspectos. (Ibíd.). Estos datos se relacionan con los estudios realizados en población escolar por el O.D.C. a nivel nacional, puesto que las zonas geográficas donde se presentan elevados índices porcentuales de consumo de drogas en la población estudiantil, se relacionan con las zonas geográficas donde se tiene una percepción de efectividad y valoración negativa en la aplicación de estas políticas de drogas, especialmente el Eje Cafetero y el centro del país.

Sobre las principales razones que se consideraron como factores causales de la falta de efectividad de las políticas de drogas formuladas e implementadas, se identificó en un primer lugar la falta de voluntad política con un 21.5%, seguida con un 20.3% la formulación y aplicación de políticas mal enfocadas. Estas fueron las principales razones que esbozaron los encuestados sobre la falta de éxito de las políticas de drogas en Colombia. Según los encargados de entregar estos resultados gubernamentales: "Esta priorización de razones, indica principalmente fallas en la institucionalidad, ya que se refieren al compromiso y asertividad de las acciones del Gobierno en términos de políticas públicas". (Ibíd., p. 54).

Este fracaso legitimado, deja un enorme vacío en el ejercicio del poder gubernamental a nivel nacional e internacional. Enfrentar este complejo dilema sociocultural, el tráfico internacional de drogas, su comercio clandestino interno y el consumo con un incremento y diversificación progresiva en todas las capas poblacionales, incluso las más vulnerables. De un modo contundente, un porcentaje muy considerable de los encuestados estuvieron de acuerdo en considerar este fracaso como la síntesis estadística y la fatal conclusión porcentual de cien años de colisiones en esta histórica cruzada farmacrática, el conflicto más costoso, interminable e infructuoso de la historia.

El único optimismo constitucional que se puede endilgar en este complejo fracaso nacional, es el hecho de compartirlo globalmente con otras naciones. La responsabilidad histórica en este fracaso compartido. Justificar esta falla sistemática a la delegación de la responsabilidad estatal, especialmente al hecho de compartir políticas internacionales que son costosas e ineficaces y seguir un juego estratégico permanente durante un siglo en la geopolítica del poder sobre el control de las drogas. La principal e inagotable fuente de colisiones inexorables en esta cruzada farmacrática que parece no tener final.

La gran mayoría de normativas expedidas a través de la historia judicial colombiana, con el fin de regular la relación de la sociedad nacional con las sustancias consideradas por las mismas normativas como ilícitas; suscita en la actualidad una cabal incertidumbre. Su peligrosidad radica en el hecho de generar hábitos perniciosos para la salud y tendencias adictivas que desembocan en dependencias crónicas. Por esta razón, legitiman unos procedimientos clínicos y sancionatorios, como el enclaustramiento para la abstinencia impuesta a menores de edad infractores en las instituciones especializadas. Por otro lado, legitiman la posesión para el consumo personal y se plantean alternativas como el autocultivo de *cannabis*. Es incuestionable que la juventud se encuentra en la vorágine, son los más vulnerables en toda esta cuestión y por esta misma razón, también son la clave para encontrar la posible solución a este dilema sociocultural:

> En la encuesta también se indagó sobre la opinión en relación con los grupos poblacionales más proclives al consumo de drogas. Los resultados indican que son los jóvenes en edad escolar, con un porcentaje del 59.3% y los universitarios con 14.8%, los más propensos al consumo. (Ibíd., p. 75).

La proclividad que se evidencia en estas encuestas, van muy a lugar con los resultados presentados en la primera parte. La decisión de apoyar el comercio clandestino recae sobre la juventud consumidora y su hábito adquirido, quienes reciben a cambio de su transgresión a la norma un señalamiento estigmatizador y un pasaje forzoso para un viaje por las instituciones especializadas. Al volver sobre el estudio analizado, especialmente sobre la percepción social que se tiene del joven consumidor a nivel nacional, se evidencia su posición marginal. La sociedad cobija al usuario de drogas con el estigma del drogadicto sospechoso, catalogado entre los márgenes de la delincuencia y la enfermedad:

> Este indicador, que puede considerarse como evaluador del grado de estigmatización legal del consumidor o usuario de drogas, muestra que un 54.7% de los entrevistados interpreta que la percepción legal es negativa, distribuida entre los que piensan que es un peligro para la sociedad (33.5%) y que son criminales o delincuentes (21.2%); pero resulta importante destacar que casi el 30.5% de los entrevistados, los percibe como enfermos. (Ibíd., p. 77).

Lo contraproducente de guiar el análisis a partir de este estudio gubernamental, radica en el hecho que refleja la respuesta que los medios masivos de comunicación han sabido generar en el público nacional. El estigma hacia el usuario y el traficante de drogas es la constante televisiva y mediática. Esta escuesta de opinión refleja lo que el Estado quiere hacer saber. Parece el vivo reflejo del modelo impuesto a partir de la política de drogas prohibicionistas. La estigmatización del usuario de drogas se convierte en una de las estrategias gubernamentales para controlar el uso. Según Escohotado:

> Muchos conciben hoy el uso de ciertas sustancias como una nueva forma de pecado, y los códigos tipifican esta conducta como nueva forma de delito. (…). Se autoincluye en el bando de los enfermos mentales y como enfermo mental – además de pecador y delincuente– viene siendo tratado el usuario de drogas ilícitas desde hace algunas décadas. (1998, p. 4)

La solución está en las raíces del problema; no obstante, otra de las consecuencias colaterales de la prohibición es la estigmatización que generan los medios masivos de comunicación, constitucionalmente obligados a seguir las políticas gubernamentales. La excusa que utilizan para rebotar la responsabilidad está en asumir que el objetivo primordial es prevenir a los potenciales usuarios entre las nuevas generaciones, con el hecho de hacerles saber que pesará sobre ellos la misma catalogación estigmatizante que padecen los usuarios activos de drogas ilegales. Esta orientación censurable genera especialmente dos efectos colaterales, igualmente dañinos; por un lado, la respuesta contraria por parte de la población menor de edad, seducida por la cultura del consumo prohibido y por el otro, la estigmatización general del usuario de drogas por parte del público no consumidor.

Se ha popularizado el paradójico estigma que rodea a las personas usuarias de drogas sometidas a fiscalización, situación que no ha detenido el incremento de consumidores cada vez más jóvenes y la oferta en el comercio clandestino de una variedad cada vez más grande y compleja de drogas que resulta incatalogable y que pone en tela de juicio la eficacia de las acciones políticas implementadas por el Estado colombiano. El enfoque paradigmático prohibicionista de las políticas de drogas, recuerda los escritos de Antonio Escohotado sobre "la cruzada farmacológica", el augurio siniestro de una guerra sin sentido y sin final, puesto que, según este historiador de las drogas: "no hay un solo grupo humano donde no se haya detectado el uso de varios psicofármacos". (Ibíd., p. 11). Esta paradójica realidad invita a cuestionarse: ¿Acaso se trata de una operación de tecnología política para desplegar una determinada física del poder, con fines sociales complejos? (Ibíd., p. 13). ¿El control estatal sobre la libertad personal de usar estas sustancias?

Estos malestares de la sociedad contemporánea son la evidencia de algo más oscuro. Son el instrumento de la represión en la cruzada farmacrática nacional. Un malestar enfermizo que infesta la sociedad como lo hacen las drogas que busca prohibir. Colisiona con la realidad sociocultural del comercio ilegal y las culturas del consumo, condenadas a la clandetinidad desde su prohibición y que han sabido persistir hasta la actualidad, a la par que los instrumentos policivos para su represión, siempre un paso adelante en la sofisticación instrumental para el microtráfico y el narcomenudeo interno y para el tráfico internacional. No importa el número de incautaciones y las cantidades incautadas por la policía nacional, las drogas llegan a los consumidores, cueste lo que cueste. Esa es la realidad.

Lo más abrumador de esta guerra contra las drogas, de esta insólita colisión *sindiótica* entre el control gubernamental impuesto a estas sustancias y la realidad sociocultural del consumo, es que parece no tener final. Después de un siglo infructuoso de conflictos y a pesar de las toneladas de drogas incautadas con su aparente incineración, la demanda creciente se satisface y prolifera. A pesar de invertir capitales colosales, absolutamente absurdos, en la capacitación de batallones interminables de sahuesos detectivescos y funcionarios públicos predispuestos, a costa de sus salarios, a seguir las ordenes impartidas de servir en la cruzada farmacrática. ¿Cuál es el resultado luego de un siglo? El aumento paulatino del consumo de una diversidad de drogas nuevas en las poblaciones escolares en edades cada vez más tempranas y la mayor producción registrada hasta la fecha de las drogas tradicionales en el tráfico internacional, como la cocaína, a cambio de una proliferación de nuevas sustancias sintéticas de importación clandestina. Todavía se realizan absurdos esfuerzos en seguir haciendo lo mismo esperando resultados distintos.

Parece que la lógica en esta guerra aparentemente irracional y sin sentido, no es diferente a la lógica de la economía global. Se hacen más sofisticados y costosos los instrumentos para colisionar, todo por el control del mercado de las drogas. Por estas razones, la percepción social general sobre las políticas de drogas implementadas a nivel nacional no es positiva:

> Los resultados son negativos, pues al menos 5 de cada 10 encuestados tiene una mala percepción para las acciones antes enunciadas. De igual forma, 6 de cada 10 personas no califica positivamente el reducir la estigmatización o rechazo a los consumidores y los resultados son más drásticos con la medida de permitir el porte y consumo a través de la "dosis personal" pues 2 de cada 10 la califica como regular y 5 de 10 la califica como mala. (D.P.D.A.R., 2016, p. 101).

El pesimismo social percibido en este estudio nada tiene de extraño. Solamente son el reflejo de una enorme incertidumbre sobre la efectividad de todos los esfuerzos realizados, especialmente por el incremento del consumo de drogas en las generaciones más jóvenes. Entre las posibles causas que han motivado el incremento en el consumo de drogas, la población encuestada consideró que es la curiosidad con un 52%, seguido por los débiles vínculos familiares con un 37.9%, las principales. También se presentó la presión de otros como una causa motivante con un 37.8% y la cercanía a personas consumidoras con un 35.3%. (Ibíd., p. 80). Todas estas causantes son también la inminente manifestación de una derrota irremediable en la cruzada farmacrática.

Es válido poner en duda la calidad metodológica de estos datos porcentuales, puesto que no se aclara la determinación de la muestra utilizada y los procedimientos de codificación y operacionalización de la información recolectada. En este apartado se muestran los datos, sin las precisiones correspondientes a estos dilemas fundamentales del método. Se reproducen; pero no con los mismos propósitos.

Entre estas falencias se encuentra la tendencia a decir lo que el Estado colombiano desea dar a conocer. Por esta razón, las medidas sobre el derecho a la dosis personal y de aprovisionamiento para los usuarios de estas sustancias, la paradoja que hace ambiguo todo el sistema jurídico al criminalizar el comercio clandestino que permite su suministro, tiene una percepción general negativa. La validación sobre la veracidad de la percepción social general que se manifiesta en términos porcentuales, concuerda con el pesimismo general y la incertidumbre reinante sobre la efectividad de las políticas de drogas en Colombia.

## 4.2 Las voces de los drogados

Hace falta escuchar las voces de estos actores que han vivido en carne propia las colisiones surgidas por las políticas de drogas. Quienes vivencian la carencia de efectividad en estos tratamientos especializados que establece el Estado colombiano. Son los nuevos protagonistas en este dilema del siglo. Ahora la juventud consumidora busca asumir una posición política en el escenario local y global. Algunos gritan públicamente en marchas organizadas: ¡Basta ya a la represión para el consumidor! Esa es su proclamación colectiva. Otros desean servir como testimonios vivos de un camino de dependencia y estigma que no se debe seguir. En muchos casos solamente prefieren la clandestinidad.

Resultan muy valiosas las apreciaciones de la población consumidora de drogas ilegales, cuando la finalidad es evaluar los resultados después de cien años de prohibición por las políticas sobre drogas en Colombia. Los menores de edad escolarizados y jóvenes universitarios, los cuales están en los umbrales de percepción en riesgo de consumir o son consumidores de estas drogas fiscalizadas. Otra parte de esta población está desescolarizada, en este insólito tránsito entre la desinstitucionalización a la reinstitucionalización paradójica, en una proporción cada vez más creciente por estar en las nuevas instituciones especializadas de la ciudad de Manizales; quienes han tenido que afrontar en la vulnerabilidad de sus cuerpos las implementaciones de las políticas prohibicionistas que los define entre los márgenes de la delincuencia y la enfermedad. Están obligados a vivir en carne propia los procedimientos penales y los tratamientos clínicos y terapéuticos que impone el Estado. Por esta razón, también son los principales evaluadores con sus propias vivencias de la falta de efectividad de este sistema paradigmático. De un modo contundente llevan el estandarte de su propio bando en este insólito conflicto sin final. Son los nuevos propagadores contemporáneos de las culturas clandestinas del consumo, la otra cara del problema.

A pesar de todas las estrategias preventivas del Estado para imponer estas políticas prohibicionistas, que son implementadas por funcionarios representantes del Estado, formados y pagados para incorporar en sus funciones esta finalidad. Pero sus colosales esfuerzos son irremediablemente vencidos por la curiosidad infantil y la prodigalidad ingeniosa de los traficantes clandestinos. Por las inhóspitas fuerzas de la juventud y la cultura. Los menores de edad y los jóvenes son las principales poblaciones de consumidores en la actualidad, abanderados de un mundo subterráneo que ha sabido subsistir durante un siglo y que ahora, con toda la osadía y la intrepidez de esa etapa de la vida, se apropian de los espacios públicos con la victoria en este conflicto sin sentido. Una victoria infantil y juvenil que aprende a gobernarse a sí misma, que se posiciona con estrategias geopolíticas y activismos multitudinarios, con la más corrosiva de todas las resistencias; su persistente y terca firmeza en la cotidianidad sociocultural colombiana.

## 4.2.1 Entre los drogados: sin cruzar el umbral

Al interior de los salones de clase y en los planteles educativos locales ronda una sombra destructiva. Se trata de un nuevo demonio devastador: la drogodependencia y su estigma. Aun flota en el ambiente una cuestión fundamental. ¿El daño está en el tráfico y el consumo de estas drogas o en su prohibición? Algo puede sacarse en limpio de los ejemplos a seguir, cuando la costumbre ha sido la importación de políticas internacionales, la imitación de modelos fallidos con la compartida frustración que esto acarrea. No necesariamente la permisividad legislativa implica el aumento del consumo desmedido. En el caso colombiano, se ha comprobado hasta el absurdo todo lo contrario; que las políticas prohibicionista son también generadoras incidentales del incremento en el consumo.

Estas paradojas invitan a ingeniar nuevos rumbos estratégicos en la investigación, con la finalidad de ubicarse entre los umbrales, puesto que no todos los escolares que están inmersos en estos contextos socioculturales, deciden atravesar el umbral a un consumo abierto. Muchos no tienen la predisposición a la toxicomanía. Es una falacia considerar que se debe estigmatizar el consumo de drogas y volverlo el enemigo público número uno, como prevención para no caer presa de la adicción, cuando esta decisión corresponde a cada individuo en el fuero interno de su propia personalidad y según sus predisposiciones biológicas y predilecciones socioculturales. No le corresponde al Estado elegir por los ciudadanos, quienes tienen la libertad democrática de elegir qué hacer con sus propias personas, sin que el Estado tenga el deber de intervenir en esa decisión.

Así se tiene en un primer momento, el testimonio de un estudiante de 15 años a la fecha de la entrevista, hijo único de una pareja divorciada, especialmente vinculado a su padre, puesto que su madre forjó un nuevo hogar con otro hombre. En sus palabras: "Vivo con mi papá, solamente con él; mi mamá no vive conmigo. Ella tiene una nueva familia".[88] También expresó su conocimiento sobre el consumo de sustancias no autorizadas y su acercamiento al mundo de las drogas; pero que, a pesar de las condiciones socioculturales propicias para incursionar en el mundo del consumo, no presentó la predisposición personal de hacerlo:

> Es malo porque afecta mucho a los jóvenes de hoy en día, yo nunca he probado
> ningún tipo de droga y tengo amigos que consumen; el comportamiento de ellos
> es que les da mucha hambre, se ponen mucho a reírse, son más recocheros,
> permanecen siempre hiperactivos y me han ofrecido drogas muchas veces, pero
> yo siempre les digo que no y tampoco me ha dado curiosidad porque eso para
> qué si así está uno bien, para qué se va a poner uno a meter de eso y cuando yo
> veo a un amigo que está consumiendo, yo siento lástima por él, pero yo sí le digo:
> no meta de eso que eso para qué, que esas bobadas, pero si ya él decide seguir,
> pues ya para qué lo sigue aconsejando uno.

Vale resaltar la decisión personal del estudiante por no consumir drogas, a pesar de estar en un contexto donde comparte con pares consumidores y que incluye también la decisión personal de consumirlas por parte de sus amigos. La decisión de no

---

[88] Estudiante del Liceo Isabel la Católica, ubicado en la zona centro de la ciudad de Manizales. Entrevista realizada en septiembre del año 2016.

consumir, responde a la libertad que nace de su fuero interno y que responde a la libertad de elegir bajo su responsabilidad y por el libre desarrollo de su personalidad. Es el claro ejemplo de un caso que representa a muchos otros adolescentes que no tienen la predisposición biológica a la toxicomanía. Pueden tener las sustancias entre las manos, estar inmersos en un contexto de consumo, tener problemas intrafamiliares que les aflijan; pero no por esto las van a consumir. Mientras que los predispuestos biológicamente van a ser todo lo posible para generar las condiciones socioculturales propicias para hacerlo.

Otro aspecto a resaltar es la agrupación de pares cercanos en edad, coterráneos con la misma finalidad de cuidar los límites barriales y consumir sustancias psicoactivas ilegales en los espacios públicos. Este joven demuestra una fuerza de voluntad para decir no, acorde a su predisposición y personalidad; a pesar de encontrarse inmerso dentro de un contexto con las condiciones necesarias para el consumo:

> Hay un grupo de amigos que se unen para cuidar el barrio y si ven a alguien que no quieren, entonces dicen que vamos a apuñalarlo y todo eso. A mí sí me han invitado a que haga parte de esta pandilla, pero pues yo les digo que no, yo sí me junto con ellos, pero no hago parte de ellos. Ellos tienen armas corto punzantes y les gusta meter mucho vicio y me ofrecen; pero yo les digo que no.

Es clara la influencia de los grupos de pares coterráneos; pero eso no indica necesariamente una inclinación al consumo. Esto se debe a las predisposiciones biológicas y a las enseñanzas familiares, como señala el estudiante: "mis padres siempre me han dicho que debo aprender a decir que no y que la educación debe empezar en el hogar; lo que yo aprendo en la casa no lo aprendo en el colegio". No hay duda en este caso de la eficacia del consejo hogareño.

Esta libertad individual de elegir no hacer parte de la comunidad usuaria de drogas, resulta extraordinariamente valiosa. Es la manifestación que desacredita el falso mito de creer que, en una sociedad permisiva al consumo y coherente con las tendencias socioculturales, todos los ciudadanos se volverían toxicómanos. También se puede considerar como un ejemplo que demuestra la efectividad del sistema propagandístico de la cruzada farmacrática prohibicionista. Parte de los futuros ciudadanos que se han salvado de la epidemia pública que infesta la sociedad contemporánea.

En otro testimonio se evidencia igualmente la firmeza en esta decisión a decir que no, incluso por sobre las vinculaciones afectivas con los compañeros de clase. Se trata de una estudiante que a la fecha de la entrevista contaba con 14 años de edad, miembro de un hogar compuesto por la madre, dos hermanas por parte de la mamá y el padre de sus hermanas. Según sus palabras: "no vivo con mi papá, no sé dónde está y no lo conozco. Mis hermanas sí tienen su papá, pero no es el mismo que el mío".[89] Cuando se le preguntó si ha consumido sustancias prohibidas, contestó: "nunca lo he hecho, no me gustan las drogas". Luego corroboró:

> Nunca he probado sustancias psicoactivas y mis amigos sí me han dicho que me invitan a fumar, pero entonces yo les digo que no. Son disque los amigos, pero entonces qué clase de amigos son esos y yo por eso solamente los saludo cuando los veo en clase, pero para permanecer con ellos o salir con ellos, nada, no me gustan porque ellos solamente piensan en trabarse.

A pesar de las posibles disparidades y conflictos intrafamiliares, la estudiante presenta una firmeza en la decisión a decir que no. También establece una distinción clasificatoria para ubicarse especialmente en la oposición a los consumidores, quienes solamente piensan en "trabarse", término perteneciente a la jerga juvenil y que se define como el hecho de consumir y estar bajo los efectos de estas drogas prohibidas. También expresa una personalidad caracterizada por la determinación a posicionarse en el ámbito de este conflicto sociocultural, bajo el influjo preventivo de la estigmatización implantada como estrategia de la política prohibicionista. Su radicalidad llega al completo rechazo de los compañeros consumidores y de sus espacios ocupados.

El repudio estigmatizador de esos otros compañeros coterráneos con los que comparte las mismas aulas de clases, los mismos espacios escolares, los parques y las otras zonas públicas de la ciudad; pertenecen a otra clase de personas, se encuentran en el otro bando de esta guerra contra las drogas. Este conflicto divide a la sociedad, genera con la estigmatización esta consecuencia colateral. Divide y vencerás, dicen los agüeristas. En este país han vencido porque han sabido dividir y oponer a la sociedad en un conflicto sin final, que supura en sus raíces un interés económico por el control del colosal negocio de las drogas.

Estas sospechas han despertado intereses subalternos de rebeliones ideológicas contra el sistema impuesto por la hegemonía paradigmática. Una invitación que se ha vuelto recurrente cuando se habla sobre el orden mundial y los nuevos desafíos a enfrentar en la geopolítica contemporánea, especialmente para los países latinoamericanos. Por ejemplo, Geraldo Lesbat sugiere que las naciones del cono sur tienen que: "definir sus propios objetivos de defensa de acuerdo con sus intereses nacionales y los intereses

---

[89] Estudiante del plantel educativo Gran Colombia, ubicado en la zona periurbana de la ciudad de Manizales. Entrevista realizada en abril del año 2016.

compartidos en el ámbito regional, y no de acuerdo con los intereses de la potencia hegemónica, los Estados Unidos". (Cavagnari, 1994, p. 75). De un modo más preciso y pertinente, este autor habla de los límites y los alcances de la "narcodiplomacia continental", entendida como la política exterior norteamericana que se ha vuelto política mundial, especialmente el paradigma sobre el control internacional del tráfico de drogas. Se refiere a los convenios internacionales que cerraron el siglo XX, donde se incluye a Colombia entre las Naciones Unidas contra el problema mundial de las drogas. La implementación en el territorio nacional de estas políticas antidrogas, centradas en erradicar y controlar la oferta externa antes que controlar la demanda interna, con la inyección de increíbles capitales financieros en dólares para la formación en las diferentes naciones productoras de narcóticos prohibidos, de cuerpos militares nacionales especializados en la erradicación antidrogas. (Tokatlian, 1994). Una estrategia geopolítica que permite delegar y compartir la responsabilidad con otras naciones, a través de este modelo paradigmático que se replica y que solo ha servido, en este caso, para compartir el fracaso de dividir y poner al país en guerra permanente consigo mismo.

La sociedad colombiana, antes que padecer de epidemias toxicómanas, está enferma de prejuicios ajenos que se han enconado en el espíritu nacional; prejuicios que enferman a las nuevas generaciones, forzadas a lidiar con el lastre generacional que les obliga a llevar a cuestas el sistema prohibitivo impuesto. En otro testimonio de una estudiante de 15 años a la fecha de la entrevista, hija única de una pareja compuesta por madre y padrastro. Se evidencia las paradójicas consecuencias de las estrategias preventivas, frente a la realidad conocida respecto a la predisposición a la toxicomanía. Sobre el consumo de drogas prohibidas, la estudiante señala:

> Es malo para la salud. Nunca he consumido, pero mis amigos sí me han ofrecido. Nunca la he probado porque eso acaba con la vida. Ellos me ofrecen, pero yo siempre les digo que no porque las drogas solo lo llevan a uno a la perdición. Yo sí les aconsejo mucho que dejen eso, pero no lo dejan. Al que le gusta le sabe y nunca me ha dado la curiosidad por probarla.[90]

A pesar de estar en la sacrosanta lista de los salvados de la perdición destructiva por el consumo de drogas. Entiende que los estudiantes que tienen la predisposición a experimentar con sustancias prohibidas, encontraran los medios y las condiciones socioculturales necesarias para hacerlo. No hay estrategia preventiva de las

---

[90] Estudiante del plantel educativo Bosques del Norte, ubicado en la zona perirural de la ciudad de Manizales. Entrevista realizada en agosto del año 2016.

autoridades policiales y educativas, o consejos de los familiares y de las jovencitas angelicales promotoras del sistema prohibitivo, que detenga la curiosidad de los destinados a continuar con la cultura del consumo clandestino de drogas prohibidas.

La paradójica incertidumbre que choca en una colisión *sindiótica* en las mentes condicionadas de las nuevas generaciones, como se infiere en este caso, es la convicción estigmatizadora del daño que genera el contacto con estas sustancias consideradas peligrosas, a la vez que son estimadas jurídicamente valiosas para fines médicos y científicos. Esta incuestionable contradicción colisiona en todos los órdenes y resulta tan corrosiva y perjudicial como el daño a la salubridad pública generado por las drogas que prohíbe.

En otro caso ejemplar que también manifiesta este triunfo y fracaso, esta efectividad a medias de la incertidumbre política. Se trata de una estudiante de 14 años para el momento de la entrevista, miembro de una familia compuesta por los padres naturales, dos hermanas mayores, varios primos recurrentes y los abuelos maternos. Considera que: "meter drogas es irse por el camino del mal, porque no lo lleva a uno a nada bueno".[91] Más adelante continúa: "Nunca he consumido drogas, pero sí tengo muchos amigos que consumen y yo les digo que no consuman, que eso daña la vida; porque yo he visto como quedan cuando consumen, como por ejemplo mi hermano y yo no quiero eso para mí".

De nuevo se manifiesta la presencia de una comunidad de consumidores que son también compañeros de clase. Al parecer, cada institución educativa tiene su propia comunidad clandestina de usuarios de drogas, quienes invitan a los otros a formar parte. Lo paradójico en este caso en particular, es que este flagelo maligno no solamente le seduce como un demonio malvado que la invita a caer en la escuela, sino que ha sabido entrar en su familia para dañar la vida de su hermano. En sus palabras:

> En este colegio sí hay muchos consumidores. Yo les diría a los compañeros que no lo hagan porque eso lo destruye a uno. Por ejemplo, mi hermano empezó a consumir a los 14 años. Estudiaba en el Liceo Isabel la Católica y se salió de estudiar y empezó a meter vicio todos los días, hasta que lo mataron en una olla por estar consumiendo. Por meter vicio y por las malas amistades. Lo mataron porque la cagó muy feo. Yo por eso estoy porfiada en rescatar a mi novio, sé que no debo estar con él porque es malo. Mi familia no sabe que yo estoy con él. No hace nada y solamente mete vicio, aunque no permite que yo lo haga. Él

---

[91] Estudiante del plantel Educativo Liceo León de Greiff, ubicado en la zona centro de la ciudad de Manizales. Entrevista realizada en abril de año 2016.

tiene 16 años y estudiaba aquí, pero se salió por el vicio y yo le insisto que lo deje, que no fume más de eso, pero él no lo deja.

Todas las problemáticas parecen juntarse en esta situación particular. El hermano formaba parte de una pandilla barrial y en un ajuste de cuentas fue asesinado. Pasó a engrosar la lista de los verdaderos delitos impunes en este país, puesto que los causantes reales no fueron identificados. Esta correlación entre delincuencia y drogadicción no es la regla general, tan solo una táctica acorde a las políticas prohibicionistas de estigmatización entre los umbrales de la delincuencia y la enfermedad. (Moreno & Zapata, 2013). Según esta lógica paradójica, él no perdió la vida cuando lo asesinaron; lo hizo cuando decidió el rumbo de los usuarios de drogas prohibidas, el mismo que lo desescolarizó y lo redujo a la viciosa vagancia que lo condujo al expendio de drogas donde lo asesinaron.

Estas consecuencias colaterales del comercio clandestino y la represión estatal estigmatizadora, entran hasta el fondo del espíritu familiar de la sociedad colombiana. Lo más escalofriante y estremecedor de este conflicto mundial del siglo, gestado en la incertidumbre, es que encuentra los medios para meterse en los hogares de las personas y en sus propios cuerpos vulnerables, desde las edades más tempranas. De algún modo, la relación sociocultural con las drogas logra ser ubicua, se encuentra en todas partes, ya sea por el influjo de los comerciantes clandestinos y los consumidores, o por la prescripción facultativa de los médicos titulados. No hay un solo espacio, público o privado, que no se encuentre contagiado de esta insólita epidemia.

El aprovechamiento fraudulento de la necesidad humana por estar bajo los efectos de lo que genere placer y aleje el dolor. El comercio, tanto legal como clandestino, de sustancias psicoactivas de todas las variedades, incluso a los menores de edad que han comenzado a formar parte de las comunidades de usuarios clandestinos en las instituciones educativas locales. La evidencia de una carencia de efectividad en las estrategias prohibicionistas. No han generado ningún efecto salutífero, solo un malestar peor: el estigma destructor de los proyectos de vida y el aumento de la desescolarización.

El mismo que alimenta el pensamiento de los casos tratados en este apartado y que son pocos de los cientos posibles, tan solo de las instituciones educativas de la ciudad de Manizales. Son los que se han salvado del estruendoso malestar toxicómano y del estigma social que genera el hecho de consumir estas drogas prohibidas, que parece asechar como un espíritu maligno y vivo entre toda la comunidad estudiantil. A pesar de no consumir, están en riesgo al compartir los espacios escolares con los consumidores esporádicos, habituales o crónicos de estas sustancias escalofriantes, generadoras de placeres artificiales y paraísos mentales orgiásticos, a la vez que tormentosas, incontrolables y destructivas dependencias a sus efectos mágicos. A pesar de vivir entre los drogados, no se atreven a atravesar el umbral.

## 4.2.2 Entre los drogados: en el umbral

Según los estudios sobre escolares del O.D.C., se ha presentado durante las últimas décadas a nivel nacional un incremento importante en las comunidades estudiantiles de usuarios de drogas prohibidas. Es innegable su presencia en las culturas juveniles en Colombia. Una de las características de estas agrupaciones de pares es la libertad de compartir colectivamente la decisión personal de consumir estas sustancias jurídicamente ilegales, pero culturalmente permitidas y comercialmente disponibles, aunque de manera clandestina.

Es común hallar entre los testimonios sobre la iniciación en el consumo de drogas, una diversidad de causales relacionadas para explicar la decisión personal que les motivó en un primer momento al hecho de consumir. Así se tiene el caso de una estudiante de 16 años a la hora de la entrevista, miembro de un hogar nuclear compuesto por los padres naturales y tres hermanos mayores. En sus palabras:

> Yo sí he consumido de eso, a los catorce años consumí por primera vez marihuana. Yo empecé a consumir por muchos problemas y también porque uno quiere, por problemas emocionales en la familia, sino que en la casa había muchos problemas y por eso también lo hice.[92]

El hecho de desplazar y compartir la responsabilidad personal, aunque de manera incidental, con otros actores sociales es un factor común en estas entrevistas a estudiantes consumidores. Las relaciones problemáticas dentro del núcleo familiar, influyen en la decisión personal de los menores de edad para caer en el consumo de drogas, como se manifiesta en este caso. También se puede considerar como la principal fortaleza cuando se buscan estrategias para mitigar esta problemática. Son los grupos de pares como los compañeros de clase o los vecinos del barrio, quienes gestan las condiciones necesarias para consumir drogas, como se ejemplifica en este testimonio. Según la estudiante:

> Cuando uno estaba con ellos y ellos consumían, prácticamente lo obligaban a uno para que uno consumiera con ellos. Mis amigos eran del colegio y lo hice dentro del colegio en un baño. Ellos me ofrecían todo el tiempo y uno cuando consume

---

[92] Estudiante del plantel educativo Liceo Isabel la Católica. Entrevista realizada en Manizales en septiembre del año 2015.

eso se siente en otro mundo, como relajado y en el colegio no se dieron cuenta que yo lo hacía. Pero ya puedo decir por mucho que me insistan que no quiero y que, si ellos lo quieren hacer, que lo hagan, pero ellos solos.

Es revelador e impactante conocer el testimonio de una estudiante que admite un consumo de drogas prohibidas dentro de las instalaciones del plantel educativo, sin ser hallada en flagrancia, por utilizar este término perteneciente al argot policivo. Tampoco los miembros de su familia se enteraron. Este tipo de estudiante en el umbral del consumo, que pasa inadvertido para las autoridades policiales, escolares y familiares, resulta el más frecuente en la actualidad. En este testimonio también se expresa la fuerte influencia que ejerce sobre su autonomía, las decisiones que se toman dentro de las agrupaciones de amigos en las que se incluye. Parece incluso que la decisión del grupo de pares por consumir, doblega la decisión personal de decidir por sí misma.

Un testimonio similar que valida la estruendosa influencia de los pares coterráneos en la decisión de consumir, lo ofrece otro estudiante de 17 años al momento de la entrevista, miembro de una familia dividida, compuesta por el padre y una pareja de hermanastros paternos y por la madre, un hermano menor y los abuelos maternos. Cada uno de estos hogares vecinos, con las puertas abiertas para este joven en el umbral. Según sus palabras:

> Yo me empecé a juntar con un amigo y él me empezó a ofrecer marihuana hasta que la probé y fue dentro del colegio. Lo hicimos en el baño durante un descanso con una pipita. Por la casa yo no fumaba porque me daba miedo que me vieran los vecinos del barrio o mis hermanos y le contaran a mis papás. Fue en el colegio en un baño, pero yo no volví a hacer eso, porque me dio miedo que me pillaran y le dijeran a mis papás, o que me echaran del colegio.[93]

Comparte con el testimonio anterior el factor común de llegar hasta el umbral de las drogas, sin ser detectados por los implementadores del sistema prohibitivo. A pesar que no atraviesan completamente este umbral, puesto que no viven el tránsito por las instituciones especializadas, hacen parte también de la comunidad de consumidores esporádicos que suelen pasar inadvertidos, que son invisibles por las autoridades escolares y que no despiertan las sospechas de sus familiares.

Otro caso ejemplar que entra en esta categoría analítica y que resulta particular en este apartado, puesto que se trata de un estudiante de 15 años en el momento de la

---

[93] Estudiante del plantel educativo San Agustín, ubicado en la zona de Galerías de la ciudad de Manizales. Entrevista hecha en abril del año 2016.

entrevista, miembro de una familia compuesta por la mamá, la pareja sentimental de la madre, un tío materno y un primo. Confiesa que consume marihuana desde los 12 años de edad y que lo hizo en un primer momento por simple curiosidad. Desde entonces lo sigue haciendo porque le gusta. Según sus palabras:

> Mi mamá no sabe que consumo y sería muy duro para ella cuando se entere, porque ella está viendo por mí y yo soy el consentido de mi mamá. Seguramente lloraría y me aconsejaría, me preguntaría por qué lo hice. En el colegio pues yo creo que sospechan, por eso ya no fumo ahí y no llego después de fumar. Me cuido mucho del *pisquero*.[94] Si en el colegio se llegaran a enterar no sé qué me dirían; los que echan es porque hacen mérito propio. Además, yo fumo de vez en cuando. [95]

Estos casos ejemplifican un amplio grupo de menores de edad que son usuarios de drogas y que han sido hasta ahora ignorados, que han sabido pasar desapercibidos para las autoridades; pero que son los principales responsables del incremento significativo del comercio y el consumo clandestino de drogas en las instituciones educativas. Si se tuviera un índice porcentual fiel a la realidad, donde estuvieran incluidos estos casos no conocidos, insospechados, esporádicos; las estadísticas serían realmente escandalosas.

Lo paradójico de esta población de usuarios inadvertidos que proliferan en las instituciones educativas locales, radica especialmente en el hecho que no generan la activación de las acciones estratégicas a implementar institucionalmente en estos casos específicos y que son formuladas por medio de las políticas de drogas, las cuales se han enfocado en imponer un control prohibitivo a partir de un modelo clínico y punitivo. Esta represión genera el efecto opuesto, el ocultamiento y la clandestinidad de los consumidores de drogas prohibidas.

### 4.2.3 Entre los drogados: más allá del umbral

Solamente en los casos problemáticos, cuando los consumos se hacen habituales y crónicos, o cuando se manifiestan los fenómenos del narcomenudeo y el expendio clandestino entre los menores escolarizados. (Piedrahita, 2019). Se activan las rutas de atención que han sido formuladas con la finalidad de ser estratégicamente implementadas en los planteles educativos para estos casos específicos. Se trata de jóvenes en el umbral del consumo que no habían sido descubiertos por las autoridades

---

[94] Palabra perteneciente a la jerga popular de los consumidores de marihuana, para referirse al olor característico que deja esta planta psicoactiva luego de fumarse.

[95] Estudiante del plantel educativo San Agustín. Entrevista hecha en mayo del año 2016.

escolares y que habían sabido pasar inadvertidos hasta ese momento. Al despertar las alarmas institucionales, comienzan a vivir en sus propias personas la implementación de las políticas para el control de drogas, especialmente el libro II del Código de Infancia y Adolescencia, donde se establece el "Sistema de Responsabilidad Penal" y los "Procedimientos Especiales", para cuando los niños, las niñas y los adolescentes infringen la legislación establecida, cuando son víctimas o victimarios de un delito.

Los estudiantes descubiertos inician un complejo enrutamiento institucional que los desplaza de los planteles educativos a las instituciones especializadas de carácter clínico y terapéutico. Son categorizados en la ambigua definición jurídica, entre la delincuencia y la enfermedad. Con este procedimiento estatal, entre clínico y punitivo, se instaura el estigma sociocultural que envuelve al joven consumidor. Este enrutamiento implica en muchos casos la desescolarización, puesto que las características de estas instituciones especializadas es el internamiento para la abstinencia impuesta. Estas instituciones son percibidas como verdaderas cárceles para los menores de edad infractores.

En esta categoría analítica se encuentra el caso de un joven desescolarizado de 16 años en el momento de la entrevista, miembro de una familia compuesta por la madre, dos hermanos y un tío materno. Confiesa que desde los 12 años comenzó a consumir cigarrillos y marihuana, especialmente por la invitación de sus amigos del barrio San Cayetano. En sus palabras:

> Cuando yo estaba *trabado*[96] me daban como más ganas de meter. Eso fue en el colegio y cuando uno le coge el tiro a la *traba* ya eso se le nota a uno y los profesores se dieron cuenta cuando me vieron metiendo y se dieron cuenta porque unas peladitas fueron las que me sapearon. Yo estaba vendiendo y mantenía *luquero;*[97] pero un día me cogió el coordinador y me metieron a los baños y me dijeron que me quitara todo, hasta los zapatos y ahí me cogieron unos *moñitos*[98] que tenía. Entonces llamaron a mi mamá y también le avisaron a la policía y

---

[96] En la jerga local utilizada por los jóvenes consumidores, se refiere al hecho de estar bajo el efecto de las drogas prohibidas.

[97] Como parte de esta jerga, se refiere al hecho de tener dinero conseguido por este acto ilícito.

[98] En esta jerga, se refiere a una pequeña cantidad o dosis personal de marihuana.

hasta iban a allanar la casa. Ahí fue donde todo el mundo se empezó a dar cuenta.[99]

En este caso particular, la situación despertó todas las alarmas en la institución educativa y en el hogar. Automáticamente los dispositivos de control se desplegaron, las consecuencias estigmatizadoras por infringir las políticas de drogas se incorporaron sobre su humanidad. Según el joven, cuando la policía de Infancia y Adolescencia se comunicó con la mamá: "ahí mismo me dijo que me iban a llevar para el I.C.B.F. y mi mamá empezó a llorar y yo asustado". Esta situación se confabuló con la posición de su antigua institución educativa, puesto que: "en el colegio eso fue de una que me cerraron las puertas, de una me sacaron, no me dieron tiempo de nada".

La desescolarización se desencadenó como una consecuencia de la implementación de los procedimientos de control, puesto que el joven terminó en una institución especializada para el tratamiento de la adicción, vinculada con los programas de cero tolerancia al consumo de drogas del I.C.B.F., durante los siguientes seis meses. Al salir, no le recibieron en el mismo colegio y estuvo durante el resto de ese año sin estudiar: "me quedé un año sin estudio, vagando; hasta que mi madre me matriculó en este colegio y aquí estoy juicioso. De este no me voy a hacer expulsar".

En otro testimonio, un joven de 17 años en el momento de la entrevista, miembro de una familia compuesta por los padres naturales y un hermano de diez años, confiesa que empezó el consumo a los 13 años y lo hizo por curiosidad. Inició con la marihuana junto a unos amigos que tenían el mismo interés de experimentar nuevas sensaciones. Según el joven: "yo los estaba acompañando y ellos se pegaron un bareto y yo también me lo metí y así fue como empecé".[100] Posterior a esta primera experiencia se desencadenó un conjunto de nuevas experiencias con otras sustancias, hasta que el joven perdió el control y empezó a manifestar las características idiosincrásicas del consumidor crónico. En sus palabras:

> Eso es un perjuicio, yo me acuerdo que uno antes en la casa vivía original, sin problemas y ya no, ya se vive en un ambiente muy pesado; uno llega a la casa y

---

[99] Estudiante de la institución educativa Gran Colombia. Entrevista realizada en la ciudad de Manizales en agosto del año 2016.

[100] Entrevista realizada en la ciudad Manizales en septiembre del año 2016. Estudiante del plantel educativo Bosques del Norte.

ya ni se habla con el *cucho*[101] ni nada y me dice que parezco un *chirrete*[102] y qué tristeza escuchar eso. Yo en el día consumo tres, cuatro, cinco veces y a veces consumía cuando estaba en el colegio, lo hacía en una tapa de lapicero, o con una pipita, pero siempre es marihuana. Antes yo si metía solución, perico, Lady's, gotas. Las gotas se llaman *Clonazepan*[103] y eso se echa en la mano y se chupa con limón. Esas gotas son para los locos; a los locos los vuelve cuerdos y a los cuerdos los vuelve locos. De todas las drogas que he consumido la más fuerte para mí ha sido la *solución.*[104] Yo la dejé fue porque a mí no me gusta el olor que eso deja; pero la marihuana si no soy capaz de dejarla y eso ya es lo único que consumo.

En este caso particular se correlaciona el consumo de sustancias prohibidas con el bajo rendimiento académico y la pérdida de interés por las clases. Para este joven: "yo antes era un poquito inteligente, pero ya me da severa pereza. Hay veces llego es a dormir al salón. Yo necesito salir de estudiar". En el momento de ser identificado como un consumidor: "me llamaron a coordinación y me dijeron que no podía vender ni consumir drogas en el colegio, porque me expulsarían y que me iban a hacer un seguimiento y yo me comprometí en no volver a consumir y no lo volví a hacer en el colegio". Desde entonces sabe que se encuentra institucionalmente señalado con el estigma de consumidor que le persigue como una sombra. A un paso de engrosar las listas de desescolarizados por consumo de drogas prohibidas y bajo rendimiento académico.

¿Esto significa que hay una correlación entre ambas situaciones? ¿El consumo de drogas genera deficiencias cognitivas que producen un rechazo cerebral a las tareas y a las clases? Es posible que algunos científicos en los campos de las neurociencias, contemplen esta posibilidad bajo el contundente argumento de las pruebas experimentales hechas en los laboratorios. Según Nora Volkow, el consumo prolongado y crónico de drogas durante la juventud genera un deterioro cerebral

---

[101] En la jerga local, se utiliza como sinónimo de padre o para referirse a una persona apreciada por su vejez.

[102] En esta jerga, se utiliza para definir a los jóvenes que son consumidores crónicos de drogas prohibidas y que recurren especialmente a la fabricación y utilización de pipas.

[103] Este medicamento conduce a la sedación, la hipnosis, la actividad anticonvulsiva, la relajación del músculo esquelético, e incluso en dosis elevadas puede generar estados de coma. Entra en el grupo de las *benzodiazepinas*, drogas *ansiolíticas* que generan una reacción euforizante. Para indagar más sobre esta sustancia, dirigirse a la página disponible: http://www.eutimia.com/psicofarmacos/ansioliticos/clonazepam.htm#.Vl5CptIvddg

[104] Como parte de la jerga local, se refiere a la inhalación de pegante.

progresivo que afecta la funcionalidad cognitiva. Esta enfermedad del cerebro que afecta especialmente las fuentes del placer puede ser tratable, como lo demuestran los diversos proyectos de investigación desarrollados por el N.I.D.A. (Volkow, Las drogas, el cerebro y el comportamiento: la ciencia de la adicción, 2014);[105] pero aún se cuestiona sobre si la adicción generada por el abuso de drogas en la niñez y la juventud puede ser realmente curable y correlacionable con las malas calificaciones y el desaliento escolar, o con la tendencia de los menores de edad a infringir otros delitos de mayor gravedad.

Otro caso que entra en esta categoría analítica es el testimonio de una joven de 15 años en el momento de la entrevista, miembro de una familia compuesta por la hermana, el marido de la hermana, su sobrina y la madre.[106] Empezó su experiencia con las drogas a los 13 años, cuando fue invitada por su primo y algunos amigos a probar la marihuana. De ahí en adelante empezó un consumo habitual que la llevó paulatinamente a un estado de vulnerabilidad, cuando el uso habitual se volvió una necesidad diaria. En sus palabras:

> Yo sabía que mi primo consumía y dónde la guardaba. Él me invitaba cuando nos enfiestábamos. Una vez yo le robé y él me pilló y desde entonces no me volvió a hablar, ni me volvió a invitar con sus amigos. Entonces yo me fui para donde mis amigos que también fumaban. Ellos al principio no me dieron porque yo era una niña y no creían que yo metiera; pero luego sí, cuando me vieron fumando y yo tenía que meter, a pesar que eso me quemaba la garganta. Luego probé la *goma*,[107] aunque eso sí fue solamente un par de veces. Yo no quise más porque detesto el olor que eso deja.

---

[105] Entre los proyectos de investigación desarrollados por este *National Institute on Drug Abuse* (Instituto Nacional sobre el Abuso de Drogas), se encuentra el *Juvenile Justice Transnational Research on Interventions in the Legal System (JJ-T.R.I.A.L.S.)*. Investigación transnacional en Justicia Juvenil sobre Intervenciones en el Sistema Legal. Diseñado con la finalidad de identificar e implementar estrategias que permitan mejorar los servicios de prevención y tratamiento basados en evidencias sobre abuso de sustancias por parte de jóvenes que tienen problemas con el sistema judicial en los Estados Unidos. (Ibíd., p. 33).

[106] Entrevista realizada en Manizales en el mes de marzo del año 2017. Estudiante del plantel Educativo Liceo Isabel la Católica. Se respeta el orden como la estudiante posiciona los miembros de su hogar, puesto que indica el hecho que vive con la madre "de arrimadas" en el hogar formado por su hermana.

[107] Entra en la lista de los pegantes y solventes que se inhalan. En la jerga local un sinónimo de *solución*.

Las consecuencias de iniciar una vida de consumo que paulatinamente pasó de lo esporádico a lo habitual y luego a lo crónico, le llevó inevitablemente a sumergirse en la cultura del comercio clandestino de drogas ilegales; un estado de vulnerabilidad generado por la dependencia. Fue igualmente inevitable que sus familiares se enteraran de estas circunstancias particulares:

> Consumir me ha perjudicado mucho, porque yo me empecé a alejar de mi familia, yo prefería estar en la calle, o en algún parque con mis amigos metiendo vicio. Mi mamá se dio cuenta porque a mí me cogieron una noche que estaba con un amigo. Yo lo estaba acompañando a comprar y nos cogieron los *tombos*.[108] Llegaron dos en una moto y lo requisaron a él y le quitaron solamente la navaja. Yo iba en uniforme porque ese día nos tocó estudiar. Nos dijeron que no nos podíamos ir hasta que no llegara a requisarme una mujer. Nos quedamos ahí quietos hasta que llegó la policía; entonces me requisó y me encontró los dos *puchos*[109] de marihuana. Ahí mismo nos metieron en una patrulla y nos llevaron a un centro del I.C.B.F. Llamaron a mi mamá para que me fuera a recoger y fueron a mi casa a revisar. De ahí en adelante nos toca ir todas las semanas a unos talleres de drogadicción.

Al tratarse en ese momento de una menor de 14 años, no fue responsabilizada ni juzgada penalmente por la posesión indebida de marihuana, según lo establecido en los Artículos 142 y 143 del Código de Infancia y Adolescencia; pero sí tuvo que iniciar junto a la mamá un programa especializado de libertad asistida, una medida de seguridad para garantizar la protección y el restablecimiento de sus derechos. Esta nueva situación produjo nuevos conflictos al interior de la familia. En sus palabras:

> Comenzaron las peleas en la casa porque yo era una marihuanera. Me alegaban todos los días. No les gustó para nada y me empezaron a prohibir muchas cosas. Ya no podía salir con mis amigos y yo, a llevarles la contraria. Luego fue que me salí de estudiar porque tenía el primer periodo y el segundo periodo perdidos. Entonces a mí me dijeron que tenía el año perdido y yo dije: "ah, bueno, entonces

---

[108] Apelativo que se utiliza para designar de una manera despectiva a los miembros de la fuerza pública.

[109] En la jerga popular de los jóvenes consumidores, se refiere a una cantidad considerable de marihuana, mayor que un *moño*, cuya cantidad y modo de empacado, ya sea en bolsas de plástico con cierre hermético o en rollos de papel, está determinado por las estructuras del comercio clandestino encargadas de microtraficar y narcomenudear con esta sustancia en los contextos locales.

yo me voy". Yo me salí del colegio en agosto del año pasado y todo ese tiempo estuve en la casa y en la calle, hasta este año que me recibieron aquí.

Entre las consecuencias colaterales que se pueden rastrear en esta experiencia personal, se encuentra de nuevo la desescolarización del menor de edad infractor, que tiene que vivir en carne propia la aplicación de la norma. Parece existir una correlación entre el consumo de drogas prohibidas y la desescolarización, especialmente por parte de estos jóvenes que se encuentran más allá del umbral.

En otros casos referenciados en un artículo publicado en la revista "Cultura y Droga" de la universidad de Caldas, especialmente de jóvenes que no han cruzado o están en el umbral, sobre los compañeros descubiertos y procesados por haber cruzado el umbral. Se evidencia este paradójico malestar de la implementación local, el rumbo por el que son destinados sus compañeros hacia las instituciones especializadas donde: "a veces cogen consciencia y a veces salen peor (…) muchos consumen de nuevo y otros se van del colegio". (Arteaga & Pérez, 2015, pp. 132-133).

La cuestión fundamental está en comprender que estas correlaciones no solamente encuentran una explicación factible en las explicaciones que se hacen desde el campo de las neurociencias (Volkow, Las drogas, el cerebro y el comportamiento: la ciencia de la adicción, 2014); también encuentran una explicación, como parte de las consecuencias colaterales que genera la implementación local de las medidas que han sido formuladas en la política nacional de drogas. Se presenta un serio dilema cuando las medidas correctivas implementadas para mitigar el daño a la salud pública causado por este tráfico ilegal de drogas, inciden colateralmente en los índices de deserción escolar, estigmatización y exclusión social de los menores de edad infractores.

A pesar de los nefastos efectos secundarios que rotulan los proyectos de vida de estos menores de edad, quienes parecen estar destinados a ocupar el lugar de las futuras generaciones de judicializados por la política nacional de drogas. La inquietud fundamental se centra en la falta de efectividad de estos programas para mitigar el daño causado por estos tratamientos especializados implementados en la población menor de edad infractora. Parece que los procedimientos resultan tan perjudiciales como la problemática sociocultural que buscan remediar.

Esta carencia de efectividad en los resultados es la evidencia de una contradicción paradójica y una incertidumbre estructural del sistema político instaurado para el control de drogas en el territorio nacional. Las autoridades encargadas de implementar estas políticas, tienen que lidiar con la problemática directa, el consumo de drogas prohibidas en poblaciones con edades tempranas y con los efectos colaterales causados por la implementación de estos procedimientos especializados.

Esta situación genera un malestar general, la incómoda sensación de estar haciendo algo mal y de seguirlo haciendo cada vez con más terquedad, esperando que los resultados sean diferentes. Las autoridades estatales se ven en la paradójica ambivalencia de tener que restablecer la integridad de los derechos que vulneran. Se enfrentan a resolver los efectos colaterales de las medidas que implementan.

## 4.2.4 Inmersos en una paradójica incertidumbre

Los jóvenes infractores por consumo de sustancias prohibidas, caen presos en esta paradójica ambigüedad del sistema de control de drogas. La correlación que vincula el consumo de estas sustancias con la comisión de delitos y la enfermedad. Se establecen varias causales correlativas: los delitos que se cometen bajo la influencia de los efectos producidos por las drogas, los que se cometen con el propósito de financiar el consumo en casos crónicos, o los que se cometen en los expendios clandestinos. (Valenzuela & Larroulet, 2010).

La personalidad asocial se vincula al estilo de vida delincuencial como otro factor correlativo con el consumo de drogas prohibidas. También se establece la influencia de los grupos de pares como una atribución importante que encadena ambas conductas. Según el reporte de drogas de Colombia: "las personas inmersas en una subcultura delictiva transgresora, presentan un mayor riesgo de tener una problemática asociada a las drogas, y, por otro lado, las personas con problemas de drogas tienen a su vez mayor riesgo de participar en actividades delictivas". (O.D.C., 2007, p. 164).

Esta inexorabilidad estructural que correlaciona el consumo de drogas en edades tempranas con la delincuencia juvenil, se expresa en los variados estudios referenciados por la U.N.O.D.C. sobre el abuso de drogas en adolescentes y la vulnerabilidad familiar. Entre estos estudios se referencia a Carrillo y Luengo (1993), quienes analizan la asociación de las conductas antisociales de los adolescentes, para distinguir con mayor precisión el grado de involucramiento delictivo. (2013, p. 36). En este documento se propone como factor causal: "la ausencia física y emocional de alguno de los padres, el proceso de disfunción familiar (…), podría explicar tanto la iniciación precoz como el mantenimiento del consumo en los jóvenes". (Ibíd., p. 71). Según las referencias de este documento: "el consumo de drogas es más elevado en jóvenes de familias monoparentales o reconstituidas" (Ibíd.), por el menor control parental y los desajustes generados por la ausencia de unidad familiar.

Estos jóvenes infractores por consumo de drogas prohibidas en el territorio nacional, ingresan al Sistema de Responsabilidad Penal para Adolescentes. (S.R.P.A.). En el informe de drogas de Colombia se indica que, para el año 2016, el rango de edad con mayor frecuencia en las capturas por tráfico, fabricación o porte de estupefacientes, osciló entre los 18 y los 21 años, de los cuales: "el 51% de los casos los hechos que motivaron la judicialización de la persona fueron relacionados con la actividad de llevar consigo". (O.D.C., 2017, p. 149). Fueron jóvenes capturados en flagrancia portando la sustancia, sin una investigación judicial previa. También se registraron 5.390 capturas por esta modalidad delictiva de adolescentes con edades entre los 14 y los 17 años, que ingresaron al S.R.P.A. (Ibíd., p. 153). Sobre esta población se indica en este informe:

> Las condiciones de vida de estos jóvenes son más difíciles que las de la población general; por lo regular en su entorno familiar es frecuente el consumo de droga, la violencia intrafamiliar, la inestabilidad laboral de los padres, padres que han estado presos, la ausencia paterna e incluso materna, amigos y familiares delincuentes y consumidores de SPA, y patrones de crianza ambiguos o muy permisivos. En este sentido, más del 90% de los adolescentes que ingresan al sistema son de estratos 1 y 2, y por lo regular son personas que no realizan ninguna actividad educativa o productiva. (Ibíd., p. 163).

Para Moreno y Zapata, quienes realizaron un análisis etnográfico de la relación entre las prácticas delictivas y el consumo de sustancias psicoactivas ilícitas en la ciudad de Manizales: "Particular preocupación se expresa con relación a la población joven, que presenta indicadores altos de consumo de drogas con tendencia al uso problemático, al abuso y la dependencia". (2013, p. 18). Su interés no está en argumentar una rígida correlación entre el consumo de sustancias ilícitas y la delincuencia juvenil, antes que evidenciar una realidad sociocultural problemática que vincula a los jóvenes infractores de otros delitos, con el consumo prohibido de drogas ilegales.

Según estos autores, se presenta una paradoja de la rehabilitación por el frecuente reingreso a los C.A.D. de los supuestos rehabilitados. En estas instituciones especializadas en ofrecer los servicios de atención terapéutica de la ciudad: "No hay un programa de seguimiento a los jóvenes y no se conocen estudios que den razón del proceso y los resultados". (2013, p. 54). Se evidencia la falta de un seguimiento adecuado que vaya más allá de la imposición temporal de un estricto régimen de deshabituación con la abstinencia impuesta y el alejamiento de los contextos de consumo con el internamiento en una de estas instituciones. Estos programas locales destinados a la rehabilitación que son implementados, según las políticas para el control de drogas y los modelos internacionales de tratamientos para la drogadicción

(Volkow, 2010), resultan paradójicos por su falta de efectividad.[110] Los jóvenes infractores, al salir de estos programas especializados, vuelven a los contextos socioculturales locales donde les resulta permisible consumir y vuelven a caer. (Moreno & Zapata, 2013).

Esta paradoja de la rehabilitación se asemeja dramáticamente a la paradoja de la reincidencia. Este término se entiende como el acto a través del cual: "una persona se ve involucrada en diferentes casos por el mismo delito, haciendo de su actividad un comportamiento habitual". (O.D.C., 2017, p. 135). En este informe se indica que: "el tráfico, fabricación y porte de estupefacientes es el delito con mayor índice de reincidencia (…). Es también uno de los delitos en los que se evidencia la falta de una mejor regulación para castigar a los responsables". (Ibíd., p. 134).

Ambas situaciones paradójicas, la necesidad de volver a rehabilitar a los supuestos rehabilitados y la alta reincidencia en los delitos relacionados con las drogas prohibidas, son las dos caras de un mismo problema estructural del sistema de control. La doble evidencia de una incertidumbre sobre la efectividad de las políticas de drogas, donde se encuentran inmersos las nuevas generaciones de jóvenes usuarios de drogas prohibidas en Colombia.

------

[110] Entre los tratamientos para la drogadicción instaurados en este estudio internacional, se encuentra la farmacoterapia, donde se utilizan diversos medicamentos farmacológicos legales como la Metadona, un opioide sintético de larga duración para prevenir los síntomas de abstinencia de opioides ilegales (Ibíd., p. 41); la Buprenorfina que: "conlleva un riesgo bajo de sobredosis" (Ibíd., p. 42); la Naltrexona, un antagonista opioide el cual: "evita que el adicto sienta los efectos asociados al uso de las drogas" (Ibíd., p. 44), utilizado para neutralizar los efectos gratificantes del consumo de alcohol y la compulsión de beber. (Ibíd., p. 48). Otro medicamento similar es el Acamprosato, el cual reduce los síntomas de la abstinencia prolongada y ayuda: "a los bebedores dependientes a mantener la abstinencia" (Ibíd., p. 49); o el Disulfiran, el cual produce una reacción desagradable si el paciente consume alcohol. (Ibíd.). Sobre los tratamientos para el tabaquismo no solo se propone el parche transdérmico, el aerosol, los chicles y las pastillas de nicotina. También el uso del Bupropión, comercializado originalmente como antidepresivo con eficacia: "para eliminar el deseo de fumar" (Ibíd., p. 46); o la Vareniclina, el cual actúa en los receptores nicotínicos, neutralizando los efectos gratificantes de la nicotina (Ibíd., p. 47). Surge un cuestionamiento con la farmacoterapia: ¿Puede una persona volverse adicta a psicoterapéuticos prescritos por un médico? Es posible que sí: "puesto que algunos psicoterapéuticos conllevan un riesgo asociado de adicción". (Ibíd., p. 27). Paradójicamente, estos medicamentos para la adicción tienen el riesgo de generar adicción.

# 4.3 Culturas clandestinas

Desde el momento que se estableció la prohibición para el libre uso de sustancias psicoactivas, nació la clandestinidad. Esta oposición histórica ha colisionado desde un principio, coexistiendo en la conflictiva justificación que tiene cada bando en relación al otro, vinculándose inexorablemente en esta enmarañada colisión *sindiótica*. El intrincado choque entre las reglamentaciones y los convenios internacionales de las Naciones Unidas para los estados firmantes, con el objetivo de restringir estrictamente los usos para finalidades médicas y científicas; frente a las culturas clandestinas que luchan por el libre uso de estas sustancias prohibidas.

Se discute la colisión histórica de estas dos posturas opuestas que coexisten dándose vida la una a la otra. El inexorable conflicto entre las políticas estatales con raíces internacionales, que prohíben el libre uso de estas drogas y las culturas clandestinas que justifican sus acciones en la libertad personal que tienen los usuarios de estas sustancias ilegales de decidir por sí mismos su uso, sin la intervención del Estado en sus decisiones personales.

En ambos casos el interés se ha centrado en aniquilar al bando contrario. En el caso de la implementación estatal de las políticas antidrogas, se busca erradicar los cultivos ilícitos, encarcelar a los traficantes ilegales y rehabilitar a los enfermos que padecen su consumo. Estas medidas prohibitivas han generado como efectos colaterales la doble paradoja de la rehabilitación y la reincidencia en estos delitos, como también el aumento en los índices de deserción escolar. A pesar de las estrategias para la erradicación de los cultivos de coca, amapola y marihuana, estos cultivos son ahora más numerosos y productivos que en cualquier otro momento de la historia colombiana.

En el caso de las culturas clandestinas, se acrecientan con nuevas generaciones de usuarios, el comercio clandestino se diversifica con nuevas sustancias psicoactivas de difícil detección y las comunidades de usuarios se organizan para marchar con una misma proclamación: ¡Basta ya a la prohibición!

## 4.3.1 Colisiones mediáticas

Esta colisión *sindiótica* entre las culturas clandestinas y las políticas prohibicionistas en Colombia, se ha expresado prolíficamente en la literatura nacional y en los medios masivos de comunicación, donde se manifesta esta cruda realidad cultural y el ideal político de este estruendoso conflicto contra las drogas prohibidas.

Entre los más ilustres escritores colombianos se encuentra Germán Castro Caycedo, quien inicia con su relato "El extraviado" en su penumbroso libro titulado: "Colombia Amarga". El testimonio real de un niño que se pierde en las inhóspitas calles de Bogotá. Sobrevive por aprender a utilizar las artimañas de la calle al interior de una pandilla de gamines. Es en el interior de una institución para menores infractores donde aprende las peores calamidades de la vida en la calle, como las violaciones de los más pequeños por los mayores y el consumo de todas las drogas imaginables. Tuvo que defender su honra de hombre prematuro frente a los jóvenes violadores, pasar por todos los vuelos alucinójenos y por todas las artimañas de ladrón consumado. En una ocasión, mientras inhalaba gasolina en un trapo y fumaba marihauana, se prendió fuego hasta que sus piernas se achicharraron y terminó en un hospital de quemados donde fue encontrado por el autor.

En otra de sus obras, este escritor vuelve a tocar el tema de las drogas con un libro, entre literario y periodístico, titulado: "Candelaria". Allí muestra el triunfo rotundo de la cultura del narcotráfico. Su control comercial del mundo. Mientras haya una demanda tan extraordinaria como la generada por el consumo de sustancias ilegales, se van a encontrar los medios, por absurdos que parezcan, para satisfacerla. De una manera o de otra, el resultado será siempre el mismo: los consumidores satisfechos y los comerciantes clandestinos felices con sus absurdas y estrambóticas fortunas. Este libro genera la sensación de existir un espíritu que trasciende sobre todos los grandes capos históricos, desde Pablo Escobar en adelante. No importa a cuantos asesinen, capturen o extraditen; siempre habrá una multitud de sucesores dispuestos a tomar el control del negocio más lucrativo del mundo.

Según Maritza Montaño en su artículo sobre la violencia y el narcotráfico en la literatura colombiana, la evolución de la novela sobre la violencia ha servido como punto de partida: "para una narrativa que versa sobre las múltiples formas de violencia surgidas de la consolidación de una economía ilegal organizada alrededor del tráfico de drogas". (González, 2009, p. 123). Esta literatura del narcotráfico ha generado una corriente particular denominada "sicaresca", especialmente por la estrecha relación estre estas dos actividades ilegales en la historia de Colombia: el tráfico de drogas y el sicariato, donde se explora: "la figura del sicario representado como un ser misterioso y atractivo". (Ibíd., p. 131).

La actividad sicarial encuentra su lugar como una forma de violencia ligada al narcotráfico, que despierta el interés de los escritores. Entre las obras representativas de este particular género se encuentran: "No nacimos pa´semilla: la cultura de las bandas juveniles en Medellín", de Alonso Salazar; "La vírgen de los sicarios" de Fernando Vallejo; "Rosario tijeras", de Jorge Franco; "El cronista y el espejo" de Oscar Osorio; "Angostura" de Héctor Abad Faciolince; "El divino" de Gustavo Álvarez Gardeazábal. Estos son algunos libros representativos de este género "sicaresco", de una lista interminable donde la realidad del narcotráfico y la violencia en Colombia se mezclan con la ficción literaria.

Para María Eugenia de la O y Élmer Mendoza: "la literatura ha logrado captar la naturaleza del narcotráfico en sus dimensiones más sórdidas". (2012, p. 193). Lo que ha generado un estilo literario propio denominado "narconarrativas" (Lemus, 2005; Fonseca, 2009), una representación literaria fidedigna de la narcocultura, donde se expresa: "la presencia de nuevos actores, como los sicarios, los corridistas, los narcotraficantes, las buchonas, los judiciales, los políticos, los halcones y nuevos santos, como Chuy Malverde y la Santa Muerte". (de la O & Mendoza, 2012, p. 195).

Esta narcocultura de los excesos, las jóvenes voluptuosas, la violencia sicarial y las exuberantes riquezas del tráfico de drogas, ha encontrado un éxito rotundo en el séptimo arte y en la televisión. Entre las películas colombianas que representan este género se encuentran: "Sumas y restas" de Víctor Gaviria; "María llena eres de gracia" de Joshua Marston; "El Rey" de José Antonio Dorado; "La ley del monte" de Patricia Castaño y Adelaida Trujillo; "La selva en blanco" de Margarita Martínez; "El colombian dream" de Felipe Aljure y la última producción de Ciro Guerra y Cristina Gallego: "Pájaros de verano". Estos son algunos ejemplos entre un listado interminable que no cesa de crecer. (Liévano, 2018).

En la televisión son las narconovelas las que se han puesto de moda, especialmente por mostrar la polémica vida de los capos, inmersa en excesos, escenas de acción, mujeres hermosas y sexo. Por estas razones: "son las preferidas por el público y las que mayor audiencia logran". (EDT, 2016). Entre estas narconovelas se encuentran: "Pablo Escobar, el patrón del mal", "El señor de los cielos", "La reina del sur", "El cartél", "Sin tetas no hay paraíso", "El capo". (Ibíd.). Estos son algunos ejemplos de un largo listado que continúa creciendo, a pesar del polémico hecho de expresar abiertamente los excitantes beneficios y los siniestros perjuicios que genera la narcocultura.

La serie televisiva que ha marcado una nueva pauta en los programas que evidencian las consecuencias del tráfico internacional de drogas ilegales es "Alerta Aeropuerto" de *National Geographic,* donde se muestra el arduo trabajo de la policía antidrogas para detener el tráfico ilegal en algunos de los principales aeropuertos internacionales del mundo, ubicados en Madrid, Lima, Bogotá, São Paulo y Roma. Se trata de una estrategia mediática demasiado reiterativa que busca prevenir sobre el tráfico internacional, al mostrarle a la teleaudencia los riesgos de traficar con drogas prohibidas y las penosas condenas que reciben los que son atrapados ejerciendo este peligroso oficio.

Toda esta situación mediática parece colisionar entre los partidarios y los detractores de la narcocultura. En ambos casos manifiestan el triunfo rotundo e incuestionable de estas culturas clandestinas e invitan a preguntarse sobre los orígenes de esta colisión histórica.

## 4.3.2 El nacimiento de la clandestinidad

Los orígenes de esta colisión histórica surgieron con la cruzada planetaria contra el libre uso de drogas, la cual se originó en las primeras décadas del siglo XX. Paradójicamente fue en los Estados Unidos, la nación preconizadora de las libertades individuales y privadas, donde se fraguaron estos históricos choques con la imposición de la "Ley Harrison" para el control de medicamentos y la "Ley *Volstead*" o "Ley seca" para el control del alcohol, entre los años 1912 y 1917. (Escohotado, 1998, p. 476). Desde entonces se inició la interminable lucha entre la embriaguez perniciosa y la sana sobriedad, fundamento que sustenta el conflicto global contra las drogas.

Esto derivó en buscar los medios para determinar con mayor precisión lo que se puede entender en el lenguaje científico y jurídico por lo "médico" y lo "no médico". (Ibíd.). Lógica estructural que ayuda a vertebrar los argumentos de la prohibición. Esta oposición histórica se fragua en el choque entre estas dos fuerzas sociales. Llevó a la formación de una "farmacracia mundial", a pesar que: "estas iniciativas produjeron una cronificación del asunto". (Ibíd., p. 540). La cruzada farmacrática contra las drogas, paradójicamente despertó un interés mayor en su consumo. Como contrarrespuesta del sistema prohibitivo, surgieron los batallones de cruzados locales contra estas culturas clandestinas, con las naciones firmantes de los acuerdos internacionales donde se comprometieron a crearlos. (Ibíd.).

La prohibición generó diversas respuestas de los usuarios de estas drogas prohibidas. Protestas activas por la libertad que tienen de hacerse a sí mismos todo el daño que su propia voluntad y tolerancia les lleve a infringirse, sin que el Estado pueda impedírselos, especialmente por el estigma entorno al hecho de consumir estas sustancias no autorizadas. Estas claras denuncias por la libertad individual se hacen escuchar, puesto que: "todo hombre tiene derecho a hacerse daño". (Lewin, 1970, p. 167).

Estas denuncias contra la libertad personal, llevaron a que unas décadas después de impuesto el sistema farmacrático prohibicionista, se convenciera a la nación norteamericana de las injusticias perpetradas, la corrupción rampante, la formación de un nuevo crimen organizado clandestino y la creación de nuevas catalogaciones de delincuentes y delitos. (Fort, 1981). Esto llevó a que fuera también esta nación la que diera el ejemplo:

> La Enmienda XVIII es derogada por la Enmienda XXI. Casi medio millón de personas condenadas como criminales pasan, de la noche a la mañana, a ser para la ley ciudadanos irreprochables. No se prevén indemnizaciones, ni para ellas ni para los miles de muertos y heridos en tiroteos, ajustes de cuentas y demás corolarios prácticos de la cruzada. (Escohotado, 1998, p. 514).

En el año 1934 se declinó completamente la Ley *Volstead* en los Estados Unidos y se legalizó de nuevo el consumo de licores para mayores de edad. El fracaso de la farmacracia prohibicionista contra el alcohol, no dejó de justificar su existencia al enfocar sus miras prohibitivas hacia otras drogas consideradas peligrosas. El juego de fuerzas opuestas ya se había iniciado, los usuarios activistas de la contracruzada y los contrabandistas clandestinos adquirieron fama internacional y el increíble negocio de las drogas se extendió más allá de los enormes caudales farmacológicos de las naciones imperialistas, a las inauditas riquezas de los primeros grandes capos.

Fue a mediados del siglo XX, posterior a las guerras mundiales, que surgió el primer brote insurgente de resistencia activa al prohibicionismo. (Ibíd.). Paradójicamente, los llamados a liderar este nuevo discurso farmacológico, fueron prestigiosos artistas y científicos subvencionados por los principales institutos académicos e industrias farmacéuticas. Uno de ellos fue Albert Hofmann quien, para entonces, ya estaba investigando los alcaloides del cornezuelo hasta topar sin pensarlo, inadvertidamente, con la *dietilamida* del ácido *lisérgico*, el L.S.D.-25; el psicofármaco más poderoso creado en la historia de las drogas, cuyas dosis deben medirse en millonésimas de gramo, puesto que su utilización genera una experiencia extraordinariamente intensa. (Hofmann, LSD, 1980). Se piensa que no hay otra sustancia, ya sea natural o sintética, que genere un efecto similar en el organismo humano.

En la compañía especial de esta sustancia extraordinaria, se fraguaron diversos movimientos contraculturales que impusieron sus nuevos principios de confraternidad en la paz y el amor, frente a los controles policivos del sistema político prohibicionista y las guerras que el imperio norteamericano apoyaba militarmente en el Lejano Oriente, como la de Vietnam. Uno de los promotores de este movimiento fue Huxley, quien en una misiva le explicaba a Hofmann su proyecto de un "misticismo aplicado" a partir del uso del L.S.D.-25, como una hostia sacramental y visionaria en la búsqueda de una experiencia de autotrascendencia universal. (Ibíd.). Surgía el movimiento psiquedélico, con la esperanza de finalizar la guerra contra las drogas y todas las otras guerras, expandiendo la consciencia trascendental por medio de una confraternidad mundial bajo su efecto.

Otro promotor de este movimiento fue Leary, quien en el año 1959 presentaba en Harvard un programa de investigaciones psiquedélicas, con el fin de utilizar L.S.D.-25, con fines experimentales con individuos sanos de diversas profesiones y terapéuticos para tratamientos con pacientes psiquiátricos. En sus experimentos suministró esta sustancia y *psilocibina* a diversos grupos humanos, incluso a teólogos y seminaristas de la iglesia para conocer sus apreciaciones sobre los efectos de estas sustancias y su relación con lo divino. (Leary, Metzner & Alpert, 1964). Experimentos que se dejaron por considerarse como un atentado contra la ciencia y la religión, simultáneamente. (Escohotado, 1998, p. 638). En el año 1963 ambos profesores fueron invitados a abandonar la universidad de Harvard por sus sospechosas investigaciones. Para entonces ya habían fundado la *International Federation for Internal Freedom (I.F.I.F.)*. Lo que hicieron fue abrir una nueva sede en México con el fin de seguir haciendo sus investigaciones farmacológicas, administrando L.S.D-25 y *psilocibina* en un medio social adecuado. (Ibíd.).

Otro gran contribuyente a este movimiento contracultural fue Ken Kesey, un conejillo de indias que pasó por todos los tratamientos psiquiátricos y los fármacos experimentales, prestándose a las investigaciones médicas psiquedélicas como las realizadas por Huxley y Leary. (Ibíd., p. 643). Sobre sus efectos expresó: "este tipo de drogas parecen llaves que abren las puertas cerradas". (Wolff, 1978, p. 56). Descifradoras centelleantes de los oscuros laberintos que conducen al inconsciente. (Ibíd.). Escribió algunos de sus libros bajo el influjo de estas sustancias, especialmente uno llamado: "A veces un gran impulso", donde relata escenas sobre un grupo de viajeros por los Estados Unidos en un autobus destartalado y decorado con una iridiscencia inusual, consumiendo drogas psiquedélicas en una completa promiscuidad y libertad sexual. (Kesey, 1977). Esta experiencia la vivió realmente luego de la publicación de su libro, con un grupo de *freaks*[111] seguidores de su experiencia trascendental. Esto se convirtió en un rito de iniciación para los nuevos hijos de la contracultura norteamericana.

Se despierta en los Estados Unidos un nuevo espíritu cultural ligado al consumo de sustancias psicoactivas, sin precedentes en la historia: el fenómeno *hípster*. En el año 1966 la subcultura hippie se toma el país. Todos son convocados ese año para el primer *Trips Festival californiano.* (Escohotado, 1998). El gran salto que dio Hofmann con su creación en la farmacología, impulsó el movimiento multitudinario de la cultura clandestina del consumo de sustancia psiquedélicas.

Como una epidemia simbólica global, esta colisión histórica entre lo prohibido y lo permitido que infestó las relaciones entre las políticas de drogas impuestas por los Estados Unidos y estos movimientos culturales clandestinos, se propagó con su peligrosa ambigüedad más allá de sus fronteras territoriales. La contracultura del consumo de drogas ilegales encontró un lugar entre las multitudes de jóvenes marchantes, creando sus propias culturas clandestinas contra la imposición prohibicionista del sistema político imperialista.

## 4.3.3 La Marcha Mundial de la Marihuana (M.M.M.)

Para nadie es un secreto que el consumo de esta planta psicoactiva se ha vuelto parte de las costumbres de un numeroso grupo de ciudadanos de todas partes del mundo. Se trata de la sustancia prohibida más consumida en la historia. Esta situación ha despertado un activismo multitudinario que proclama la legalización, que no desea más la normativa punitiva que los criminaliza y los categoriza como desviados sociales y drogadictos susceptibles de rehabilitación por consumirla. (Mac, 2004). Proclaman el derecho a tener plantaciones domésticas para el autocultivo, que les libere de acudir al mercado clandestino donde se venden sustancias adulteradas que son inciertas y costosas. (Ibíd.).

Esta protesta mundial por la legalización del *cannabis,* encuentra su origen en el *Global Marijuana March* iniciada en Nueva York en el año 1973, conocida también en Francia como *La Marche Mondiale pour le cannabis*, o en España como la Marcha del Millón de Porros. (DINAFEM, 2016; LID, 2019). En ese mismo año y gracias a

---

[111] Término utilizado para definir a esos "bichos raros" de la sociedad que vivían como monstruos sumergidos en viajes psiquedélicos. Los que acompañaron a Kesey en sus viajes por los Estados Unidos, decidieron autodenominarse *"merry pranksters"* que puede traducirse como: "bromistas joviales" o "alegres pillastres". (Escohotado, 1998, p. 644).

la autonomía estatal norteamericana que permite a cada estado aprobar legislaciones de acuerdo a sus intereses: "Oregon intentó descriminalizar el producto, reduciendo las penalidades por posesión, y fue seguido por Alaska, Maine, Colorado, California y Ohio". (Habib, 2018). A pesar de este exiguo avance, posteriormente se reinstauró la criminalización en Estados Unidos y el debate se mantuvo hasta inicios del siglo XXI. Para la primera década se gestó una segunda oleada de despenalización, siendo Colorado y Washington los primeros estados en legalizar el uso recreativo del *cannabis*. (Ibíd.).

Es Canadá uno de los países pioneros en la legalización del *cannabis* para usos recreativos, junto a Uruguay. El 14 de octubre del año 2018 puso en marcha este histórico experimento de normalización del mercado y el autocultivo de la marihuana, una antigua ambición de la sociedad canadiense que recibió la noticia con un festejo multitudinario. (Ansorena, 2018). Desde entonces el olor que expelen los cigarrillos de *cannabis* se ha vuelto habitual en Toronto, donde los fumadores consumen tranquilos en los parques sin el temor de las autoridades. (Rivas, 2019). Este innovador experimento incluye un indulto a los condenados y a los que tienen un historial criminal por posesión de *cannabis,* medida que décadas atrás estaba controlada con un estricto régimen de prohibición total, donde la posesión de pequeñas cantidades conllevaba sanciones y una infracción penal. (Room, Fischer, Hall, et al., 2013). Según la *Controlled Drugs and Substances Act* (C.D.S.A.) federal, para la primera década del siglo XX: "el número de arrestos por delito de posesión de cannabis en Canadá casi se ha duplicado y ahora estos representan aproximadamente la mitad de todos los arrestos realizados por la CDSA". (Ibíd., p. 131).

En este país también la marcha de los marihuaneros encuentra su origen, puesto que, a mediados de la última década del siglo XX, una pequeña multitud de ellos salió a fumar *cannabis* públicamente como protesta por su prohibición radical. En esa ocasión fueron reprimidos y judicializados por la autoridad policial; pero esto sirvió como un ejemplo paradigmático que seguirían posteriormente los consumidores de marihuana que se habían mantenido ocultos por el temor a las sanciones prohibitivas. En mayo del año 1999 en el Queen´s Park de Toronto, decidieron congregarse en una nueva marcha de marihuaneros multitudinaria, bajo la estricta vigilancia de las autoridades. Esta marcha fue apoyada simultáneamente por otras ciudades y capitales alrededor del mundo: en Lima, en Copenhage, en Roma, en Nueva York, en París, en Tokio, en Dortmunt, en Heidelberg, etc. (DINAFEM, 2016). En ese mismo año se inició la marcha en Madrid; en la primera semana de mayo se ha celebrado en esta ciudad las diversas versiones anuales de la marcha mundial, con la colaboración de la

Asociación Madrileña de Estudios sobre el *Cannabis* (A.M.E.C.) y la Federación de Asociaciones Cannábicas (F.A.C.), entre otras. (Ibíd.).

Desde entonces la Marcha Mundial de la Marihuana se ha convertido en una manifestación multitudinaria que se celebra anualmente durante el mes de mayo, a pesar que el día mundial de la marihuana se reconoce como el 4:20, el 20 de abril de cada año. Esta marcha global convoca a miles de personas consumidoras de *cannabis* que: "han participado en más de 829 ciudades de 72 naciones diferentes, defendiendo la cultura de la marihuana como una opción de estilo de vida personal". (Ibíd.).

**Figura 19.** *Cierre de la marcha mundial de la marihuana.*

**Fuente:** THC Conciente Manizales.[112]

Este evento público une a ciudades de todo el mundo con una misma proclamación: en Buenos Aires y otras ciudades de Argentina se exige la legalización del consumo de *cannabis* en todos sus usos y el autocultivo (LID, 2019), se proclama: "Basta de

---

[112] Imagen subida el 9 de marzo del año 2019 a esta página de Facebook. Se encuentra en la ruta:

https://wed.facebook.com/photo.php?fbid=531798980677360&set=picfp.100015417870388&type=3&thater

presos por cultivar, ¡Regulación del *cannabis* ya!", "No queremos policía, no queremos represión, queremos autocultivo y la legalización". (Figueroa, 2017). En otros países latinoamericanos el mensaje es el mismo. Por la principal avenida de Santiago de Chile: "una distendida y alegre manifestación a favor del autocultivo y el uso de cannabis con fines medicinales y recreativos", se erigen pancartas con mensajes como: "Cultiva tu derecho", "No más presos por cultivar", "Uso legal, no criminal". (Aristia, 2018). Otro país latinoamericano que se ha sumado a la proclamación mundial es Brasil, en Río de Janeiro las consignas colectivas proclaman: *"O Rio não precisa de intervenção, mas sim legalização", "Nós temos que legalizar a maconha, Nós temos que parar de criminalizar o usuario".* (Ibíd.).[113]

## 4.3.4 La cultura cannábica en Colombia

Para conocer los orígenes de esta cultura nacional es necesario hablar de Olmes Ortíz, fundador de la marcha cannábica en Colombia y miembro de la comunidad cannábica colombiana. Este fundador del activismo cannábico nacional, lucha por la despenalización del uso de esta planta psicoactiva, por los derechos del consumidor, del comerciante clandestino y del cultivador de *cannabis*. Se autodefine como un "terrícola" convencido que la marihuana es una planta destinada a salvar el planeta.[114]

Para este activista cannábico, lo que cambió radicalmente el panorama del consumo de sustancias psicoactivas en Colombia, el antes y el después que sacó a las generaciones más jóvenes del tabú satanizador y que llevó al histórico surgimiento de esta nueva ola de las culturas clandestinas y el consumo masivo de drogas prohibidas, bajo la influencia del anarquismo, el hippismo y el nadaismo, fue el primer festival de Rock con el concierto de Ancón que se hizo en Medellín en el año 1971. Fue en este concierto donde Olmes Ortíz fumó marihuana por primera vez.

El primer intento de una marcha cannábica la hizo este activista cannábico en diciembre del año 2007 en Medellín, acompañado por un grupo de amigos y seguidores, luego de gestionar los permisos con las autoridades competentes, donde se estipulaba que no existía objeción alguna que impidiera el desarrollo de la actividad política denominada: "Marcha de la Marihuana". En sus palabras:

---

[113] "Río no necesita intervención, pero sí legalización", "Tenemos que legalizar la marihuana, tenemos que dejar de criminalizar al usuario".
[114] Apréndelo cultivando conciencia. Las Cannas. Olmes Ortíz. Microdocumental disponible en: https://www.youtube.com/watch?v=6ENCOvQCxCs

> Yo veo los cincuenta *tombos* (…). Entonces saqué los permisos (…) y empecé a desmenuzar un *bareto,*[115] para darles tranquilidad a todos los que estaban ahí, porque todo el mundo estaba asustando (…). En esas se vino el policía cuando yo la estoy picando, entonces me dice: disculpe, usted es el organizador de la marcha. Entonces yo llegué y cogí la *bareta*[116] que estaba en el permiso, la vacié en la mano, sacudí los permisos y se los entregué al capitán de la policía y le dije: sí, aquí están los permisos y lo seguí *armando.*[117] Entonces ahí mismo saqué el *cuero*[118] y lo *monté*[119] (…) y mientras el policía estaba leyendo, yo estoy *pegando* el *bareto* (…). Cuando el capitán llega y me dice: ¿usted sacó estos permisos? Yo le dije: sí señor (…). Entonces llega y me dice: ¿Entonces usted es Olmes? Y yo: sí, yo soy Olmes. Olmes dígame: ¿usted va a hacer marcha o no va hacer marcha? Entonces cojo el *bareto*, ya estaba *pegado* y saco la candela y lo prendo, mientras le digo: disculpe capitán, pero con tanto policía y tan poquita gente, pues eso queda como una marcha de policías y no de marihuaneros, cierto, yo no voy a hacer marcha.

A pesar que en esa ocasión no se realizó la marcha, este acontecimiento marcó la pauta para que al año siguiente se hiciera la primera marcha cannábica en Colombia, con sede en la ciudad de Medellín y con una particularidad que desde entonces la diferencia de las otras marchas que se realizan a nivel mundial: el derecho que tienen los activista durante ese día de fumar marihuana públicamente.

Desde entonces la marcha de la marihuana se ha realizado cumplidamente cada año durante el mes de mayo. Posteriormente se integraron otras ciudades colombianas. En el año 2014 se integró a la marcha de la marihuana la ciudad de Manizales, a través de la gestión hecha por otros activistas cannábicos de la localidad, quienes siguieron el ejemplo legado por Olmes Ortíz: el hecho de gestionar los permisos necesarios con las autoridades locales, para que esta actividad colectiva se desarrollara bajo los parámetros de la legalidad, lo que incluye el acompañamiento policiaco.

El 16 de abril de ese año la Comunidad Cannábica Colombiana (C.C.C.), pasó una misiva a la oficina de atención al usuario de la Alcaldía de Manizales y a la Secretaría de Gobierno, para solicitar el acompañamiento en el cierre de la Marcha Mundial de la Marihuana a realizarse el 1 de junio por la avenida Santander, reclamando los

---

[115] En la jerga cannábica, se refiere a un cigarrillo de marihuana.

[116] En esta jerga cannábica, sinónimo de marihuana vuelta un ripio listo para liar.

[117] En esta jerga, sinónimo de liar, montar, o pegar un cigarrillo de marihuana.

[118] Se refiere al papel utilizado para liar cigarrillos de marihuana.

[119] Sinónimo de liar, armar o pegar un cigarrillo de marihuana.

derechos constitucionales de reunión y manifestación pública y pacífica (Art. 37), de libertad de expresión y difusión del pensamiento y opiniones (Art. 20), de libertad de consciencia y libre desarrollo de la personalidad (Arts. 16 y 18) y su aplicación inmediata. (Art. 85). Este evento se realizó bajo la estricta vigilancia de las autoridades locales y desde entonces se sigue realizando en la última semana de mayo como cierre de esta histórica marcha mundial.[120]

Para Olmes Ortíz, la finalidad de la marcha de la marihuana es tejer una base social y cultural con una participación popular, que permita desarrollar nuevas políticas para el consumo de esta planta. Para este activista cannábico: "de nada nos sirve tener una marcha de esas tan grande y que al otro día el policía me esté sacando la marihuana del bolsillo y me esté metiendo al calabozo".

Esto implica una posición política antiprohibicionista, razón por la cual fue invitado junto a otros activistas cannábicos, a intervenir en la audiencia pública "Marihuana: más allá de lo medicinal" en el Capitolio Nacional de la Cámara de Representantes en la ciudad de Bogotá el 5 de septiembre del año 2016, con el propósito de: "abrir un espacio en el cual se intercambien experiencias y propuestas de diversificación y producción de la marihuana con fines industriales". Esta invitación fue enviada por el Vicepresidente de la Comisión Séptima de la Cámara de Representantes por el partido "Alianza Verde".[121]

En su intervención en la Cámara de Representantes, Olmes Ortiz habla de la novena versión de la "Marcha de la Marihuana" realizada el 6 de mayo de ese año en el área metropolitana de Medellín. La define como una acción popular o una actividad política de un grupo poblacional que ha sido sistemáticamente perseguido por el Estado colombiano, la comunidad cannábica que contó con una participación de 200 mil personas en esa ciudad. Estuvieron reunidos durante doce horas fumando marihuana, sin ningún problema ni disturbio. Esta marcha de los marihuaneros

---

[120] Ricardo Rodríguez V. Activista cannábico local, miembro de la C.C.C., fundador del grupo THC Conciente. Se ha encargado de convocar el cierre de la Marcha Mundial de la Marihuana en la ciudad de Manizales, desde el año 2014 hasta el presente. Con un colectivo de amigos desarrolla la propuesta: "SaludCann, Medicina Alternativa", una sociedad distribuidora de productos cannábicos y un conjunto de atenciones especializadas para el tratamiento con sustancias psicoactivas, enfocados en el reconocimiento de los saberes ancestrales indígenas, a través de la medicina tradicional. Se propone intervenir el consumo de sustancias psicoactivas en poblaciones marginales. Entrevista realizada en la ciudad de Manizales en febrero del año 2020.

[121] Carta enviada el 30 de agosto del año 2016.

demostró ser la más pacífica de Colombia. Olmes se hace una pregunta: "si esta marcha fue tan pacifista ¿Por qué el Estado colombiano nos sigue metiendo a la cárcel por usar marihuana?".[122] La comunidad cannábica no necesita tratamiento carcelario. Para este activista cannábico:

> El Estado colombiano no cuenta con las herramientas ni con el personal idóneo para asistir este tema, ya que siempre lo asiste desde la parte criminal (…) y no del derecho al libre desarrollo de la personalidad (…) porque el último que tiene la palabra es el individuo. ¿Dónde está esa dosis personal a la cual el Estado colombiano nos ha dado el derecho? No tengo derecho al cultivo porque fumigan el cultivo, no tengo derecho a la comercialización porque *encanan*[123] al *jíbaro*[124], no tengo derecho al transporte porque decomisan el camión. Entonces ¿cómo se supone que llegan esos 20 gramos a los cuales el Estado colombiano me ha dado el derecho? Además, ¿Quién dijo que eran 20 gramos? ¿Quién me dijo a mí que yo me fumaba 20 gramos? Yo me puedo fumar 30, 40, 50 gramos, eso depende de quién, cómo, cuándo y dónde. Además, como ya está demostrado, la única forma de morirse uno con marihuana son siete toneladas, pero si le caen encima, de resto se las puede fumar, porque no hay ningún reporte científico de muerte humana por consumo de marihuana.

Con una feroz contundencia, Olmes Ortíz personaliza con una descollante claridad el pensamiento y la voz de toda la comunidad cannábica que representa. La indeterminación de la dosis personal, ambigua por la incertidumbre de la prohibición, debe descansar en la decisión y las circunstancias igualmente personales del consumidor y no en el estricto establecimiento prohibitivo de una cantidad determinada.

En otra parte de su magistral intervención, Olmes expresa la problemática que genera el tratamiento carcelario para los usuarios de drogas prohibidas en Colombia. La persecución que instaura la política prohibicionista empobrece al país: "el 45% de la población carcelaria es por Ley 30. Cada preso al Estado colombiano le vale 30 millones de pesos al año. Imagínese usted 30 millones de pesos por el 45% de la población carcelaria". Esta evidente crisis del sistema carcelario, despilfarra una

---

[122] Ponencia de Olmes en la audiencia pública de la Cámara de Representantes el 5 de septiembre del año 2016. Disponible en: https://www.youtube.com/watch?v=vT82gmGTNxY

[123] En la jerga popular, sinónimo de encarcelar.

[124] Se refiere al expendedor de drogas prohibidas dedicado especialmente al microtráfico y el narcomenudeo.

riqueza descomunal del tesoro nacional. Su planteamiento invita a la posibilidad del indulto a los encarcelados por este problema, solución que se ha visto ya en el caso de Canadá.

Esta posición antiprohibicionista de Olmes Ortíz, se ha vuelto el estandarte de la cultura cannábica en Colombia. Entre las manifestaciones culturales que promueven la antiprohibición, se encuentra el Movimiento Cannábico Colombiano (M.C.C.). Surge en el Tercer Encuentro Nacional de Activistas Cannábicos (III E.N.A.C.), como una organización formalizada para dar visibilidad a los procesos que vinculan las políticas y las culturas de las drogas, especialmente sobre el uso de la marihuana. Se autodefine como un movimiento social que piensa lo político asociado a lo social, comprometido a presentar respuestas frontales a las coyunturas que plantean las drogas. Aunque se valora primordialmente la planta de *cannabis* y las diversas relaciones socioculturales que teje, busca orientar al Estado colombiando y advertir a los productores y trabajadores relacionados con esta planta, frente a las barreras y desigualdades de su mercado en la economía global.[125]

En marzo del año 2017 en la ciudad de Manizales, la junta directiva realizó una asamblea del M.C.C., donde se propone los siguientes frentes de lucha contra la política prohibicionista enfocada en la reducción del consumo y la demanda de sustancias prohibidas, como también frente a los modelos de salud mental e intervención territorial desarrollados por las alcaldías. Entre los objetivos que se propusieron se encuentran:

- Anti-Prohibir el consumo, confrontando las leyes que sobre drogas proponen los estados nación.
- Naturalizar el consumo de marihuana en contextos autorregulados.
- Liberar radicalmente, de forma autorregulada a través de circuítos cerrados de cultivo, producción y distribución de marihuana con fines recreativos.
- Incidir en la política pública para formar una cultura cannábica nacional desde los conceptos elaborados de pedagogía de las drogas, independencia psicotrópica y soberanía individual y nacional.
- Proteger y acompañar al usuario de *cannabis* en situaciones de vulneración de sus derechos humanos fundamentales.

---

[125] Esta información fue extraída de la página oficial en Facebook, creada en el mes de febrero del año 2015. Está disponible en la ruta: https://wed.facebook.com/pg/MovNacCanCol/about/?ref=page_internal

- Proponer programas de formación, investigación e intervención sobre la marihuana.
- Revisar y denunciar las políticas sobre la situación de la semilla de *cannabis* en el contexto del Instituto Colombiano de Agricultural (I.C.A.) y el Estado colombiano.
- Denunciar las falencias y contradicciones estatales y sociales que se avisoran en el tema de las drogas.

Se presenta como una entidad sin ánimo de lucro que nace por la necesidad social de instruir en los beneficios y usos alternativos de esta planta, con la finalidad de crear una cultura cannábica en el país. Esta página oficial busca servir como un espacio donde los consumidores se puedan expresar libremente. Tiene un grupo privado de 49 miembros y un total de 6.601 seguidores en el momento de la indagación.

Entre las publicaciones compartidas a través de esta página oficial, se encuentran los eventos organizados por la Asociación de Cannabicultores, Productores e Investigadores de Colombia, ASOCANNACOL; las invitaciones a participar en la "Ruta Pedagógica del *Cannabis*", un viaje realizado por 15 ciudades colombianas, entre el 4 de octubre al 10 de noviembre del año 2018 y la "Segunda Ruta Pedagógica del *Cannabis*" por 4 ciudades de Colombia: Bucaramanga, Ibagué, Cali y Manizales, realizada entre noviembre y diciembre del año 2019.

En estos eventos se abordaron contenidos fundamentales para el desarrollo de esta industria y se conformaron mesas técnicas para potenciar las cadenas productivas de *cannabis* en las diferentes regiones del país. Con esta finalidad, se publicó la invitacion a la convocatoria para la construcción de la mesa técnica de la cadena productiva del *cannabis* del Eje Cafetero, realizada en el ecoparque los Yarumos de la ciudad de Manizales el 11 de diciembre del año 2019 y un segundo encuentro amplio para la conformación del comité regional de la cadena productiva del *cannabis* del Eje Cafetero, realizada en la cámara de comercio de Manizales el 24 de enero del año 2020. También se realizaron invitaciones a otros eventos relacionados con la cultura cannábica como "Expo Bogotá *cannabis*" el 8 y 9 de noviembre, "Expomedeweed" del 22 al 24 de noviembre y el "Cannaworld Congress" en Medellín el 25 y 26 de noviembre del año 2019.

Otra comunidad virtual que reúne diversas agrupaciones y colectivos pertenecientes a la cultura canábica en Colombia y que ha adquirido importancia en las redes sociales es el "Carnaval Cannábico Colombiano". Esta comunidad tiene 20.773 seguidores al momesto de la pesquisa, entre los que se encuentran otras agrupaciones comprometidas con la lucha cannábica como: el colectivo sí a la dosis personal de la universidad Distrital, el fanzine caleño Trinchera Ganja, las plantas no son como las pintan, Kolinos en pie de lucha de Medellín, proyecto legalización Colombia, la Asociación de Colinos Uniquindianos, la comunidad Piel Verde, el Movimiento Cannábico Barranquilla, Colombiannabis, Villa 109 de Fontibón, Cannalivio, Ojos Rojos Cultivadores del Valle del Cauca, Cannabineros Sativos de Cali, Movimiento Procannábico de Bucaramanga, Colombia Cultiva, Cultivadores del Oriente Antioqueño, Cultiva tu Mente de Pereira, el colectivo editorial Tricoma, Bareta D.C., publicación Cannábica, Pedagogía de las Drogas, Semillero Mambe, Cambio Cannábico, entre otros colectivos y agrupaciones que se reúnen en esta comunidad cannábica.[126]

A través de esta comunidad virtual se expresan todas estas voces juntas. Es una red social donde se invita a los diversos eventos cannábicos que ocurren a nivel nacional, entre ellos: el primer Bike Canjan Fest2013, concentración 4:20 el 30 de noviembre de ese año en Bogotá, por el derecho a la libertad de elección y en contra del abuso de la autoridad policial y la estigmatización social; la segunda bicicletada cannábica en Bogotá, desde el parque de los periodistas hasta el parque de los hippies, el 5 de octubre del mismo año; el primer Bogotá *Cannábis* Expo: medicinal, recreativo, industrial y alimento, el 30 de noviembre del año 2014 y el *Cannábis* al parque: medicinal, recreativo, industrial y alimento, el 27 y 28 de diciembre del mismo año; el encuentro comunitario para la diversificación industrial del *cannábis:* Marihuana, más allá de lo medicinal, el 13 de agosto del año 2016 en el polideportivo municipal de Toribio, Cauca; no pagamos, lo pegamos, música y fumarola, el 26 de septiembre del año 2017 en el concejo de Bogotá y el segundo encuentro: no pagamos, lo pegamos, el 30 de enero del año 2018, con la invitación a llevar tambores, guitarras, malabares, líricas y porros; el encuentro nacional de activistas cannábicos, realizado el 1, 2 y 3 de febrero del año 2019 en la ciudad de Manizales; Orígen, historia y perspectiva del movimiento cannábico en Colombia, con Olmes Ortíz y Lukas Pasos como ponentes, el 1 de febrero del año 2020 a las 4:20 de la tarde. Estos eventos son una pequeña muestra de los muchos que se encuentran registrados en esta comunidad cannábica.

---

[126] Esta información fue extraída de la página oficial en Facebook, creada en el mes febrero del año 2013. Disponible en: https://web.facebook.com/CarnavalCannabicoColombiano/

En la última convocatoria del carnaval cannábico para reunirse en el parque de los hippies en Bogotá el 25 de mayo del año 2019 y que está cobijado bajo el lema: "El consumo ni se previene, ni se prohíbe: se decide"; se puede leer:

> Hoy, en Colombia, ha sido desatado el debate sobre el fracaso rotundo de la prohibición del consumo de sustancias consideradas ilícitas. El muro del tabú ha caído, sepultado bajo la avalancha de argumentos y valientes demostraciones diarias de miles y miles de consumidores que, aquí y allá, reivindican el derecho de hacer uso autónomamente regulados de dichas sustancias.

Se trata de una invitación a todos los marihuaneros para salir de la clandestinidad, con la finalidad de reclamar públicamente el derecho personal y colectivo a consumir *cannábis* libremente. Es evidente que las políticas prohibicionistas han fracaso ante la absoluta contundencia y el éxito de estas culturas clandestinas. Se requiere con urgencia plantear nuevas alternativas que tengan en cuenta a los consumidores de drogas prohibidas. Entre los postulados exigidos en esta convocatoria se encuentran:

- No más U.P.J. para los Kolinos.
- No al código de policía.
- Exigimos que los *tombos* compren su *bareta*.
- Sí a los acuerdos de convivencia.
- Por el uso recreativo, medicinal, ancestral e industrial de la marihuana y contra la represión a los usuarios.
- No más interferencia estatal en nuestra intimidad.

Son los abanderados de un activismo cannábico que ha encontrado un eco sorprendente en la juventud nacional. Se centran en promulgar la legalización total, sin restricciones para los usos recreativos. Marchan anualmente por las principales avenidas con los porros encendidos, se han tomado las plazas y los parques para días y noches de consumo público, a pesar de la inútil represión policiaca. Han creado los escenarios para proclamar su cultura del consumo, apropiándose y creando zonas de tolerancia pública para consumir. Esta apropiación territorial de espacios comunes para el consumo habitual de *cannabis* es un factor común en las universidades públicas de Colombia. Estas instituciones universitarias, desde los inicios de sus historias locales, han caído presa de la revolución sociocultural vinculada al consumo de marihuana.

Las culturas clandestinas se yerguen victoriosas, a pesar de la infructuosa prohibición, por sobre las políticas para la fiscalización de drogas. Paradójicamente, esta revolución popular que ha sabido gestarse en el seno del problema, también es el único aspecto realmente positivo en la pesadumbre de este insólito conflicto sin final. Oír sus voces acalladas por los procedimientos prohibitivos es fundamental en la búsqueda de nuevas alternativas, para no seguir haciendo lo mismo esperando resultados distintos.

## 4.4 La urgencia de nuevas alternativas

La intervención del Estado colombiano a través de un modelo prohibitivo, que posiciona al consumidor de drogas fiscalizadas entre los márgenes del tratamiento terapéutico y el juzgamiento punitivo, no ha resultado efectivo para mitigar el consumo de sustancias ilícitas. A pesar de un siglo de políticas prohibicionistas, los estudios contemporáneos evidencian un aumento creciente y diversificado del consumo de estas sustancias prohibidas en poblaciones cada vez más tempranas.

Desde la aprobación de la Ley 11 del año 1920, donde se hizo la primera tipificación nacional de drogas y conductas perniciosas por su uso, las políticas prohibicionistas se han conservado como el discurso estatal paradigmático. Antes de ese año estas sustancias psicoactivas no tenían ese apelativo punitivo en Colombia. El carácter fiscalizable asociado a estas sustancias no es un elemento intrínseco o un componente esencial en la composición física y química de las mismas. Se trata de una interpretación que se ha legitimado a través de la historia judicial y que responde a una realidad igualmente histórica.

Para Jorge Ronderos y Guillermo Gaviria Gärtner, voceros del grupo de investigación en "Cultura y Droga" de la universidad de Caldas: "las hipótesis del prohibicionismo de convertir en delito algo que históricamente en diversas sociedades ha tenido mecanismos de autorregulación" (2015, p. 8); especialmente para algunas drogas con principios psicoactivos, derivadas de plantas que tienen: "un hilo cultural profundo con culturas y pueblos ancestrales". (Ibíd.). Ha generado nuevos perjuicios colaterales:

> El prohibicionismo –mediante leyes y estatutos impuestos que no han consultado la realidad sociocultural e histórica de cada país– generan delitos que han llenado cárceles con personas, que más que victimarios son víctimas de la geopolítica prohibicionista. En el caso de los cientos de miles y millones en el mundo judicializados y condenados como delincuentes por ser consumidores

esporádicos, exploradores o curiosos, y aún peor estupefadependientes. (Ronderos, 2013, p. 9).

En los centros penitenciarios no se curan las adicciones y esta legitimación del discurso estatal prohibicionista especialmente sirve para catalogar estas sustancias con el rotulo de ilícitas, lo que estigmatiza y penaliza judicialmente a quienes tengan algún contacto con estas drogas. Es evidente: "el fracaso del sistema de justicia penal para contener el incremento del uso de drogas y la constatación de que las sanciones penales impuestas a delincuentes consumidores de drogas contribuyen poco a su recuperación". (Pérez, Vizcaíno & Tirado, 2015, p. 77).

Las consecuencias colaterales generadas por la implementación de este modelo paradigmático prohibicionista, son tan perjudiciales como el problema que busca mitigar. Tanto así que, en los lineamientos para la política nacional de drogas, el Estado colombiano ratifica la convicción de: "reducir las afectaciones que conllevan la problemática de drogas y los daños colaterales y potenciales que generan las políticas de drogas". (Ministerio de Justicia, 2017, p. 6). Lo que implica un conocimiento de las afectaciones colaterales que genera la implementación de las políticas para la fiscalización de drogas en Colombia, especialmente sobre los usuarios de estas sustancias quienes son doblemente victimizados, tanto por el comercio clandestino que sustentan y los efectos perjudiciales que genera la dependencia al consumo, como por las políticas estatales para su tratamiento. Esta incongruencia paradigmática genera la doble paradoja de la rehabilitación y la reincidencia en las conductas judicializadas. Por esta razón:

> Resulta inaceptable continuar predicando que la política vigente está dando los resultados satisfactorios y que por lo tanto debe continuar sin modificación, sencillamente porque es coherente con posturas ideológicas proclives a "satanizar" las iniciativas que se aparten del "prohibicionismo ciego". Dadas las diferencias socioculturales entre sociedades y países, no hay razón para homogeneizar prohibiciones por medio de convenciones internacionales como la actualmente vigente. (Salazar, Vizcaíno & Tirado, 2015, p. 38).

En Colombia aún se presenta un desajuste entre quienes deciden las políticas a nivel nacional y quienes ejecutan estas políticas a nivel local, puesto que solamente se centran en cumplir correctamente lo pactado, sin entrar a valorar su grado de pertinencia, su viabilidad o si realmente se ajustan a los contextos socioculturales locales y a los intereses y necesidades de las comunidades involucradas para quienes van dirigidas.

El verdadero problema no se presenta en las desarticulaciones internas del Estado en su accionar prohibicionista; se presenta en los desajustes generados por la intervención estatal contra la sociedad civil involucrada en sus políticas, quienes difícilmente empiezan a posicionarse en un lugar marginal.

Apenas se ha empezado a entender esta realidad problemática y por eso ha surgido en la actualidad nacional nuevas posturas legislativas que siembran una incertidumbre en el modelo prohibicionista, iniciada con la Sentencia C-221 del año 1994 sobre la despenalización de la dosis personal en Colombia. La Corte Suprema de Justicia se ha mostrado permisiva con la penalización del consumo de sustancias ilícitas, ya que no penaliza a quien porte una cantidad indeterminada de cualquiera de estas sustancias, siempre y cuando se compruebe que es para su consumo personal:

> Según la Corte Suprema de Justicia, los adictos pueden tener cuanta droga sea necesaria, dentro de lo razonable, para satisfacer sus necesidades de consumo. El hecho de portar una dosis mayor a la que la ley reconoce como mínima, dice, no puede llevar automáticamente a la cárcel a los consumidores. Por eso, estableció que nadie que sea sorprendido con una cantidad de droga mayor a la establecida por la ley puede ser procesado penalmente, si se comprueba que conserva la sustancia para la satisfacción de sus necesidades de consumo.[127]

Esta nueva postura de la Corte Suprema de Justicia, recuerda la intervención de Olmes Ortíz en el Capitolio Nacional de la Cámara de Representantes el 5 de septiembre del año 2016. No hay término jurídico que determine los límites de la adicción. Paradójicamente, las políticas sancionatorias se concentran en las complejas redes de la producción y el tráfico; pero exonera penalmente a los usuarios y su consumo indeterminado. Esta es la principal contradicción e incertidumbre en esta colisión histórica.

Este nuevo panorama legislativo frente al consumo de sustancias consideradas ilícitas, invita a pensar nuevas alternativas que logren remediar los fracasos y las equivocaciones para regular efectivamente las relaciones entre el Estado, la sociedad y las drogas en Colombia. Por esta razón, Salazar, Vizcaíno y Tirado se plantean la necesidad de: "un tratamiento que no pretenda el aniquilamiento y desaparición de los consumidores y de los mismos productores". (2015, p. 87). Un modelo donde la sociedad involucrada se haga partícipe, que busque fundamentalmente el equilibrio

---

[127] Esta publicación de la revista Semana del 14 de marzo del 2016, se encuentra disponible en: http://www.semana.com/nacion/articulo/corte-dice-que-dosis-minima-no-es-cuantificable/465394

entre ambas posturas y que confluya en una "construcción de participación vinculante". Para lograr esto:

> El primer elemento que se debe tener en cuenta es la no lejanía de los problemas que aquejan a la sociedad. Pero tampoco por ello plantear su cercanía inmediata por el efecto de pánico y miedo que esto genera. Lo que sí se hace necesario plantear es que el tratamiento efectivo incluya a la población en general y que tal brebaje o elixir para solucionar un problema como el de la droga no existe, ni se encuentra disponible para la compra en la farmacia de la política estatal. (Ibíd.).

Para lograr este equilibrio teórico entre las culturas clandestinas y las políticas de drogas, hay que romper con el paradigma prohibicionista que invita a la erradicación de un bando por el otro, sin valorar su inexorable coexistencia. Es necesario virar de esta colisión *sindiótica* donde se choca en una resistencia mutua, a una condición simbiótica donde se vinculen en una coexistencia recíproca.

Para lograr esta finalidad, se requiere una vinculación participativa de los usuarios de estas sustancias en las decisiones políticas. La necesidad de una inclusión equilibrada es un requisito indispensable para el triunfo definitivo sobre este conflicto histórico. La urgencia por establecer este cambio, se vislumbra como un nuevo e iluminado amanecer sobre la oscuridad reinante.

Esta nueva postura alternativa se conjetura entre las percepciones de los ciudadanos, expresadas en el diálogo nacional sobre el futuro de la política de drogas en Colombia. Se solicita que, en la formulación e implementación de estas políticas, se refleje las necesidades y particularidades de los diferentes actores y territorios: "a través de ejercicios participativos, en los cuales se tengan en cuenta las opiniones de los usuarios de drogas, sus familias, los jóvenes y comunidades". (Ministerio de Justicia, 2017, p. 7). Para los ciudadanos participantes en este diálogo nacional: "esta política debe ser equilibrada". (Ibíd.). Y debe reducir sus efectos negativos en la población nacional afectada, especialmente los usuarios de drogas, con la implementación de estrategias participativas e inclusivas que permitan construir nuevas alternativas, distintas al paradigma establecido. Se requiere con urgencia un cambio de paradigma hacia un nuevo futuro de las políticas de drogas en Colombia.

## 4.4.1 Hacia una gobernanza equilibrada

Las culturas clandestinas han triunfado en este conflicto sin sentido contra el tráfico mundial de drogas. Luego de un siglo de ambigüedades e incertidumbres, la conclusión a la que se puede llegar es que las diferentes culturas del consumo de drogas se han enquistado en las raíces del espíritu nacional. Es la verdadera triunfadora que ha logrado incorporase precozmente en la cultura juvenil en Colombia. Ha sabido encontrar su lugar en las poblaciones escolarizadas y universitarias. En estas nuevas circunstancias, son los usuarios de drogas quienes se apropian de los espacios públicos para transformarlos en lugares para la protesta y la búsqueda de inclusión y tolerancia al consumo colectivo de psicoactivos.

Es necesario comprender que la guerra contra las drogas es también la guerra contra las culturas del consumo, que se han gestado y se han mantenido históricamente al margen de la política prohibicionista, como su cara opuesta, absolutamente necesaria e inexorable para su propia existencia. La antítesis cultural que permite su culminación histórica y también la razón que manifiesta su contundente fracaso histórico. Cada una existe gracias a la otra y ambas situaciones son contraproducentes. Tanto la una como la otra resultan igualmente perjudiciales para la sociedad, si se consideran las consecuencias colaterales que genera la aplicación de normativas que no son adecuadas y no están contextualizadas a los diferentes escenarios y actores locales, sumado a los efectos contraproducentes que genera la dependencia a estas sustancias y a sus distribuidores clandestinos.

Cuando la síntesis conflictiva entre ambas posturas se logre, situación que aún se encuentra en el campo de la imaginación teórica y la utopía, ambas situaciones desaparecerían. La pregunta pertinente es saber ¿Cómo llegar a esa síntesis utópica? La evidencia histórica permite concluir que la superación de ambas situaciones conflictivas no se ha logrado con la imposición de esta colisión *sindiótica,* donde choca la una en contra de la otra con la finalidad de su aniquilación mutua, bajo la conjetura que si se destruye una, la otra inexorablemente dejaría de existir. Este postulado paradigmático ha resultado absolutamente ineficaz en el caso de las políticas prohibicionistas contra las culturas clandestinas que promueven el consumo, puesto que estas últimas han encontrado en cada momento de la historia su manera de existir y triunfar en la colisión.

La superación de este conflicto histórico se encuentra en el viraje que se debe proyectar para pasar de esta colisión *sindiótica* a una condición simbiótica, donde ambas posturas, antes que colisionar para destruirse mutuamente, se amalgamen estratégicamente en una alianza mutua que se oriente hacia una gobernanza equilibrada, incluyente y pluralista.

En el país se han llevado a cabo eventos que manifiestan la urgente necesidad de proponer alternativas que conduzcan al ensamblaje entre la lucha antidroga y los movimientos antiprohibicionistas, para la búsqueda de nuevas opciones que permitan solucionar este conflicto sin tregua. (Borja-Martínez, Góngora-Sierra & Sánchez González, 2017). El punto de partida para la búsqueda de alternativas son las personas que consumen drogas y no piensan dejarlo de hacer. Para estos autores: "la finalidad no es que las personas dejen de consumir drogas sino que lo hagan de una manera segura". (Ibíd., p. 108). Entre las propuestas para la reducción del daño y la autorregulación, se encuentran consejos para las prácticas de consumo, como evitar las drogas adulteradas, comprar a expendedores de confianza, no compartir jeringas usadas, entre otras. (Ibíd.). Lo que está en juego es:

> La búsqueda de una posición más *incluyente* para los consumidores. No se parte del cese del consumo, sino que –con figuras como regulación, reducción de daño o reconocimiento de derechos– se hace lugar a cierta continuidad de este a través de políticas y prácticas alternativas al prohibicionismo. (Ibíd., p. 110).

Lo que se busca con esta propuesta alternativa es ampliar el horizonte más allá de las determinaciones prohibitivas que son establecidas en las políticas para la fiscalización de drogas en Colombia. Hacer que la autorregulación del consumo y la reducción de daño, entren en el campo de los derechos humanos, incluyendo "el derecho a usar drogas" (Albers, 2012, p. 10); donde se promueva la opción de ser un usuario responsable de su propio consumo personal.

Esta alternativa colisiona con la incertidumbre reinante que se instaura con las políticas para el control de drogas en Colombia, especialmente por la contradicción jurídica que le otorga al ciudadano colombiano: "permiso para consumir lo que está prohibido producir y comercializar". (Cárdenas-Jiménez, 2013, p. 201). En el territorio nacional no se puede comerciar con drogas prohibidas, aunque esté permitido consumirlas bajo la estricta determinación de una dosis personal.

Esta ambigüedad jurídica establece un camino inevitable a los expendedores clandestinos y a los enganchados al negocio del microtráfico y el narcomenudeo, llamados también "expendedores de subsistencia", a quienes se les judicializa con las sanciones penales más severas, a pesar de encontrarse en la base de esta economía colosal. Sus apreciaciones sobre las políticas de drogas y su fiscalización, pueden resultar muy valiosas cuando el interés se centra en la búsqueda de soluciones que mitiguen las consecuencias colaterales, como la reincidencia en este delito ambiguo y el hacinamiento carcelario que genera. Para Salazar, Vizcaíno y Tirado: "Un elemento clave para avanzar en esta dirección es diseñar mecanismos de inclusión que faciliten el aporte de estas poblaciones en la formulación de políticas de fiscalización de drogas en el futuro". (2015, p. 38).

Los expendedores y consumidores de drogas son el foco crítico de este conflicto interminable. Si se analiza desde esta nueva perspectiva, pueden ser también la fuente de nuevas alternativas. Es necesario considerar la inclusión de la sociedad usuaria de drogas, no como agentes pasivos que son definidos jurídicamente entre los márgenes estigmatizadores y ambiguos de la delincuencia y la enfermedad; sino como agentes activos que pueden asumir con firmeza una posición política e involucrarse en la toma de decisiones para la formulación e implementación de nuevas alternativas inclusivas. Al respecto, es oportuno dejarse guiar por las consideraciones de André-Noel Roth:

> Se busca reintroducir en el análisis de las políticas públicas la influencia directa de la ciudadanía en los procesos de toma de decisión mediante mecanismos de democracia participativa o deliberativa. Esto ha significado, en una perspectiva crítica, el desarrollo de nuevas modalidades experimentales de procesos de toma de decisión en políticas públicas más abiertas e incluyentes. (2015, p. 160).

Esto implica la inclusión real de las sociedades expendedoras y consumidoras de drogas, quienes ya están involucrados inexorablemente desde un enfoque terapéutico y punitivo por atentar contra su propia salud y la salud pública, paradójicamente ligadas en una misma conducta censurable; en las decisiones sobre la formulación e implementación de las políticas que gobiernan sobre su posición personal y social de asumir esta conducta censurable como una forma de vida, sin ocultamientos ni temores. Esta opción se presenta como una nueva alternativa abierta a diversas apreciaciones y críticas.

Manifiesta una ruptura con la verticalidad tradicional y la fragmentada oposición que implica la imposición del Estado sobre la sociedad, representada en las culturas clandestinas, como si fueran dos partes distintas y opuestas de un mismo cuerpo estructural, destinadas inexorablemente a colisionar; hacia vías que permitan relaciones horizontales y pluralistas entre el Estado y la sociedad, como si fuera un solo cuerpo con múltiples voces que deciden sobre su propio bienestar integral:

> Las concepciones verticales y externas fueron substituidas con enfoques que hacen énfasis en la necesidad de integrar los puntos de vista, no solamente de los diversos expertos, sino también de los actores involucrados. En este contexto el pluralismo de los expertos se suma también al pluralismo de los actores. Significa que es necesario tener en cuenta la evaluación hecha por los actores sobre sus propias actuaciones y a partir de sus percepciones. (Ibíd., p. 230).

Es fundamental valorar en un diálogo incluyente, horizontal y pluralista, las opiniones de todos los actores involucrados en la problemática de las drogas, como la vía más adecuada para encontrar soluciones efectivas y nuevas alternativas que permitan tratar este conflicto con sentido común e integridad. Se debe permitir que los usuarios de drogas adquieran la autoridad para tomar decisiones políticas que gobiernen sobre sus propias formas de asumir la vida del consumo. De esta manera, romper con el enfoque prohibitivo, excluyente, vertical y autoritario de las políticas de drogas instauradas por el Estado colombiano, para darle lugar a una verdadera política social que sea incluyente y que valore las opiniones y posiciones de los diferentes actores involucrados. Al respecto, resulta oportuno utilizar el concepto de gobernanza que propone André-Noel:

> La gobernanza describe así el hecho de que el proceso y, en particular, la implementación de las políticas ya no están bajo el control y el direccionamiento exclusivo de las instituciones gubernamentales –el gobierno y la administración pública–, sino que participan en ella tanto organizaciones privadas como asociativas. (…). La gobernanza significa también que el interés público ya no se encuentra monopolizado e impuesto verticalmente por el Estado, sino que es plural, resultado de un arreglo o de un consenso entre diversos actores tanto públicos como privados. (Ibíd., pp. 214-215).

Se propone la proyección estratégica de una gobernanza equilibrada e integral, como un punto de partida alternativo para construir y aplicar políticas sociales inclusivas sobre la producción, el comercio y el consumo de estas sustancias psicoactivas en Colombia. Esta opción se presenta como la ruta más adecuada a seguir, para no continuar haciendo lo mismo esperando que los resultados cambien. A partir de este enfoque alternativo se pueden proyectar nuevas identificaciones, formulaciones, implementaciones y evaluaciones de las políticas para tratar esta situación, desde otro ángulo distinto al estrictamente prohibitivo; que permita sopesar todas las alternativas y soluciones posibles a partir de un modelo horizontal, inclusivo y pluralista.

Establecer un equilibrio entre ambas posturas que no implique la paradigmática colisión *sindiótica,* el inexorable choque que pretende inútilmente su aniquilación mutua. Se necesita un modelo teórico que promueva la búsqueda de condiciones simbióticas, que permitan la coexistencia de ambas posiciones opuestas y esté orientado a generar un beneficio integral de la sociedad colombiana, incluida la población usuaria de drogas.

Se requiere un alto grado de imaginación e ingenuidad que raye en la utopía, para proponer este tipo de alternativas. No obstante, se debe considerar que los conflictos radicales requieren medidas similares, las cuales tienen que saberse guiar por el sentido común. Las políticas que son formuladas e implementadas por el Estado, no pueden determinar con la opresión prohibitiva los límites de la cultura, antes que brindarle los medios jurídicos necesarios para su libre manifestación histórica.

Una gobernanza equilibrada e integral que considere la autorregulación responsable del usuario de drogas, bajo el amparo constitucional de la libertad individual y social que tiene el ciudadano para decidir asumir estas conductas nocivas como parte de su identidad cultural, sin considerarlo un perjuicio que atente más allá de los límites de su propia piel. Para lograr este propósito, se requiere una apertura a la regulación de la producción y la comercialización de estas sustancias psicoactivas, amparados bajo las reglamentaciones y restricciones establecidas por el Estado colombiano; como ocurre con las bebidas embriagantes, con los energizantes, con los cigarrillos y con los medicamentos bajo prescripción médica.

Esto no implicaría dejar de ejercer los estrictos controles para el tráfico internacional de estas sustancias, puesto que se atentaría contra la integridad de las otras naciones incluidas en los pactos de las Naciones Unidas. Pero sí la autonomía que tiene el país para decidir sobre sí mismo en el pleno derecho y en el deber de manifestar la autoridad que tiene sobre su propia soberanía nacional. Las valiosas incautaciones que son realizadas en los estrictos controles al tráfico internacional, antes que destruirse en circunstancias dudosas, pueden utilizarse para tratar los casos crónicos de adicción a partir de su utilización dosificada por el Estado, evitando la ilegalidad y la adulteración.

La instauración de esta alternativa inclusiva no implica necesariamente el desbordado incremento en los índices de consumo a nivel nacional, puesto que la propensión a la adicción depende de muchos factores. Cada individuo posee características únicas y quien no tiene la inclinación a consumir no lo hace, aunque tenga acceso a estas sustancias; pero quien tiene la disposición a consumir lo hace, aunque se lo prohíban. Entre las posibles consecuencias que pueden surgir con esta medida alternativa que vincula recíprocamente ambas posturas, está el arribo de oleadas interminables de nuevos turistas extranjeros con propósitos de experimentar placeres psicoactivos.

Tampoco implicaría dejar las restricciones estrictas para el consumo en la población menor de edad, o las pedagogías para prevenir y enseñar sobre su nocividad y el peligro que conlleva caer presa de su dependencia crónica. Es primordial educar a las nuevas generaciones con objetividad en el conocimiento científico y sociocultural sobre los usos de las drogas y sus consecuencias nocivas, sin caer en el prejuicio prohibitivo y la estigmatización. La educación es la herramienta fundamental para lograr esta finalidad objetiva. No se puede utilizar como instrumento de represión para cohibir la libertad de elección y decisión que debe garantizar el Estado y que tienen los estudiantes como el regalo más apreciado, la razón por la cual anhelan llegar a su mayoría de edad.

**Figura 20.** *Caricaturas.*

**Fuente:** (Iracheta, 2011, p. 11).

# Conclusiones

IDENTIFICACIÓN:

La producción, comercialización y consumo de drogas sometidas a fiscalización, se ha incrementado y diversificado exitosamente en el territorio colombiano, a pesar de la estricta implementación de las políticas para el control de drogas. Este aumento en el consumo y su diversificación con nuevas sustancias psicoactivas, tanto legales como ilícitas, se problematiza por su propagación en la población menor edad escolarizada en edades cada vez más tempranas.

El departamento de Caldas y la región del eje cafetero son las que presentan los índices más altos a nivel nacional, sobre el consumo creciente de estas sustancias en la población escolar. Se evidencia un incremento notable de la población femenina, que parece vivir un despertar de la curiosidad por experimentar con estas drogas prohibidas. A pesar de los estrictos controles preventivos y sancionatorios que se establecen en Colombia, la percepción del riesgo sobre el consumo prohibido en la población estudiantil es dramático.

Esta situación problemática invita a cuestionarse: ¿El problema son las drogas sometidas a fiscalización? Puesto que su utilidad para la ciencia médica es incuestionable. O se trata de la natural vulnerabilidad y predisposición del ser humano a la adicción. La necesidad de satisfacción neurobiológica que nos impulsa a buscar los medios para activar las zonas placenteras del cerebro y que encuentra una mayor proclividad por su neuroplasticidad en los años de desarrollo de la adolescencia y la juventud.

Desde los orígenes más antiguos de la humanidad, las diferentes culturas han manifestado la inexorable necesidad de usar sustancias psicoactivas. Esta situación no ha cambiado a través de la historia. Las plantas y sus virtudes extraordinarias no son culpables de las catalogaciones prohibitivas que buscan regular su producción, distribución y consumo en las sociedades contemporáneas. Lo que hace que estas políticas para el control de drogas, colisionen con las culturas ancestrales y los grupos sociales que promueven su uso.

El problema radica en la explotación clandestina de la que son objeto estas drogas, con fines lucrativos que responden a la lógica voraz del sistema económico mundial, el cual convierte en negocio todo lo que genere placer, especialmente por la dependencia crónica que pueden generar sus efectos placenteros. Las organizaciones ilegales dedicadas al expendio de estas sustancias psicoactivas, se aprovechan de la vulnerabilidad y la predisposición de las generaciones más jóvenes. Esta problemática se incrusta en las raíces ancestrales de la especie y en el modelo global de subsistencia capitalista neoliberal.

Bajo el amparo del método científico, se propone para la investigación de esta problemática un método mixto a través de un diseño integrado, que permita la articulación metódica de diferentes técnicas dentro del mismo marco investigativo, ajustables a las erráticas contingencias de los contextos socioculturales a investigar. También se plantea la *sindiosis* como un modelo conceptual alternativo para definir la conflictiva coexistencia entre los implementadores de las políticas prohibicionistas y las culturas clandestinas. Un modelo aplicable para ingeniar estrategias que permitan proponer alternativas hacia el tránsito de estas colisiones *sindióticas* a condiciones simbióticas.

FORMULACIÓN:

Se recurre al análisis histórico de la ciencia política, con la finalidad de precisar los conceptos que permiten definir el accionar del Estado colombiano y sus funciones estratégicas para gobernar sobre la sociedad nacional, a partir del control jurídico ejercido por medio de las políticas públicas para el control de drogas. Estas políticas públicas son las herramientas que tiene el Estado para ejercer su gobierno sobre la sociedad usuaria de las sustancias psicoactivas consideradas por estos instrumentos estatales, como prohibidas o restringidas estrictamente para usos médicos y científicos. Se trata de la respuesta gubernamental que se instaura, entre las opciones posibles, para modificar esta situación problemática. Se propone un modelo operacional dividido en cuatro etapas que estructuran las partes de este libro y que permiten organizar las estrategias para la investigación y el análisis de estas políticas públicas para el control de drogas en Colombia.

Durante el siglo XX se promulgaron las primeras políticas con alcance internacional para el control del tráfico de drogas, que culminaron con las convenciones hechas por las Naciones Unidas sobre estupefacientes, psicotrópicos y drogas narcóticas, donde se establecieron los primeros listados interminables de sustancias sometidas a fiscalización y se acordó compartir una responsabilidad común en la ejecución de las medidas necesarias para su cumplimiento. Colombia se encuentra entre los estados signatarios de estos acuerdos internacionales, los cuales han establecido implementar en los territorios nacionales un paradigma global que se caracteriza por la estricta instauración de un modelo prohibicionista.

La historia nacional de estas políticas se remonta hasta el año 1920 con la primera regulación sobre "la importación y venta de drogas que formen hábitos perniciosos". Desde entonces hasta el presente se ha vivido un siglo de incertidumbre legislativa en Colombia. La colisión paradigmática entre la prohibición decretada por el Estado y las culturas clandestinas que promueven el consumo de drogas prohibidas, con la ambigüedad jurídica de legalizar el consumo de la dosis personal, lo que está estrictamente prohibido producir y comerciar. Razones que ayudan a entender tanto el triunfo rotundo de las culturas clandestinas con el incremento y diversificación de los usuarios consumidores entre las nuevas generaciones, como el fracaso contundente de las políticas para su control.

La paradoja legislativa radica en cumplir el derecho que tienen las personas de decidir libremente consumir sustancias psicoactivas sometidas a fiscalización, sin que el Estado tenga que intervenir en esta decisión personal, amparándolos obligatoriamente de los efectos nocivos en su salud jurídica, física y mental, que esta decisión les puede acarrear. ¿Es la función del Estado intervenir en la libertad que tienen los ciudadanos de decidir por sí mismos? Las nuevas comunidades de usuarios voluntarios de drogas prohibidas, invitan a cuestionarse sobre si las políticas públicas tienen que imponerse sobre la cultura nacional, o si son las manifestaciones culturales las que tienen que guiar las finalidades de las políticas públicas; para no seguir haciendo lo mismo esperando que los resultados cambien.

IMPLEMENTACIÓN:

Para el cumplimiento del arsenal político sancionatorio y terapéutico, se requiere una articulación estratégica de las acciones a desarrollar en los territorios locales. El Estado colombiano se caracteriza por promulgar el principio constitucional de la descentralización o desconcentración por delegación de la autoridad estatal para cumplir con estas responsabilidades, bajo un enfoque implícito de responsabilidad compartida en la ejecución de las acciones requeridas para lograr sus fines.

Esta articulación territorial en el caso del control de drogas sometidas a fiscalización, transita desde los acuerdos internacionales a las políticas nacionales a través del C.N.E, que se delega en los proyectos regionales a través C.S.E y estos se delegan a su vez en los P.I.D.D. y en los P.I.M.D. Esta estructura delegataria disuelve la responsabilidad en las redes de jerarquías burocráticas y funcionarios públicos.

A partir del caso particular de Manizales, se evidenció que entre los intereses que prevalecen en estos funcionarios burocráticos encargados de planificar las acciones locales, resalta los asuntos presupuestales y la necesidad de mayores recursos financieros para acrecentar los servicios contractuales en los tratamientos terapéuticos y los programas de prevención.

Estas medidas prohibitivas convenidas por el Estado, han generado un batallón de funcionarios implementadores que han incorporado en su percepción y accionar un enfoque prohibicionista y estigmatizador. Un ejemplo de esto se evidencia en los rectores y psicorientadores de algunos planteles educativos locales, para quienes el estudiante usuario de drogas es un elemento nocivo que necesita ser excluido de la educación. Esta situación ha generado una correlación entre el consumo de drogas y la deserción escolar.

La ruta de atención a seguir con estos estudiantes infractores los hace transitar hacia las instituciones especializadas, según la gravedad de sus acciones, lo que implica un nuevo enrutamiento en sus proyectos de vida. Estas instituciones ofrecen los servicios ambulatorios y terapéuticos para la deshabituación y rehabilitación, a través de la abstinencia impuesta con el internamiento. Esta situación despierta en los jóvenes recluidos el deseo de evasión y recaída en el consumo, lo que genera la doble paradoja de la reincidencia y la rehabilitación, las dos caras de un mismo problema.

El incremento en la población menor de edad usuaria de drogas ha llevado al colapso institucional y a la crisis del sistema farmacrático. La creciente demanda de estos servicios especializados se ha reflejado en un enorme gasto presupuestal que resulta insuficiente e infructuoso por la ausencia de efectividad en los tratamientos implementados. Lo que lleva a la paradoja de sumar en la lista de nuevos usuarios de estos servicios privados subcontratados por el Estado, a los supuestos rehabilitados.

EVALUACIÓN:

La política para la fiscalización de drogas se halla en la palestra pública. La percepción social de esta política a nivel nacional es negativa. La sociedad colombiana parece estar de acuerdo en ratificar su carencia de efectividad y el riesgo crítico en el que se encuentran las nuevas generaciones. A pesar de los colosales esfuerzos del Estado en implementar el paradigma prohibicionista, la evidencia demuestra el incremento y diversificación del consumo de estas sustancias en edades cada vez más tempranas. El fracaso de estas políticas es inversamente proporcional al éxito de las culturas clandestinas.

Pensar como alternativa la permisividad legislativa no implica necesariamente el incremento del consumo desmedido de la sociedad colombiana, puesto que esto depende de las predisposiciones neurobiológicas a la toxicomanía y las predilecciones socioculturales que distinguen a cada persona. No le corresponde al Estado elegir por los ciudadanos. Es necesario aprender a escuchar las voces de los drogados.

Entre los estudiantes entrevistados se encuentra el grupo de los que no han cruzado el umbral de las drogas por decisión propia, a pesar de vivir inmersos en contextos locales donde se dan las condiciones necesarias para consumir. También se encuentran los estudiantes que están en el umbral. Se trata de los usuarios inadvertidos que proliferan en los planteles educativos locales. Pasan desapercibidos por las autoridades estatales y sus familiares, puesto que han sabido ocultar sus hábitos adquiridos. Sin embargo, son los principales responsables del escandaloso incremento en los índices de consumo, a pesar de no aparecer en las estadísticas. Son los que han cruzado y están más allá del umbral, los que activan las alarmas de control y las rutas de atención, a pesar de su falta de efectividad.

Las autoridades implementadoras tienen que tratar con la problemática directa del incremento en el consumo y remediar con los efectos colaterales que se generan en la implementación. Se enfrentan a la necesidad de restablecer la integridad de los derechos que vulneran, resolver los efectos colaterales de las medidas que implementan.

A pesar de todos los esfuerzos infructuosos para implementar el paradigma prohibicionista, las culturas clandestinas que promueven el consumo prohibido se acrecientan y diversifican. Asumen ahora una posición política antiprohibicionista, como ocurre con las diferentes agrupaciones que se reúnen con un mismo propósito: incentivar el activismo cannábico y apoyar localmente la Marcha Mundial de la Marihuana que encuentra su cierre cada año en la ciudad de Manizales. Entre sus consignas se encuentran: "naturalizar el consumo de marihuana en contextos autorregulados", "Incidir en las políticas públicas para formar una cultura cannábica nacional", "Proteger y acompañar al usuario de *cannabis* en situaciones de vulneración de sus derechos", "No más interferencia estatal en nuestra intimidad".

Ambas posturas opuestas coexisten en este conflicto que las hace chocar y oponer resistencia, cada una con el objetivo de destruir a su contraria. Es necesario proponer alternativas que permitan virar de esta colisión *sindiótica* donde chocan en una resistencia mutua, hacia una condición simbiótica donde se vinculen en una coexistencia recíproca.

Se propone una gobernanza equilibrada que sea inclusiva, horizontal y pluralista, que medie entre las políticas para el control de drogas y las culturas clandestinas. Una nueva postura alternativa donde las voces de los usuarios de drogas que no desean dejarlo de ser, se incluyan de una manera participativa en las decisiones políticas para formular las regulaciones a regir sobre sí mismos. Legitimar la autorregulacion de los usuarios de drogas en el territorio nacional, sin dejar las estrictas restricciones al tráfico internacional y las prohibiciones para los menores de edad.

Es necesario que las políticas públicas se adecúen a las manifestaciones de la cultura nacional y no que sea la cultura nacional la que tenga que adaptarse a las determinaciones instauradas por las políticas públicas; si el objetivo es buscar nuevos rumbos para no seguir haciendo lo mismo esperando resultados distintos.

# Bibliografía


Aboitiz, F., Ossandón, T., Zamorano, F., & Billeke, P. (2012). Balance en la cuerda floja: la neurobiología de trastorno por déficit de atención e hiperactividad. *Revista Médica Clínica las Condes*, 559-565.

Adinnof, B. (2004). Neurobiologic Processes in Drug Reward and Addiction. *Harv Rev Psychiatry*, 305-320 Vol. 12 Núm. 6.

Agapito. (29 de Septiembre de 2015). *Caricaturas*. Obtenido de El universo: https://www.eluniverso.com/2015/'09/29/caricatura/5155124/agapito

Albers, E. (2012). Harm reduction: contribution to a critical appraisal from the perspective of people hho use drugs. En R. Paters, & D. Riley, *Harm reduction in substance use and High-Risk Behaviour: international policy and practice* (págs. 124-131). England: Wiley-Blackwell.

Álvarez, L. M. (2008). Borrachero, cacao sabanero o floripondio (brugmansia spp), un grupo de plantas por redescubrir en la biodiversidad latinoamericana. *Cultura y Droga*, 77-93. Núm. 15.

Ansorena, J. (18 de octubre de 2018). *ABC*. Obtenido de Canadá pone en marcha el mayor experimento de legalización de marihuana: https://www.abc.es/sociedad/abci-canada-pone-marcha-mayor-experimento-legalizacion-marihuana-201810180314_noticia.html

Arendt, H. (1997). *¿Qué es la política?* Barcelona: Editorial Paidós.

Aristia, S. (6 de mayo de 2018). *France 24*. Obtenido de La marcha mundial de la marihuana une a ciudades de todo el mundo: https://www.france24.com/es/20180506-marcha-mundial-marihuana

Arteaga Toro, N., & Pérez Vásquez , J. (2015). Incertidumbre jurídica de las políticas públicas para tratar el consumo de drogas en la población menor de edad. El caso de Manizales. *Cultura y Droga*, 119-136 Año 20, Núm. 22 .

Barón, R. (5 de Febrero de 2018). *Colombia: ¿Cuáles son las políticas frente al consumo de drogas?* Obtenido de LatinAmerican Post: https://latinamericanpost.com/es/19496-colombia-cuales-son-las-politicas-frente-al-consumo-de-drogas

Becerra, M. (4 de Enero de 2013). *El ciudadano.cl*. Obtenido de Ritalin: una sociedad que droga a sus niños.: http://www.elciudadano.cl/2013/01/04/62341/ritalin-una-sociedad-que-droga-a-sus-ninos

Beltran, F., & Gonzalez, L. (1990). Nuestros orígenes. En G. Marquinez, L. Gonzalez, F. Beltran, & E. López , *El hombre latinoamericano y su mundo.* (págs. 11-66). Bogotá.: Editorial Nueva América. .

Bertaux, D. (1993). La perspectiva biográfica: validez metodológica y potencialidades. En J. M. Marinas, & C. Santamarina, *La historia oral: métodos y experiencias* (págs. 149-171). Madrid: Editorial Debate S.A.

Borja-Martínez, R., Góngora-Sierra, A., & Sánchez-González, C. (2017). "Ensamblajes globales" y "reducción de daño": apuntes en torno a la lucha antidroga y al movimiento antiprohibicionista. *Cultura y Droga*, 106-118. Núm. 24.

Bourdieu, P. (2006). Génesis y estructura del campo religioso. *Sección temática. Relaciones. Vol 27.* , 29-83.

Brau, J. (1973). *Historia de la droga.* Barcelona: Bruguera.

Caicedo, A. (2014). Yagé related neo-shamanism in Colombia urban contexts. En B. Labate, & C. Cavnar, *Ayahuasca Shamanism in the Amazon and Beyond.* New York: Oxford University Press.

Campos, A. C., & Téllez, J. (s. f.). Indicadores epidemiológicos del consumo de cannabis. En J. T. Mosquera, *Marihuana-Cannabis. Aspectos toxicológicos, clínicos, sociales y potenciales usos terapéuticos* (págs. 19-45). Bogotá. Ministerio de Justicia y del Derecho. Dirección de Política de Drogas y Actividades Relacionadas. Observatorio de Drogas de Colombia.

Cárdenas, F. (2011). Revisión de la legislación referente a las drogas en Colombia desde 1920 hasta 1994. *Cultura y Droga*, 149-165.

Cárdenas-Jiménez, F. (2013). Representaciones sobre la dosis mínima en los relatos periodísticos del género opinión del diario El Tiepo, en el mes de mayo de 1994. *Virajes*, 179-221. Vol. 15. Núm. 2. .

Carrillo, M., & Luengo, M. (1993). Demora de la gratificación y conducta antisocial en los adolescentes. *Análisis y modificación de conducta* , 643-663 Vól. 19.

Cartmell, W., Springfield, A., & Weems, C. (2001). Nicotine and cotinine metabolites in South American Pre-Columbian mummy hair. En F. Cardenas-Arroyo, & C. Rodríguez-Martín, *Studies on ancient mummies and burialarchaeology* (págs. pp. 237-242). Bogotá D. C. Colombia: Universidad de los Andes. Fundación Erigaie.

Cavagnari, G. L. (1994). América del sur: algunos elementos para la definición de la seguridad nacional. En F. L. Buitrago, & J. Tokatlian, *Orden mundial y seguridad. Nuevos desafíos para Colombia y América Latina* (págs. 49 - 76). Bogotá: Tercer Mundo Editores.

Caycedo, G. C. (2000). *Candelaria.* Bogotá: Planeta Colombiana S. A. .

Caycedo, G. C. (s. f.). *Colombia Amarga.* Bogotá: Carlos Valencia Editores. Printed Colombiana.

Cohen, M., & Nagel, E. (2001). *Introducción a la lógica y al método científico. Lógica aplicada y método científico.* Buenos Aires: Amorrortu.

Cohen, S. (1972). *Historia del LSD.* Madrid: Edicusa. Cuadernos para el Diálogo.

Colombia, C. C. (2016). *Constitución Política de Colombia.* Bogotá. D. C.: Edición especial preparada por la Corte Constitucional. Consejo Superior de la Judicatura. Centro de Documentación Judicial– CENDOJ.

Colombia, G. d. (2017). *Regionalización de la política de drogas: informe de rendición de cuentas.* Disponible en: www.odc.gov.co/portals/1/politica-regional/Docs/informe_rendicion_de_cuentas_drogas_2017.pdf.

Corbelle, F. (2018). Amistad, solidaridad y activismo en el movimiento cannábico argentino. *Cultura y Droga*, 13-36 Número 26 .

Cote-Menéndez, M., Rangel-Garzón, C., Sánchez-Torres, M., & Medina-Lemus, A. (2011). Bebidas energizantes: ¿hidratantes o estimulantes? *Revista de la Facultad de Medicina. Universidad Nacional de Colombia*, 255-266 Vol. 59. Núm. 3.

D.P.D.A.R. (2016). *Encuesta nacional de percepción sobre la problemática y la política de drogas en Colombia.* Colombia: Ministerio de Justicia. Todos por un nuevo país.

DROSICAN. (2009). *Estudio epidemiológico andino sobre consumo de drogas sintéticas en la población universitaria. Informe Colombia.* Lima: DROSICAN Apoyo a la Comunidad Andina en el Área de Drogas Sintéticas.

E.M.C.D.D.A. (2018). *Informe Europeo sobre Drogas: tendencias y novedades.* Luxemburgo: Oficina de Publicaciones de la Unión Europea.

Echevarría, A. G. (1990). *Etnografía y comparación: la investigación intercultural en antropología.* España: Editorial Bellaterra.

Echeverría, J., Planella, M., & Niemeyer, H. (2014). Nicotine in residues of smoking pipes and other artifacts of the smoking complex from an Early Ceramic period archaeological site in central Chile. *The Journal of Archaeological Science*, Núm. 44, pp. 55-60.

Edey, M. A. (1994). *Arqueología de las primeras civilizaciones. Orígenes del hombre. El eslabón perdido (I).* Barcelona: Ediciones Folio S. A.

EDT. (18 de septiembre de 2016). *Club de novelas TELEMUNDO.* Obtenido de Siete narconovelas que arrasaron con todos los ratings y se convirtieron en las más famosas: https://www.telemundo.com/series-y-novelas/2016/09/18/7-narconovelas-que-arrasaron-con-todos-los-ratings-y-se-convirtieron-en-tmna1106216?image=8161593

Escohotado, A. (1998). *Historia general de las drogas.* Madrid: Alianza Editorial.

Escohotado, A. (2009). La antigüedad remota. *Historia elemental de las drogas.*, 15-22.

Faciolince, H. A. (2007). *Angostura.* Bogotá: Editorial Planeta.

Feldman Gracia, L. (2006). *El cactus san Pedro: su función y significado en Chavin de Huántar y la tradición religiosa de los Andes centrales.* Lima. Perú. : Tesis de grado. Universidad Nacional Mayor de San Marcos.

Fernández, J., & Ramos, J. (2009). Posible utilidad terapéutica de los derivados del cannabis. *Drogodependencias: farmacología, patología, psicología, legislación. Madrid. Editorial Panamericana.*, 345-358.

Figueroa, F. (8 de mayo de 2017). *La izquiera diario*. Obtenido de Marcha mundial de la marihuana en Bahía Blanca: ni policía ni represión, ¡Legalización!: https://wwwlaizquierdadiario.com/Marcha-Mundial-de-la-Marihuana-en-Bahia-Blanca-Ni-policia-ni-represion-legalizacion

Fonseca, A. (2009). *Cuando llovió dinero en Macondo: literatura y narcotráfico en Colombia.* Kansas: Tesis doctoral en Filosofía. Faculty of the Graduate School, University of Kansas,.

Forney, B. (1971). Toxicology of marihuana. *Pharmacology calreviews*, 79-84.

Fort, J. (1981). *La sociedad adicta.* Barcelona: Laia.

Foucault, M. (1968). *Las palabras y las cosas. Una arqueología de las ciencias humanas* . Argentina: Siglo XXI Editores S. A. .

Fournier, G. (2002). *Drugs Policy Under Colonial Time: lessons from the past. Global Drug Policy. A Historical Perspective.* Senlis: The Senlis Council: Disponible en: www.senliscouncil.net.

Franco, J. (1999). *Rosario Tijeras.* Bogotá: Casa Editorial El Tiempo.

Galvis, B. (2019). *El agazape: un análisis descriptivo en el municipio de Manzanares, Caldas* . Manizales, Caldas: Universidad de Caldas. Maestría en Culturas y Droga.

García, E. C., & Espada Sánchez, J. P. (2006). Una revisión histórica sobre los usos del cannabis y su regulación. *Salud y Drogas*, 47-70.

Gardeazábal, G. Á. (1987). *El Divino.* Bogotá: Círculo de Lectores.

Garza, M. (2002). Políticas públicas y seguridad en el marco de la acción del Estado. En P. J. Peñaloza, *Los desafíos de la seguridad pública en México* (págs. 99-124). México: Instituto de investigaciones jurídicas.

González, M. M. (2009). La violencia y el narcotráfico en la literatura colombiana. *Cuadernos de Posgrado*, 121-167 Núm. 3.

González, U., et al. . (2000). El aprovechamiento de recursos vegetales en los niveles neolíticos del yacimiento de los Murciélagos (Zuheros, córdoba). *Complutum*, 171-189.

Gootemberg, P. (2015). *Cocaína andina: el proceso de una droga global.* Buenos Aires, Argentina.: Universidad de Buenos Aires.

Gramsci, A. (1986). *Notas sobre Maquiavelo, sobre política y sobre el Estado moderno.* México: Juan Pablo Editores.

Habayeb, O., Bell, S., & Konje, J. (2002). Endogenous cannabinoids: Metabolism and their role in reproduction. *Life Sciences*, 63-77.

Habib, Y. (23 de julio de 2018). *AL DÍA.* Obtenido de Marihuana en Estados Unidos: Breve historia de la legalización: https://aldianews.com/es/articles/politics/marihuana-en-estados-unidos-breve-historia-de-la-legalizacion/53409

Heckenberger, M., & Góes Neves, E. (2009). Amazonian Archeology. *Annual Review of Anthropology,* 251-266.

Hincapié, A. (1989). *La legalización de la Droga .* Bogotá: Gráfica Mundial.

Hofmann, A. (1961). Farmacología médica y aspectos médicos de los psicomiméticos. *Diario de Ciencia Médica experimental.*

Hofmann, A. (1980). *LSD.* Barcelona: Gedisa.

Hofmann, A. (1991). *LSD Cómo descubrí el ácido y qué pasó después en el mundo.* Barcelona: Gedisa.

Hofmann, A. (8 de Enero de 2016). *Aspectos químicos, farmacológicos y médicos de los psicomiméticos.* Obtenido de Entheovida: http://entheovida.blogspot.como/2006/01/aspectos-quimicos-farmacologicos.html

Hurtado, J. (1998). *La légende de la Coca.* Paris: Lezard.

Hurtado-Gumucio, J. (2018). La guerra por el monopolio del alivio del dolor y el priviligeio del placer: los carteles de la cocaína legal. *Cultura y Droga,* 48-66. número 25.

Iracheta, S. (2011). *Farmacodependencia, narcomenudeo y narcotráfico.* México: Instituto Nacional de Ciencias Penales INACIPE.

Jelsma, M., & Metaal, P. (2004). *Cracks in the Vienna Consensus: The UN Drug Control Debate.* Wola Drug War Monitor. p. 24.

Julián, A. (1951). *La perla de la América: provinicia de Santa Marta. .* Bogotá D. C.: Biblioteca Popular de Cultura Colombiana. Banco de la República. .

Justicia, M. d. (2017). *Lineamientos: Política Nacional de Drogas.* Documento de Trabajo. Dirección de Política de Drogas y Actividades Relacionadas: Disponible en: http://www.odc.gov.co/Portals/1/publicaciones/pdf/pnacional/PN031152017_lineamient os_politica_nacional_drogas_2017.pdf .

Kesey, K. (1977). *A veces un gran impulso .* Barcelona: Argos.

Kudo, Y., et al. . (2009). Radiocarbon dating of the fossil hemp fruits in the eraliest Jomon period from the Okinochima site, Chiva, japan. *Japan Journal History Botany,* 27-32.

Lastra, S., & Quevedo, W. (s. f. ). Efectos clínicos agudos y crónicos del consumo de cannabis. En J. Téllez, *Marihuana-Cannabis. Aspectos toxicológicos, clínicos, sociales y potenciales usos terapéuticos.* (págs. 247-264). Bogotá. Ministerio de Justicia y del Derecho. Dirección de Política de Drogas y Actividades Relacionadas. Observatorio de Drogas de Colombia .

Lastra, S., & Quevedo, W. (s. f.). Diagnóstico, manejo médico y monitoreo del consumidor de cannabis. En J. téllez, *Marihuana-Cannabis. Aspectos toxicológicos, clínicos, sociales y potenciales usos terapéuticos.* (págs. 235-246). Bogotá. Ministerio de Justicia y del derecho. Dirección de Política de Drogas y Actividades Relacionadas. Observatorio de Drogas de Colombia.

Leary, T., Metzner, R., & Alpert, R. (1964). *The Psychedelic Experience: A Manual Based on the Tibetan Book of the Dead.* Nueva York: University Books.

Lemus, R. (2005). Balas de salva: nota sobre el narco y la narrativa mexicana. *Letras libres*, Año VII. Núm. 81.

Leroy, B. (2003). *International drug policy: challenges and perspectives. Global Drug Policy: Building a New Framework.* Lisboa: Senslis Council. Lisbon International Symposiumon Global Drug Policiy.

Lévi-Strauss, C. (1994). *Antropología estructural.* Barcelona: Ediciones Altaya S.A.

Lewin, L. (1970). *Phantastica .* Paris: Payot.

LID. (7 de mayo de 2019). *LA IZQUIERDA DIARIO.* Obtenido de Río Cuarto se planta por la legalización integral de la marihuana y el auto cultivo: https://wwwlaizquierdadiario.com/Río-Cuarto-se-planta-por-la-legalizacion-integral-de-la-marihuana-y-el-auto-cultivo

Liévano, A. B. (26 de julio de 2018). *Pacifista.* Obtenido de Siete películas imprescindibles sobre drogas en Colomba: https://pacifista.tv/notas/siete-peliculas-imprescindibles-sobre-drogas-en-colombia/

Llano, A. V. (1983). La estructura agraria en la colonización antioqueña del norte de Caldas. *Revista de la Universidad de Caldas*, Vol. 4. Núm. 1, pp. 5-23.

Lombardi, G. (1992). *Autopsia de una momia de la cultura Nazca. Estudio paleopatológico.* Lima, Perú: Tesis de pregrado. Universidad Peruana Cayetano Heredia.

López, J. M. (6 de febrero de 2019). *Benzodiacepinas. Uso racional.* Obtenido de Info-farmacia: http://www.info-farmacia.com/medico-farmacéuticos/revisiones-farmaceuticas/benzodiacepinas

Luna-Porras, L. E. (2018). Plantas sagradas amerindias, persecución y renacimiento. *Cultura y Droga*, 85-105.

Mac. (26 de 4 de 2004). *La marihuana.* Obtenido de La marcha del millon de porros: https://www.lamarihuana.com/la_marcha_del_millon_de_porros/

Madridejos, M. (1986). China: el final de una dinastía. Feudalismo y Revolución. En J. M. Prado, *Historia Ilustrada del Siglo XX* (págs. 133-144). Bogotá: Editorial Printer Colombiana.

Mejía, M. (1990). De la vida silvestre a la colonización mecanizada en el Caribe colombiano. En J. M. (Director), *Cuadernos de Geografía* (págs. pp. 53-208). Bogotá D. C. : Universidad Nacional de Colombia. Facultad de Ciencias Humanas. Departamento de Geografía. Volumen II. Número I. .

Méndez-Díaz, M., Romero, B., Cortés, J., Ruíz-Contreras, A., & Prospéro-García, O. (2017). Neurobiología de las adicciones. *Revista de la Facultad de Medicina de la UNAM*, 6-16 Vol. 60. Núm. 1.

Miller, D. (1997). El resurgimiento de la teoría política. *Metapolítica. Revista trimestral de teoría y ciencia de la política. Vol. 1 Núm. 4.*

Mithen, S. (1998). *Arqueología de la mente. Orígenes del arte, de la religión y de la ciencia.* Barcelona: Grijalbo Mondadori S. A.

Molina, M. M. (2008). El cannabis en la historia: pasado y presente. *Cultura y Droga*, 95-110 número 15.

Montaño, M., & Carvajal, F. (2012). Enfoques de métodos mixtos en la investigación en ciencia de familia. *Revista Latinoamericana de Estudios de Familia*, 243-267 Vol. 4.

Moreno, C., & Zapata, L. (2013). Etnografía de prácticas delictivas y consumo de sustancias psicoactivas ilícitas entre jóvenes infractores de la ciudad de Manizales. *VIRAJES Revista de antropología y sociología*, 15-55.

Mounin, G. (1962). *Maquiavelo.* Buenos Aires: Ediciones Cenit.

Murillo, C. A. (2018). El consumo de sustancias psicoactivas en jóvenes estudiantes de una institución educativa del municipio de Neira (Caldas): un estudio de caso desde la mirada de la educación inclusiva. *Cultura y Droga*, 151-171 Núm. 26.

Nagles, J. G. (2004). *Investigación pedagógica.* Ibagué: Ediciones Corporación Pedagógica Educativa.

Negrete, E. (6 de Marzo de 2014). *Antioquia, líder en consumo de drogas.* Obtenido de El Mundo.com: https://www.elmundo.com/portal/noticias/seguridad/antioquia_lider_en_consumo_de_d roga.php#XlxFKjlU

Nioche, J. P. (1996). *De la evaluación al análisis de las políticas públicas.* Bogotá: Universidad Javeriana.

O, M. E., & Mendoza, É. (2012). Narcotráfico y literatura. *Desacatos. Universidad Autónoma de Sinaloa*, 193-199 Núm. 38.

O.D.C. (2011). *Estudio Nacional de consumo de sustancias psicoactivas en población escolar. Colombia 2011.* Bogotá D. C.: Disponible en: http://odc.dne.gov.co .

O.D.C. (2016). *Estudio Nacional de consumo de sustancias psicoactivas en población escolar, Colombia 2016.* Bogotá D. C.: Disponible en: http://odc.dne.gov.co.

O.D.C. (2017). *Colombia drug report.* Gobierno de Colombia: Observatorio de Drogas de Colombia.

O.D.C. (2017). *Reporte de drogas de Colombia.* Bogotá D. C. : disponible en: odc.gov.com/portals/1/publicaciones/pdf/odc-libro- blanco/reporte_drogas_colombia_2017.pdf.

Ortegon, E. (2008). *Guía sobre diseño y gestión de la política pública.* Bogotá: Colciencias. Convenio Andrés Bello .

Ortiz, A., Meza, D., & Martínez, R. (2014). Poppers, una droga emergente. Resultados del Sistema de Reporte de Inofrmación en Drogas. *Salud Mental,* 225-231. Vol. 37. Núm. 3.

Osorio, O. (2008). *El cronista y el espejo.* España: Instituto Cultural El Brocense.

Ospina, L. (1979). *Industria y protección en Colombia 1810-1930.* Medellín: Editorial Lealon. .

Ott, J. (2005). Escenarios farmacófilos de la cocaína en Manizales: "patraseando" por la pocaína a la nocaína; del bazuco al ladruco. *Cultura y Droga,* 49-59.

Pérez, B., Vizcaíno, A., & Tirado, M. (2015). *Las drogas: políticas nacionales e internacionales de control. Una introducción crítica.* Bogotá D. C.: Universidad Católica de Colombia.

Piedrahita, R. (2019). *Socialización de jóvenes en las redes del narcomenudeo: el caso de Dosquebradas, Risaralda.* Manizales: Universidad de Caldas.

Prélot, M. (1964). *La ciencia política.* Buenos Aires: Editorial EUDEBA.

Procolombia. (2018). *Industria del CANNABIS en Colombia.* Gobierno de Colombia. : Disponible en: https://procolombia.co/sites/default/files/cartilla_cannabis_v2.pdf.

Psiquiatría, A. A. (2013). *Guía de consulta de los criterios diagnósticos del DSM-5.* Arlington: American Psychiatric Publishing.

Puentes, F., Cepeda, J., & Téllez, J. (s. f. ). Cannabinoides y Cáncer. En J. Téllez, *Marihuana-Cannabis. Aspectos toxicológicos, clínicos, sociales y potenciales usos terapéuticos.* (págs. 200-214). Bogotá. Ministerio de Justicia y del Derecho. Dirección de Políticas de Drogas y actividades Relacionadas. Observatorio de Drogas de colombia.

Puentes, F., Cepeda, J., & Téllez, J. (s. f. ). Revisión histórica de usos folclóricos medicinales de preparados de cannabis y estado actual de indicaciones médicas aprobadas para preparados sintéticos. En J. T. Mosquera, *Marihuana-Cannabis. Aspectos toxicológicos, clínicos, sociales y potenciales usos terapéuticos* (págs. 299-337). Ministerio de Justicia y del Derecho. Dirección de políticas de Drogas y Actividades relacionadas. Observatorio de Drogas de Colombia.: Disponible en: .

R.A.E. (2019). *Real Academia Española.* Madrid: Disponible en: https://dle.rae.es.

Ragin, C. (2007). *La construcción de la investigación social.* Bogotá: Siglo del Hombre Editores.

Ramos-Gómez, O. (2016). Lo enteógeno como hierofanía. *Cultura y Droga,* 55-73.

Reece, A. (2009). Chronic toxicology of cannabis. *Clinical Toxicology. Philadelphia. 47(6).,* 17-24.

Roa, J. J. (s. f.). Botánica, cultivo e indicadores de producción y tráfico de cannabis en Colombia. En J. T. Mosquera, *Marihuana-Cannabis. Aspectos toxicológicos, clínicos, sociales y potenciales usos terapéuticos* (págs. 83-119). Bogotá. Ministerio de Justicia y del Derecho. Dirección de Políticas de Drogas y Actividades Relacionadas. Observatorio de Drogas de Colombia.

Rodríguez, E. (1996). *Consumo de sustancias psicoactivas en Colombia.* D.N.E.: Bogotá.

Rojas-León, R. (2014). Turistas en Ayahuasca. Etnografía de un servicio chamánico en la selva boliviana. *Cultura y Droga*, 35-56.

Ronderos, J. (2003). Chamanismos, neochamanismos y la medicina tradicional del yagé en el Eje cafetero. *Cultura y Droga*.

Ronderos, J. (2005). Ritos y mitogonías indígenas en torno al yagé. Una reflexión sobre los orígenes de las conciencias humanas. *Cultura y Droga*, 33 - 48.

Ronderos, J., & Gärtner, G. (2013). EDITORIAL. *Virajes*, 7-12 Vol. 15. Núm. 2.

Room, R., Fischer, B., Hall, W., Lenton, S., Reuter, P., Rossi, D., & Corda, R. (2013). *Políticas sobre el cannabis.* México: Fondo de Cultura Económica.

Roth, A.-N. (2006). *Discurso sin compromiso: la política pública de derechos humanos en Colombia.* Bogotá: Ediciones Aurora.

Roth, A.-N. (2015). *políticas públicas: formulación, implementación y evaluación.* Bogotá: Ediciones Aurora.

Rottoli, M. (2001). Zafferanone selvatico e cardo della Madona, piante raccolte o coltivate nel Neoltico antico a "La Marmota. *Bolletino Paletnologico*, 47-61.

Rumbos, J. (2001). *Juventud y consumo de sustancias psicoactivas. Resultados de la encuesta Nacional de 2001 en jóvenes escolarizados de 10 a 24 años.* Bogotá D.C.: Presidencia de la República de Colombia.

S.A.T. (2017). *Aparición de nuevas sustancias psicoactivas en Colombia.* O.D.C. : Ministerio de Justica. Todos por un nuevo país. .

Sabino, C. (1978). *El proceso de investigación.* Bogotá D. C. : El Cid Editor.

Safford, F. (1977). *Aspectos del siglo XIX en Colombia.* Medellín, Colombia: Ediciones Hombre Nuevo.

Sáiz, P., Paredes, B., Bobes, J., & Gonzalez, P. (2003). Evolución histórica del uso y abuso de MDMA. *ADICCIONES Revista versión online*, 35-49 Vol. 15. Obtenido de ADICCIONES Revista versión Online.

Salazar, A. (2005). *No nacimos pa´semila: la cultura de las bandas juveniles en Medellín .* Bogotá: Editorial Planeta.

Samorini, G. (2014.). Aspectos y problemas de la arqueología de las drogas suramericanas. *Cultura y Droga*, número 21. pp. 13-34.

Samorini, G. (2016). Las fechas más antigas de la relación humana con las drogas. . *Cultura y Droga*, número 23. 91-113.

Sánchez, J. C., Romero, C., Arroyabe, C., García, A., Giraldo, F., & Sánchez, L. (2014). bebidas energizantes: efectos benéficos y perjudiciales para la salud. *Perspectivas en nutrición humana. Universidad de Antioquia, Medellín*, 79-91.

Sánchez-Antelo, V. (2019). Aportes de la sociología argentina a la comprensión de los usos de las drogas: una revisión sistemática. *Cultura y Droga*, 62-89 Número 27.

Sartori, G. (1992). *La política, lógica y método de las ciencias sociales.* México: Fondo de Cultura Económica.

Scoppeta, O. (2010). *Consumo de drogas en Colombia: características y tendencias.* Bogotá.: Guadalupe S. A., D.N.E.

Scuro, J. (2019). Drogas en el frontera Uruguay-Brasil: percepciones de agentes de la justicia y seguridad durante la implementación de la ley de regulación del mercado de cannabis en Uruguay. *Cultura y Droga*, 39-65 Número 27 .

SEEDS, D. (6 de mayo de 2016). *DINAFEM SEEDS.* Obtenido de 20 años de la Marcha Mundial de la Marihuana: https://www.dinafem.org/es/blog/marcha-mundial-marihuana-20/

Shultes, E., & Hoffman, A. (2000). *Plantas de los dioses.* México: Fondo de cultura Económica.

Suárez, V. (6 de junio de 2019). Un siglo después, fin a la historia de Coltabaco. *El Colombiano*, págs. Disponible en: elcolombiano.com/negocios/empresas/un-siglo-despues-fin-a-la-historia-de-coltabaco-EK10921270.

SUISPA. (2013). *Situación del consumo de drogas en Caldas.* Universidad Tecnológica de Pereira: http://www.odc.gov.co/portals/1/Docs/SUISPA/SUISPA-Caldas2012.pdf.

Téllez, J., Puentes, F., & Cepeda, J. (s. f.). Potenciales usos terapéuticos del cannabis y sus derivados . En J. téllez, *Cannabis-Marihuana. Aspectos toxicológicos, clínicos, sociales y potenciales usos terapéuticos* (págs. 162-199). Bogotá. Ministerio de Justicia y del Derecho. Dirección de Política de Drogas y Actividades Relacionadas. Observatorio de Drogas de Colombia.

Thoening, J.-C. (1986). *Las políticas públicas.* Madrid: Editorial Mariel.

Tokatlian, J. G. (1994). Seguridad y drogas: una cruzada militar prohibicionista. En F. L. Buitrago, & J. Tokatlial, *Orden Mundial y seguridad. Nuevos desafíos para Colombia y América Latina* (págs. 77 - 117). Bogotá: Tercer Mundo Editores.

Torres, J., & Santander, J. (2013). *Introducción a las políticas públicas. Conceptos y herramientas desde la relación entre Estado y ciudadanía.* Bogotá. Colombia: Imprenta Nacional de Colombia.

Tovar, H. (1980). *Grandes empresas agrícolas y gGanaderas.* Bogotá D. C. : Universidad Nacional de Colombia. Ediciones CIEC.

Toxicomanías, O. E. (2018). *Informe Europeo sobre drogas. Tendencias y novedades.* Luxemburgo: Unión Europea.

U.N.G.A.S.S. (2016). *Documento de resultados del período extraordinario de sesiones de la Asamblea General de las Naciones Unidas sobre el problema mundial de las drogas.* Special Session of the United Nations General Assembly on the world Drug Problem: Recuperado de: www.odc.gov.co/politica-drogas/politica-internacional/UNGASS.

U.N.O.D.C. (2006). *Primer estudio comparativo sobre uso de drogas en población escolar secundaria en Argentina, Bolivia, Brasil, Colombia, Chile, Ecuador, Paraguay, Perú y Uruguay. .* Lima: O.E.A.-C.I.C.A.D. .

U.N.O.D.C. (2013). *Abuso de drogas en adolescentes y jóvenes y vulnerabilidad familiar.* Lima-Perú: Industria Gráfica MACOLE S.R.L. .

Uprimny, R., & Pereira, I. (2018). *Comentarios borrador de decreto por medio del cual se adiciona el capítulo 9 del título 8 de la parte 2 del libro 2 del Decreto 1070 de 2015.* Bogotá. disponible en: www.drogasyderecho.org/investigadores: Colectivo de Estudios, Drogas y Derecho.

Urrutia, M. (1979). *50 años de desarrollo económico colombiano.* Medellín, Colombia.: Lealon. colección la Carreta. .

Urrutia, M., & Arrubla, M. (1970). *Compendio de Estadísticas Históricas de Colombia.* Bogotá D. C.: Universidad Nacional de Colombia.

Usma, D. (s. f. ). *Anserma Caldas. Monografía.* Anserma: Jorge Arias Garrido Editores .

Valenzuela, E., & Larroulet, P. (2010). La relación droga y delito: una estimación de la fracción atribuible. *Estudios Públicos,* 33-62 Núm. 119.

Vallejo, F. (2002). *La vírgen de los sicarios.* Bogotá: Editorial Alfaguara.

Volkow, N. (2010). *Principios de tratamientos para la drogadicción: una guía basada en las investigaciones.* Estados Unidos: Instituto Nacional sobre el Abuso de Drogas N.I.D.A.

Volkow, N. (2014). *Las drogas, el cerebro y el comportamiento: la ciencia de la adicción.* Pub N.º 15-5605(S) del centro de Institutos Nacionales de Salud (National Institutes of Health, NIH): National Institu on Drug Abuse.

Wasson, R. (1980). *El camino a Eleusis: una solución al enigma de los misterios.* Ciudad de México.: Fondo de Cultura Económica.

Wolff, Y. (1978). *Gaseosa de ácido eléctrico.* Madrid: Júcar.

Wood, P., Vaczek, L., Hamblin, D. J., & Norton, J. (1994). *La vida antes de Hombre II.* Barcelona: Ediciones Folio S. A. .

Zamitiz, H. (1999). Origen y desarrollo de la ciencia política. Temas y problemas. *Convergencia,* 89-122 Núm. 20.

Zapata, L. F. (2009). Evolución, cerebro y cognición. *Psicología desde el Caribe. Universidad del Norte,* 106-119.

# Lista de figuras


**Figura 1.** *Prevalencia sobre el consumo de cualquier sustancia analizada en este estudio, según sexo.* Fuente: (O.D.C., 2016, p. 177) ......... **17.**

**Figura 2.** *Prevalencia sobre el consumo de cualquier sustancia analizada en este estudio, según tipo de colegio.* Fuente: (O.D.C., 2016, p. 178) ......... **18.**

**Figura 3.** *Prevalencia del consumo alguna vez en la vida de cualquier sustancia ilícita tratada en este estudio, según dominio departamental.* Fuente: (O.D.C., 2016, p. 88) ......... **19.**

**Figura 4.** *Porcentajes estudiantiles sobre la prevalencia del consumo en el último mes de alcohol, según dominio departamental.* Fuente: (O.D.C., 2016, p. 49) ......... **22.**

**Figura 5.** *Porcentajes estudiantiles sobre la prevalencia del consumo en el último mes de tabaco/cigarrillos, según dominio departamental.* Fuente: (O.D.C., 2016, p. 46) ......... **24.**

**Figura 6.** *Porcentajes estudiantiles sobre la prevalencia del consumo en el último año de marihuana, según dominio departamental.* Fuente: (O.D.C., 2016, p. 58) ......... **26.**

**Figura 7.** *Porcentajes estudiantiles sobre la prevalencia del consumo en el último año de cocaína, según dominio departamental.* Fuente: (O.D.C., 2016, p. 64) ......... **29.**

**Figura 8.** *Porcentajes estudiantiles sobre la prevalencia del consumo en el último año de tranquilizantes y estimulantes sin prescripción médica, según dominio departamental.* Fuente: (O.D.C., 2016, p. 53) ......... **32.**

**Figura 9.** *Porcentajes estudiantiles sobre la prevalencia del consumo en el último año de éxtasis, según dominio departamental.* Fuente: (O.D.C., 2016, p. 70) ......... **34.**

**Figura 10.**  *Porcentajes estudiantiles sobre la prevalencia del consumo en el último año de Popper, según dominio departamental.*  Fuente: (O.D.C., 2016, p. 79) ......... **37.**

**Figura 11.**  *Porcentajes estudiantiles sobre la prevalencia de consumo en el último año de L.S.D., según dominio departamental.*  Fuente: (O.D.C., 2016, p. 81) ......... **40.**

**Figura 12.**  *Porcentajes estudiantiles sobre la prevalencia del consumo en el último año de yagé, hongos y cacao sabanero, según dominio departamental.*  Fuente: (O.D.C., 2016, p. 84) ......... **42.**

**Figura 13.**  *Porcentajes estudiantiles sobre la prevalencia del consumo alguna vez en la vida de cualquier bebida energizante, según dominio departamental.*  Fuente: (O.D.C., 2016, p. 86) ......... **44.**

**Figura 14.** *Caricaturas.*  Fuente: (Iracheta, 2011, p. 16) ......... **66.**

**Figura 15.**  *Esquema basado en el modelo teórico propuesto por André-Noel Roth.*  Fuente: hecho por el autor ......... **76.**

**Figura 16.** *Antioquia, líder en el consumo de drogas. El microtráfico está catalogado como un problema de salud pública.*  Fuente: (Negrete, 2014) ......... **116.**

**Figura 17.** *Esquema sobre la articulación territorial de las políticas de drogas en Colombia.*  Fuente: hecho por el autor ......... **121.**

**Figura 18.** *Caricaturas.*  Fuente: (Agapito, 2015) ......... **166.**

**Figura 19.** *Cierre de la marcha mundial de la marihuana.*  Fuente: THC Conciente Manizales ......... **202.**

**Figura 20.** *Caricaturas.*  Fuente: (Iracheta, 2011, p.11) ......... **220.**

# Lista de siglas

**A.M.E.C. :** Asociación Madrileña de Estudios sobre el *Cannabis*.

**C.A.D. :** Centro de Atención a la Drogadicción.

**C.C.C. :** Comunidad Cannábica Colombiana.

**C.I.C.A.D. :** Comisión Interamericana para el Control del Abuso de Drogas.

**C.R.M. :** Centro de Recepción de Menores.

**C.N.E. :** Consejo Nacional de Estupefacientes.

**C.Q.C. :** Comunidades que se Cuidan.

**C.S.E. :** Consejo Seccional de Estupefacientes.

**C.D.D. :** Comités Departamentales de Drogas.

**C.D.S.A. :** *Controlled Drugs and Substances Act.* Ley para el control de sustancias y drogas.

**D.A.N.E. :** Departamento Administrativo Nacional de Estadística.

**D.E.A. :** *United States Drug Enforcement Administration.* Administración para el Control de Drogas de los Estados Unidos.

**D.P.D.A.R. :** Dirección de Política de Drogas y Actividades Relacionadas.

**D.N.E. :** Dirección Nacional de Estupefacientes.

**D.N.P. :** Departamento Nacional de Planeación.

**E.M.C.D.D.A. :** *European Monitoring Centre for Drugs and Drug Addiction.* Observatorio Europeo de las Drogas y las Toxicomanías.

**E.N.A.C. :** Encuentro Nacional de Activistas Cannábicos.

**E.N.E. :** Estatuto Nacional de Estupefacientes.

**E.P.S. :** Entidad Prestadora de Salud.

**F.A.C. :** Federación de Asociaciones Cannábicas.

**I.C.B.F. :** Instituto Colombiano de Bienestar Familiar.

**I.C.A. :** Instituto Colombiano de Agricultura.

**I.C.F.E.S. :** Instituto Colombiano de Fomento para la Educación Superior.

**I.F.I.F. :** *International Federation for Internal Freedom.* Federación Internacional para el libre internamiento.

**J.I.F.E. :** Junta Internacional de Fiscalización de Estupefacientes.

**J.J.-T.R.I.A.L.S. :** *Juvenile Justice Transnational Research on Interventions in the Legal System.* Justicia Juvenil: Investigación Transnacional sobre Intervenciones en el Sistema Legal.

**L.S.D. :** *Dietilamida* del ácido *lisérgico*.

**M.C.C. :** Movimiento Cannábico Colombiano.

**M.E.N. :** Ministerio de Educación Nacional.

**M.M.M. :** Marcha Mundial de la Marihuana.

**M.S.P.S. :** Ministerio de Salud y Protección Social.

**N.I.D.A. :** *National Institute on Drug Abuse.* Instituto Nacional sobre el Abuso de Drogas.

**N.I.H. :** *National Institutes of Health.* Institutos Nacionales de Salud.

**N.S.P. :** Nuevas Sustancias Psicoactivas.

**O.D.C. :** Observatorio de Drogas de Colombia.

**O.D.E.C. :** Observatorio de Drogas del Eje Cafetero.

**O.E.A. :** Organización de Estados Americanos.

**O.I.D. :** Observatorio Interamericano de Drogas.

**O.N.U.D.D. :** Oficina de las Naciones Unidas Contra la Droga y el Delito.

**P.I.D.D. :** Plan Integral Departamental de Drogas.

**P.I.M.D.** : Plan Integral Municipal de Drogas.

**P.N.U.F.I.D.** : Programa de las Naciones Unidas de Fiscalización Internacional de Drogas.

**R.A.P.C.** : Redes de Atención Psicosocial Comunitaria.

**S.A.T.** : Sistema de Alertas Tempranas.

**S.E.N.A.** : Servicio Nacional de Aprendizaje.

**S.I.D.U.C.** : Sistema de Información de Datos Uniformes sobre Consumo.

**S.I.M.C.I.** : Sistema Integrado de Monitoreo de Cultivos Ilícitos.

**S.P.A.** : Sustancias psicoactivas.

**S.R.P.A.** : Sistema de Responsabilidad Penal para Adolescentes.

**S.U.I.S.P.A.** : Sistema Único de Indicadores de Sustancias Psicoactivas.

**T.D.A.H.** : Trastorno por Diagnóstico Atencional e Hiperactividad.

**U.N.G.A.S.S.** : *Special Session of the United Nations General Assembly on the world Drug Problem.* Sesión Especial de la Asamblea General de las Naciones Unidas sobre el Problema Mundial de las Drogas.

**U.N.O.D.C.** : *United Nations Office on Drugs and Crime.* Oficina de las Naciones Unidas contra las Drogas y el Delito.

**U.P.J.** : Unidad Permanente de Justicia.

**Z.O.E.** : Zonas de Orientación Escolar.

**Z.O.U.** : Zonas de Orientación Universitaria.